I GADW

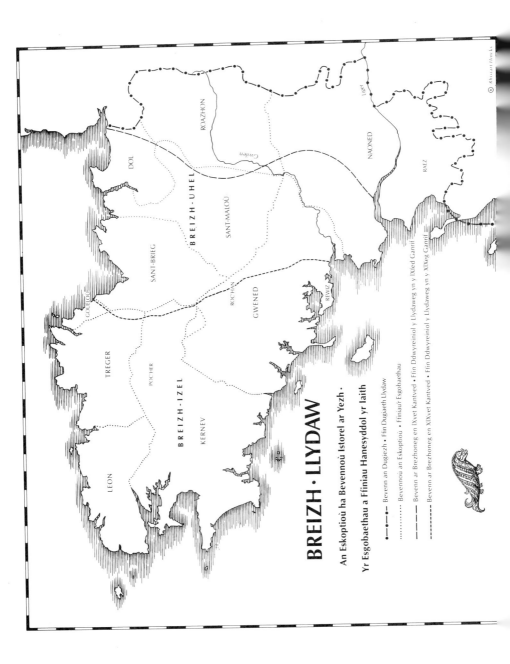

BREIZH · LLYDAW

An Eskoptioù ha Bevennoù Istorel ar Yezh ·
Yr Esgobaethau a Ffiniau Hanesyddol yr Iaith

- ●—●—● Bevenn an Dugiezh • Ffin Dugaeth Llydaw
- .... Bevennoù an Eskoptioù • Ffiniau'r Esgobaethau
- ——— Bevenn ar Brezhoneg en IXvet Kantved • Ffin Ddwyreiniol y Llydaweg yn y IXfed Ganrif
- ---------- Bevenn ar Brezhoneg en XIXvet Kantved • Ffin Ddwyreiniol y Llydaweg yn y XIXeg Ganrif

LEON

TREGER

GOUELOU

SANT-BRIEG

KERNEV

POCHER

BREIZH · IZEL

ROCHAN

GWENED

REWIZ

DOL

BREIZH · UHEL

SANT-MALOU

ROAZHON

Gwilen

Liger

NAONED

RAEZ

© Rhisiart Hincks

I GADW MAMIAITH
MOR HEN

(Cyflwyniad i ddechreuadau ysgolheictod Llydaweg)

Rhisiart Hincks

Argraffiad cyntaf—Mehefin 1995

ISBN 1 85902 129 8

Ⓗ Rhisiart Hincks

Cyhoeddir y gyfrol hon gyda chymorth
Cyngor Celfyddydau Cymru

Argraffwyd yng Nghymru gan
J. D. Lewis a'i Feibion Cyf., Gwasg Gomer, Llandysul

D'an holl a labour evit mirout ar brezhoneg.

I bawb sy'n gweithio i gadw'r Llydaweg.

DIOLCHIADAU

Hoffwn ddiolch i Mr E G Millward, i Dr Terry Edwards ac i Olier ar Mogn (Skol-Uhel ar Vro, Roazhon) am eu sylwadau, ac i Mrs Beryl Jenkins am ei gwaith teipio. Diolchaf hefyd i ddarllenydd Cyngor y Celfyddydau am ei sylwadau, i Bwyllgor Gwobrau Syr David Hughes Parry am gymorth ariannol at y gwaith teipio, ac i Wasg Gomer am gyhoeddi'r llyfr. Yn olaf, hoffwn gydnabod hefyd fy nyled i waith Gwennole ar Menn ar y geiriaduron Llydaweg (CHD). Arnaf i mae'r bai am unrhyw wallau a erys. A dyfynnu diweddglo Cillard i'w Eiriadur (1744):

> Aveitt gobérr Livre parfætt,
> Um rein d'enn Diaule a vehai rétt,
> Ha quemécé né méss qué grouétt

> (Er mwyn gwneud llyfr perffaith,
> Ymroi i'r Diawl a fuasai raid,
> Ac ni wneuthum hynny.)

CYNNWYS

Map i ddangos yr Esgobaethau
a Ffiniau Hanesyddol yr Iaith   Wyneb-ddalen

Diolchiadau   7

Cynnwys   9

Lluniau   11

Map i ddangos Trefi, Pentrefi a Rhaniadau
Gweinyddol Llydaw   14

Rhagymadrodd   15

Nodiad   17

Byrfoddau   18

1. O'r Seithfed Ganrif hyd yr Unfed Ganrif ar Ddeg
    i.   Y Cefndir Hanesyddol   21
    ii.   Ysgolheictod a'r Cyswllt â Chymru   26

2. O'r Ddeuddegfed Ganrif hyd 1659
    i   Y Traddodiad Llenyddol   39
    ii   Ymagweddiadau at yr Iaith   49
    iii Ysgolheictod   61

3. 1659—1807
    i   Y Traddodiad Llenyddol   77
    ii   Ymagweddiadau at yr Iaith   84
    iii Ysgolheictod * (a)   Y Tad Maner   104
                   (b)   Paol Pezron   114
                   (c)   Edward Lhuyd, Moses Williams,
                        David Parry a John Toland   128

(ch) Loeiz ar Pelleter,
Roperzh Harinkin,
Gwilherm Rousel
a Pierre de Châlons 144
(d) Gregor o Rostrenenn 162
(dd) Cillard o Kerampoul 184
(e) Jean-Baptiste Bullet, *Vocabularia...*
comparativa, Rowland Jones,
Jakez ar Brigant, La Tour-
d'Auvergne a Thévenard 193
(f) *Vocabulaire nouveau*, Tangi ar
Yaouank, Alan Dumoulin a'r
Académie Celtique 210

Diweddglo 226

Rhestr o Enwau Lleoedd Llydaweg 227

Mynegai 233

* Ceir nodiadau ar ddiwedd pob isadran

LLUNIAU

1 (i)   Eglwys Abaty Lokentaz (1993).   23

  (ii) Calendr mewn Hen Lydaweg (ffolio 36 o llsgr.
        Angers 477).   28

2 (i)   Llydaweg Ivoned Omnez (c.1350), o llsgr.
        Lladin 14354, f° 144 v°, yn Llyfrgell Genedlaethol
        Ffrainc.   44

  (ii) Anna o Lydaw, wedi ei hamgylchynu
        gan ei nawddsantesau, Wrsle a Helena.   57

  (iii) Tudalen o'r *Catholicon*, gan Yann Lagadeg (1499).   63

3 (i)   Wyneb-ddalen argraffiad o *Buhez ar Sent* yn
        nhafodiaith Gwened (1839).   81

  (ii) Tudalen o gyfieithiad Marigo, *Imitation hor
        Salver Jesus-Christ* (1756).   89

  (iii) (a) Portread o'r Tad Maner.   106

        (b) 1. Portread o Pezron, o *The Rise and Fall
                of States and Empires* (London, 1809).   119
             2. Wyneb-ddalen *L'Antiquité de la
                nation* (1703).   120
             3. '*A Table of the* Teutonick, *or* German
                Words, that are taken from the Celtick
                Language', yn *The Rise and Fall of
                States and Empires* (1809).   121

        (c) 1. Portread o Edward Lhuyd, o Lyfr
                Rhoddion Hen Amgueddfa Ashmole.   129

2. Tudalen o drosiad Moses Williams o
Eirfa Maner, yn yr *Archaeologia Britannica*
(1707).   134

3. Tudalen o *A Critical History of the Celtic
Religion and Learning*, gan John Toland.   139

(ch)   1. Tudalen o lawysgrif Gramadeg ar
Pelleter (1716).   145

2. Wyneb-ddalen Geiriadur ar Pelleter (1752). 150

3. Tudalen o Eiriadur ar Pelleter (1752).   151

4. Eglwys Sarzhav (1979), lle y bu Pierre
de Châlons yn offeiriad rhwng 1709 a 1718.   159

(d)   1. Wyneb-ddalen Geiriadur Gregor (1732).   163

2. Tudalen o Eiriadur Gregor (1732).   168

3. Wyneb-ddalen Gramadeg Gregor (1738).   175

4. Tudalen o Ramadeg Gregor (1738).   180

(dd)   Tudalen o Eiriadur Cillard (1744).   185

(e)   Wyneb-ddalen Gramadeg ar Brigant (1779).   197

(f)   1. Wyneb-ddalen *Rudimant* ar Yaouank
(1799-1800).   215

2. Llythyr cyflwyno ar ddechrau'r
gyfrol gyntaf o *Mémoires de l'Académie
Celtique* (1807).   220

Diolchir i'r canlynol am ganiatâd i atgynhyrchu'r lluniau.

Llyfrgell Genedlaethol Cymru: 2(iii), 3(i), 3(ii), 3(iii) b2, 3(iii) c3, 3 (iii) ch2-3, 3(iii) d3-4, 3(iii) dd, 3(iii) e, 3 (iii) f1-2.
Llyfrgell Genedlaethol Ffrainc: 2(i).
Floch, Mayenne: 2(iii).
P. Honoré, a'r Adran Geltaidd, Prifysgol Roazhon: 1(ii).
Yr Adran Geltaidd, Prifysgol Roazhon: 3(iii) ch 1.
Skol-Vreizh: 1(ii), 2(ii).
Llyfrgell Hugh Owen, Aberystwyth: 3(iii) d1-2.
Irish Academic Press, Dublin: 3(iii) c2.
Llyfrgell Bodley, Rhydychen: 3(iii) c1.

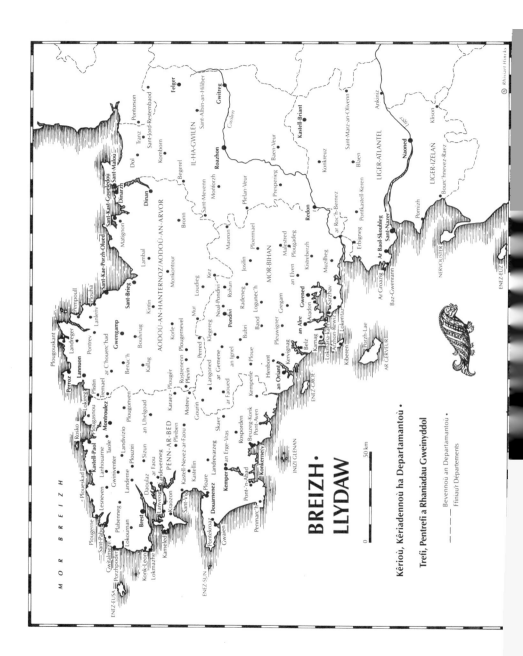

BREIZH·LLYDAW

0   50 km

Kêrioù, Kêriadennoù ha Departamantoù •

Trefi, Pentrefi a Rhaniadau Gweinyddol

Bevennoù an Departamantoù •
Ffiniau'r Departements

RHAGYMADRODD

Amcan y gwaith hwn yw rhoi braslun o hanes y Llydaweg yn gyfrwng dysg ac fel maes astudiaeth i ysgolheigion, o'r cyfnod cynnar hyd 1807. I William Salesbury yn yr unfed ganrif ar bymtheg ymddangosai'r Llydaweg, megis y Gernyweg, 'yn llawn llediaeth ag ar ddivankoll hayachen'.[1] 'Roedd wedi colli nawdd ei boneddigion i raddau helaeth, ac 'roedd fel pe bai wedi ei thynghedu i aros yn amddifad o ddysg a diwylliant. Ym marn Salesbury, ni ellid parchu iaith heb fod ganddi ysgolheictod ac urddas, a gobeithiai y byddai'r Cymry yn sylweddoli fod eu hetifeddiaeth hwythau mewn perygl. Mae'n amhosibl gwybod i ba raddau yr oedd Salesbury yn gyfarwydd â chyflwr y Llydaweg, ond ymddengys nad oedd y Llydawiaid eu hunain yn fwy optimistaidd nag ef ynghylch ffyniant eu hiaith. Eto i gyd, er gwaethaf yr argyfwng a'i hwynebai, enynnodd y Llydaweg ddiddordeb nifer mawr o ieithgarwyr, geiriadurwyr a gramadegwyr. Ar hyd y cyfnod dan sylw yn y gwaith hwn 'roedd yn iaith 'curius d'an dut habil' (o ddiddordeb i bobl effro eu meddyliau), chwedl Dumoulin,[2] ac ystyriai gwŷr fel ar Pelleter, Gregor o Rostrenenn ac ar Brigant ei bod yn gyfrwng hynafol a haeddai sylw a pharch gan ysgolheigion Ewrob. Dymunai'r rhain sicrhau y cedwid 'mamiaith mor hen ac mor helaeth' rhag mynd ar ddifancoll, a safasant yn gadarn yn erbyn y sawl a'i diystyriai.[3]

Daw'r astudiaeth hon i ben yn negad cyntaf y bedwaredd ganrif ar bymtheg. Ym 1807 cyhoeddwyd *Grammaire Celto-Bretonne* (Paris) gan ar Gonideg, a bu'r llyfr hwnnw a'i *Dictionnaire Celto-Bretonne, ou Breton-François* (Angoulême, 1821), yn fawr eu dylanwad yn hanes ysgolheictod Llydaweg.[4] Gyda gweithiau ieithyddol ar Gonideg gwelwyd twf mudiad i buro a dyrchafu'r iaith ac i ennyn balchder newydd ynddi. Mae gwreiddiau'r mudiad hwn yn estyn yn ôl o leiaf at gyfnod ar Pelleter (1663-1733), ond yn chwarter cyntaf y bedwaredd ganrif ar bymtheg gwelir yn amlwg fod syniadau'r Dadeni Dysg am bwysigrwydd a gwerth yr ieithoedd brodorol o'r diwedd wedi cyrraedd Gorllewin Llydaw.[5] Erbyn hynny 'roedd dyhead i

15

lunio math o Lydaweg modern, urddasol, a chwyldrowyd agwedd o leiaf rai o'i hysgrifenwyr ati. Yn yr ugeinfed ganrif cryfhau ei afael a wnaeth yr adfywiad hwn, a daeth cyfrwng a hir-esgeuluswyd yn un addas i weithiau dysgedig ac i lenyddiaeth o safon.

Nodiadau

1 Dyfyniad o LlGC 6434 DI, yn ôl Garfield H Hughes, *Rhagymadroddion 1547-1659* (Caerdydd, 1967), xi. Gweler tt. 52-3 isod.

2 Dumoulin, *Grammatica Latino-Celtica* (Prague, 1800), 167. Gweler tt. 214-8 isod.

3 Gweler t. 144 isod.

4 Er bod yr astudiaeth hon yn ymdrin â gweithiau a ymddangosodd hyd 1807, sylwer na fanylwyd ar gynnwys Gramadeg ar Gonideg, gan ei fod fel pe bai'n perthyn i ddechrau cyfnod newydd yn hanes yr iaith.

5 Defnyddir y term Gorllewin Llydaw (Breizh-Izel) am y rhan o'r wlad lle y goroesodd y Llydaweg yn gyfrwng cyfathrebu i drwch y boblogaeth wledig hyd yr ugeinfed ganrif. Dylid cofio i'r iaith ddal ei thir mewn un ardal ddwyreiniol, sef Baz-Gwenrann. Bu farw siaradwr brodorol olaf tafodiaith y fro honno tua 1946.

NODIAD

Er na sicrhawyd cysonder ym mhob achos, ceisiwyd defnyddio ffurfiau Llydaweg ar enwau lleoedd yn Llydaw ac ar enwau personol Llydawiaid (e.e. *Roazhon* ac nid *Rennes*, ac *ar Gonideg* yn hytrach na *Legonidec*). Defnyddiwyd y ffurf Lydaweg hefyd yn achos ambell ysgolhaig nas ganwyd yn Llydaw ond a dreuliodd y rhan helaethaf o'i fywyd yno ac sydd felly â'i enw yn adnabyddus yn y ffurf honno (e.e. *ar Pelleter* yn lle *Le Pelletier*). Fel arfer, dewiswyd y sillafu a geir gan Lukian Raoul yn ei *Geriadur ar Skrivagnerien ha Yezhourien Vrezhonek aet da anaon a-raok miz Meurzh 1992* (Al Liamm, 1992) ar gyfer yr enwau personol, a'r ffurfiau a argymhellir gan Ar Greizenn-Enklask war an Anvioù-Lec'h, Skol-Uhel ar Vro, Roazhon, yw rhai'r enwau lleoedd (ac eithrio yn achos enwau nas astudiwyd eto gan y corff hwnnw). Ni ddefnyddiwyd yr acen ddyrchafedig ar y briflythyren *E* lle y saif fel byrfodd, ee. *Études*, ond *EC*.

BYRFODDAU (YN Y NODIADAU)

AB	*Annales de Bretagne*
Arch.Brit.	Edward Lhuyd, *Archaeologia Britannica* (Oxford, 1707)
CHD	Gwennolé Le Menn, *Contribution à l'étude de l'histoire des dictionnaires bretons* i-xv, traethawd doethuriaeth (Roazhon, 1981)
EC	*Études Celtiques*
EL	J Le Brigant, *Élémens [sic] de la langue des Celtes Gomérites* . . . (Strasbourg, 1779)
ES	Idem., *Élémens [sic] Succints* . . . (Brest, blwyddyn VII [1798-9])
GB	Pierre-Yves Lambert, 'Les grammaires bretonnes jusqu'en 1914', EC xv (1976-7), 229-88.
GBA	Idem., 'Les grammaires bretonnes: Additions au tome XV, fascicule I', EC xvi (1979), 233-6
GPC	*Geiriadur Prifysgol Cymru* (Caerdydd, 1950-90)
GR	Grégoire de Rostrenen, *Dictionnaire françois-celtique* . . . (Rennes, 1732)
Gramm.GR	Idem., *Grammaire françoise-celtique* . . . (Rennes, 1738)
HLCB	Jean Balcou ac Yves Le Gallo (gol.), *Histoire littéraire et culturelle de la Bretagne* i-iii (Paris, 1987)
IYK	Arzel Even [J Piette], *Istor ar yezhoù keltiek* (s.l., 1956)
LlGC	Llyfrgell Genedlaethol Cymru
NRB	*Nouvelle Revue de Bretagne*
PE	Louis Le Pelletier, *Dictionnaire de la langue bretonne* . . . (Paris, 1752)
PE llsgr.	Idem., *Dictionnaire de la langue bretonne* . . . (argraffiad o llsgr. 1716, mewn pedair cyfrol: Rennes, 1975)
RC	*Revue Celtique*

1.

O'r Seithfed Ganrif
hyd yr Unfed Ganrif ar Ddeg

(i) Y Cefndir Hanesyddol

Dechreuodd y minteioedd cynharaf o wladychwyr Brythonaidd ymfudo o Brydain i Lydaw tuag adeg goresgyniadau'r Eingl-Sacsoniaid yng nghanol y bumed ganrif, a hwy a sefydlodd y Frythoneg yn iaith eu trefedigaeth newydd. Dichon fod yr ymfudwyr cyntaf yn dod o wahanol rannau o'r Ynys, ond mae'n amlwg mai Brythoniaid y De-orllewin oedd fwyaf niferus, yn enwedig yn ail hanner y chweched ganrif pan oedd yr ymudo ar ei anterth. Gyda threigl amser datblygodd iaith trigolion penrhyn Llydaw yn dafodiaith Frythonaidd newydd y gallwn alw 'Llydaweg Cynnar' arni. Nid oes yr un enghraifft ysgrifenedig o Lydaweg Cynnar, a sonnir am 'Hen Lydaweg' wrth drafod y defnyddiau ysgrifenedig cyfoes hynaf sy'n hysbys. Mae'r rhain yn dyddio o flynyddoedd cyntaf y nawfed ganrif neu efallai ddiwedd yr wythfed ganrif.[1] Er y gallem ddisgwyl darganfod testunau llenyddol a dysgedig o'r cyfnod hwn, ychydig iawn sydd wedi goroesi. I ddeall o leiaf rai o'r rhesymau pam, fe dalai roi peth sylw i hynt a helynt gwleidyddol ac economaidd Llydaw yn yr Oesoedd Canol Cynnar.

Rhwng 750 a 840 ymosodwyd droeon ar Lydaw gan fyddinoedd Ffrancaidd, anrheithiwyd y wlad a llawer o'i phrif ganolfannau dysg. Ar ôl y blynyddoedd tywyll hyn, yn ail hanner y nawfed ganrif a'r ddegfed ganrif, daeth tro ar fyd a chynyddodd grym y Llydawiaid yn sylweddol dan arweiniad amryw arweinwyr nerthol. Sicrhaodd buddugoliaeth Nevenoù (Nominoé) a'i wŷr ym Mrwydr Ballon (845) annibyniaeth y wlad a rhyddid oddi wrth ormes Siarl Foel (Charlez Voal / Charles le Chauve), brenin Gorllewin Ffrancia. Estynnwyd ffiniau Llydaw hefyd wrth i Nevenoù fynd rhagddo i orchfygu bröydd Roazhon a Naoned ac i oresgyn Anjou a Maine. Dros dro yn unig y bu'r ddwy dalaith olaf hyn dan reolaeth Llydaw, ond arhosodd ardaloedd Roazhon a Naoned yn rhan annatod o'r wlad byth wedyn, er na chafodd rhannau helaeth ohonynt erioed eu cymathu yn ieithyddol. Oherwydd ei lwyddiannau milwrol darluniwyd Nevenoù gan rai ysgrifenwyr fel 'Tad Llydaw', sylfaenydd y wlad ac arwr cenedlaethol, ond oblegid ei bwyslais ar ennill tiroedd i'r dwyrain lle na ddôi'r Llydaweg byth yn ddylanwadol, dadleua eraill mai ef yn anad neb a barodd i hunaniaeth Llydaw araf wanhau dan ddylanwadau estron.[2]

Manteisiodd Siarl Foel ar farwolaeth Nevenoù yn 851 i ymosod o'r newydd ar Lydaw, ond heb lwyddiant. Yn ôl Cytundeb Angers, cydnabu Siarl Erispoù (Erispoé), olynydd Nevenoù, yn frenin, a derbyniodd fod brǒydd Roazhon, Naoned a Raez o dan ei awdurdod. Ymhen blwyddyn cipiodd Erispoù Iarllaeth Craon, a hawliai ei fod yn "princeps Britanniæ provinciæ et usque ad medanum fluvium" (tywysog Llydaw hyd at Afon Mezven).[3] Er i Erispoù gael ei lofruddio yn 857—gan gydwladwr grymus o'r enw Salaun (Salomo)—ni thanseiliwyd grym gwleidyddol y Llydawiaid, ac yn ôl Cytundeb Entrammes (Interammis) (863), yn gyfnewid am deyrnged ariannol cydnabu Siarl feddiant Salaun o'r tiroedd rhwng afonydd Seurzh a Mezven. Yn 867 ildiodd ei hawl i'r deyrnged ariannol a hefyd ei reolaeth o Kustentin, Jerzenez a Gwernenez. Ymfalchïai Salaun ei fod 'gratia Dei totius Britanniæ magnæque partis Galliarum princeps' (drwy ras Duw, yn Dywysog Llydaw i gyd a rhan helaeth o Âl).[4]

Fel ei ragflaenydd, llofruddiwyd Salaun (yn 874), a rhannwyd ei frenhiniaeth. Cafodd Gurvant feddiant o diroedd y gogledd a Paskwezhen (Pascweten) rai'r deheudir. Ni fu'n hir, fodd bynnag, cyn i'r tyndra rhwng y ddau bennaeth hyn droi'n rhyfel, ac ar ôl eu marwolaeth hwy fe barhaodd y brwydro dan arweiniad eu meibion Yuzikael (Judicaël) ac Alan (Alain). Wedi marwolaeth Yuzikael yn 888, cydnabuwyd Alan yn frenin ar yr holl Lydawiaid, ac oherwydd ei lwyddiant yn erbyn y Normaniaid daethpwyd i'w alw'n Alan Fawr. Credir i Lydaw brofi ugain mlynedd o heddwch a ffyniant yn ystod ei deyrnasiad (888-908).

Pan fu farw Alan Fawr, yn 908, chwalwyd unoliaeth Llydaw, a chafwyd un o'r cyfnodau mwyaf dinistriol yn hanes y wlad wrth i'r Llychynwyr a'r Normaniaid ymosod arni ac ysbeilio ei threfi mwyaf llewyrchus a'i phrif ganolfannau dysg—mynachdai Redon, Landevenneg a Lokentaz yn eu plith. Yn 920, sylwyd yng Nghofnodion Redon fod y Normaniaid yn anrheithio Llydaw i gyd, a bod y Llydawiaid naill ai'n cael eu lladd neu eu gyrru i ffwrdd. Er nad oedd dinistr y blynyddoedd hyn mor ddifrifol â'r ysbeilio gan y byddinoedd Ffrancaidd rhwng 750 a

Eglwys Abaty Lokentaz (1993)

840, ffodd llawer o'r gwŷr dysgedig a gwasgarwyd yr ychydig lawysgrifau a lwyddodd i oroesi'r alanas. Yn wir, nid erys yn Llydaw heddiw yr un o'r deugain llawysgrif sy'n cynnwys glosau Llydaweg ac a ysgrifennwyd cyn 1000, na'r un o'r ugain llawysgrif arall y nodir iddynt gael eu copïo yno.[5] Ymhlith y Llydawiaid a ffodd, fe ymddengys, oedd Matuedoi, iarll Poc'her, a fu farw yn ugeiniau'r ddegfed ganrif gan adael mab, Alan, a lwyddodd yn ddiweddarach gyda chymorth Aethelstan i adennill brenhiniaeth Llydaw.[6]

Dychwelodd Alan (Alan Farfog) i Lydaw yn 936, a threchu'r Normaniaid mewn amryw frwydrau. Yn y pen draw sicrhaodd fuddugoliaeth derfynol drostynt yn Tranz yn 938, ond ni ddaeth byth yn bennaeth a chanddo rym cyffelyb i frenhinoedd y nawfed ganrif, ac fel yr oedd Llydaw yn gwanhau yn wleidyddol 'roedd safle cymdeithasol yr iaith hefyd yn nychu. Yn debyg i Alan Farfog, priododd y dugiaid a'i holynodd â

23

merched o deuluoedd Anjou, Maine ac ardaloedd cyffiniol eraill. Y Ffrangeg oedd prif iaith eu teuluoedd, a chydag amser dôi'r Llydaweg yn fwyfwy amherthnasol i'r dosbarth llywodraethol. Gellir credu, er hynny, fod dugiaid Llydaw yn yr unfed ganrif ar ddeg a'r ddeuddegfed ganrif, rhai megis Alan IV Fergant (1084-1112), Konan III (1112-48), a Konan IV (1156-66), a hwythau wedi eu bedyddio ag enwau Llydaweg, yn medru'r iaith. Alan III (1008-1040), 'Ribrith' (Brenin Llydaw), oedd yr olaf i ddwyn y teitl 'brenin',[7] a chyda Konan IV daeth olyniaeth dugiaid cenedlaethol Llydaw i ben. Ar ôl iddo ildio ei orsedd ym 1166, rheolwyd y ddugiaeth gan benaethiaid estron, y Plantagenetiaid ac yna'r Capétieniaid. Ym 1166 derbyniodd Konan IV y byddai ei ferch Koñstanza (Constance) yn priodi Sieffre (Jafrez/Geoffrey), trydydd mab Harri II. Rheolwyd y Ddugiaeth yn uniongyrchol gan Harri II rhwng 1166 a 1181 tra oedd Sieffre yn dal yn blentyn, ond daeth yntau'n Ddug Llydaw wedyn. Datblygodd Dwyrain Llydaw (Breizh-Uhel), lle y diflannodd y Llydaweg yn ystod y drydedd ganrif ar ddeg, yn ganolfan mwy grymus a dylanwadol na'r Gorllewin, ac ni lwyddodd yr ardaloedd lle yr oedd yr iaith ar ei chryfaf byth i adennill pwysigrwydd gwleidyddol tebyg i'r hyn a fuasai ganddynt yn y cyfnod cynnar.

NODIADAU

1 Kenneth Hurlstone Jackson, *A Historical Phonology of Breton* (Dublin, 1967), 1-2.

2 Jean-Jacques Prado, *La Bretagne avant Nominoë* (Mayenne, 1986), 288. Gweler hefyd Patrick Galliou a Michael Jones, *The Bretons* (Oxford, 1991), 152-8.

3 Arthur Le Moyne de La Borderie, *Histoire de Bretagne* (Rennes, 1906), 74.

4 Ibid., 90.

5 Gwennole ar Menn, 'Où en sont les Études sur la langue bretonne', *Bulletin de la Société Archéologique du Finistère* xcix (1972), 899. George Minois, *Nouvelle Histoire de la Bretagne* (Fayard, 1992), 182-3. Amcenir bod rhwng 125 a 150 o lawysgrifau o *darddiad* Llydewig o ddiwedd yr wythfed ganrif a'r nawfed ganrif. Caroline Brett, 'Breton Latin Literature as Evidence for Literature in the Vernacular AD 800-1300', *Cambridge Medieval Celtic Studies* 18 (1989), 2.

6 David N Dumville, 'Brittany and "Armes Prydein Vawr"', EC xx (1983), 151.

7 Ar arwyddocâd y chwedl 'Alan Ribrith', fel yr adroddwyd hi gan Walter Map yn ei lyfr *De Nugis Curialium* (c. 1180-93), gweler Roparz Hemon, *Danevelloù Kozh Danvez Breizh* (Lesneven, 1992), 102-17.

(ii) Ysgolheictod a'r Cyswllt â Chymru

Estyn cyfnod Hen Lydaweg o'r nawfed hyd yr unfed ganrif ar ddeg, ac er mai prin yw'r defnyddiau ysgrifenedig sydd gennym o'r canrifoedd hyn, nid rhaid tybio nad oedd yn yr iaith draddodiad llenyddol dysgedig llewyrchus a chadarn. Ymddengys yn rhesymol cynnig fod y Llydaweg yn cael ei hysgrifennu yn helaethach o lawer nag yr awgryma'r hyn sydd wedi goroesi, ond mae'n bosibl fod gwahaniaethau sylfaenol o'r dechrau rhwng safle'r iaith yng ngwleidyddiaeth Llydaw a statws y Gymraeg ym mywyd cyhoeddus Cymru.[1] Yr hyn nad yw'n eglur yw i ba raddau y mae prinder y testunau Hen Lydaweg yn adlewyrchu lle'r iaith yn llysoedd arweinwyr y wlad, ac i ba raddau mae modd ei esbonio gan y blynyddoedd lawer o anrheithio ac ysbeilio gan y Ffranciaid, y Llychlynwyr a'r Normaniaid.

Mae ambell destun neu glòs yn rhoi syniad inni am rai o nodweddion diwylliant ac ysgolheictod Hen Lydaweg. Gan fod termau arbennig i ddisgrifio gwahanol agweddau ar y theatr, megis *gwarima* 'gwaraefa, chwaraefa, theatr', *racloriou* (h.y. 'rhagloriau') 'prosgeniwm' a *guaan* 'croesan', gellir casglu fod cyflwyniadau dramatig yn rhan o fywyd diwylliannol yr oes.[2] Dengys yr enwau Llydaweg ar lysiau a chlefydau mewn llawysgrif Ladin ar feddyginiaeth a gedwir yn Llyfrgell Prifysgol Leiden fod yr iaith hefyd yn gyfrwng a ddefnyddid wrth ymdrin â phynciau dysgedig. Yn y frawddeg hon, er enghraifft, rhoddir cyfarwyddyd ynghylch y modd i wella chwyddi drwy ddefnyddio amryw blanhigion:

CAES SCAU, CAES SPERN, CAES GUAERN, CAES DAR, CAES cornucaerui, CAES COLAENN, CAES ABALL; p(er) caeruis(am) ANROAE AENIAP; AEHOL p(er) MAEL.

(Cais ysgaw, cais ddrain, cais wern, cais ddâr, cais wyddfid, cais gelyn, cais afal; gyda chymysgedd o frag haidd, rhwyma'r chwyddi; gorfoda ef allan gyda mêl.)[3]

Y ffynhonnell bwysicaf ar gyfer Hen Lydaweg yw'r traethawd Lladin ar y calendr sydd yn llawysgrif Angers 477. Ceir yma tua hanner cant o frawddegau Llydaweg, ac maent yn debyg o ran iaith a chynnwys i'r rhai Hen Gymraeg yn nernyn y *Computus*. Heblaw am y darnau hyn a'r glosau eraill, mae dwy lawysgrif bwysig o freinlenni Lladin a dogfennau eraill ac ynddynt lawer o enwau personol ac enwau lleoedd Llydaweg, sef Cofrestri Redon a Landevenneg. Ysgrifennwyd Cofrestr Redon yn yr unfed ganrif ar ddeg, ond cynnwys ddeunydd hŷn sy'n dyddio o'r wythfed ganrif ymlaen. Mae Cofrestr Landevenneg, sydd hefyd yn perthyn i'r unfed ganrif ar ddeg, yn llai, ac nid yw mor bwysig. Ar dudalen 112 o Gofrestr Redon, mewn dogfen ddyddiedig 821, mae testun byr, mewn Hen Lydaweg yn bennaf, sy'n cyfateb o ran ei gynnwys i'r darnau Hen Gymraeg ym mreinlenni Lladin Llyfr Llandaf. Darn hollol unigryw yw hwn, ond mae'n anodd credu nad oedd cofnodion o'r math hwn yn gymharol niferus ar y pryd:

a fine RANN MELAN DON ROCH, DO FOS MATUUOR, COHITON FOS DO IMHOIR; ultra IMHOIR per lannam DO FHOIS; FIN RAN DOFHION, DO FIN RAN HAELMORIN; COHITON HI FOSAN DO RUD FOS; COIHITON RUD FOS per lannam DO FIN RAN LOUDINOC; PONT, IMHOIR.

(O ffin rhandir Melan hyd at y graig, hyd at ffos Madwor, ar hyd y ffos hyd at [y] lan; dros [y] lan drwy'r rhos hyd at [y] ffos; ffin rhandir Dofhion [=? Cloddion], hyd at ffin rhandir Haelvorin; ar hyd y ffos fach hon hyd at [y] Ffos Goch; ar hyd [y] Ffos Goch ar draws y rhos hyd at ffin rhandir Loudinog; pont, glan.)[4]

Mae defnyddio geiriau ac ymadroddion Lladin mewn testun brodorol i'w weld hefyd mewn testunau Hen Gymraeg, a gellir credu yr arferid cymaint o Ladin gan fod yr ysgrifenwyr yn teimlo mai hi oedd yr iaith fwyaf pwrpasol at ddibenion swyddogol, er bod ysgrifennu yn yr iaith frodorol yn haws ac yn gwneud y ddogfen yn ddealladwy i bobl nad oeddent yn

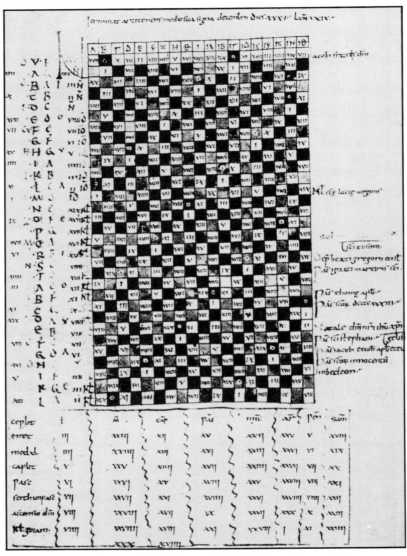

Calendr mewn Hen Lydaweg (ffolio 36 o llsgr. Angers 477)

28

hyddysg mewn Lladin, er bod ganddynt ryw grap ar y llythrennau.

Ni ddylid synnu at y tebygrwydd rhwng y ffynonellau ar gyfer Hen Lydaweg a Hen Gymraeg, oherwydd hyd y ddegfed ganrif gellir synio am Gymru, Cernyw a Llydaw fel un uned ieithyddol a diwylliannol. Siaradai'r Brythoniaid hyn iaith a elwid 'lingua britannica', ac nid oedd ond mân wahaniaethau wedi datblygu rhwng ei thafodieithoedd.[5] Dengys bucheddau'r saint bwysigrwydd a chryfder y cysylltiadau rhwng y gwahanol rannau o'r diriogaeth Frythonaidd. Er nad yw'n hawdd gwybod pa seintiau yn union a deithiodd o Gymru i Lydaw, mae'n debyg iawn fod o leiaf rai o'r Cymry wedi mentro draw i ymweld â'r Brythoniaid tramor.

Ymddengys mai Sant Cadog (Kadog neu Kadeg) a sefydlodd Plougadeg nid nepell o Redon, ac 'roedd cyltiau Illtud (Ildud) a Teilo (Telo) mor helaeth yn Llydaw ac mor gadarn mewn rhai cylchoedd lleol fel mai prin y gellir tybio iddynt gael eu mewnforio drwy gyfrwng traddodiadau llenyddol yn unig.[6] Ymddengys fod Euddogwy (Ouzegoù/Oedoceus), Cadfan (Kadvan), ac efallai Illtud, yn enedigol o Lydaw ac wedi teithio i Gymru. Prawf dau dudalen cyntaf *Vita Oudocei* (Buchedd Euddogwy) fod cyfathrach lenyddol rhwng Cymru a Kernev yn y ddeuddegfed ganrif.[7] Mae amryw fucheddau cyn-Normanaidd wedi goroesi. O'r rhain, y gynharaf yw buchedd y sant Cymreig Samswn (Samzun), gwaith a ysgrifennwyd efallai rywbryd yn ystod hanner cyntaf y seithfed ganrif (?610-615). Mynach o Dol yn Llydaw oedd y cyfansoddwr. O Lydaw hefyd y daeth bucheddau cynnar seintiau Cymreig eraill a oedd, fel Samswn, yn gweithio yno. Cyfansoddwyd Buchedd Mac'hloù neu Maloù (Maclovius), mynach Cymreig yn y chweched ganrif, tua 869-870, gan Lydawr o'r enw Bili. Ysgrifennodd Llydawr arall, Wrdisten, abad yn Landevenneg, Fuchedd Sant Gwenole (Winwaloe) tua 880. Wedyn mae gennym Fuchedd Sant Paol o Leon (Paul Aurélian), gan Wrmonoc yn 884. Dangoswyd i Wrmonoc, a fuasai'n fynach yn Landevenneg dan Wrdisten, gynnwys manylion penodol am Landdeusant a'i mynachdy yn ei waith, ac mae'n debyg iddo gael y rhain gan rywun a fuasai yng Nghymru.[8] Cafwyd fersiwn o Fuchedd Gweltaz (Gildas) gan Vitalis yn y nawfed ganrif ac un arall yn y ddeuddegfed ganrif gan Garadog o Lancarfan. Lluniwyd Buchedd Sant Briog (Brieg) yn yr unfed ganrif ar ddeg. Buchedd arall yr ymddengys iddi darddu o Lydaw yw un Melanius.[9] Yn ail hanner y nawfed ganrif, pan fu'n rhaid i dywysog Cymreig o'r enw Gwidnerth ymweld â Dol i wneud penyd, cafodd fod y Llydawiaid yno yn siarad yr un iaith ag ef:

> quo ipse Guidnerth et Brittones & archiepiscopus illius terrae essent unius linguae et unius nationis quamuis diuiderentur spatio . . . & tanto melius poterat renuntiare scelus suum & indulgentiam requirere, cognito suo sermone.

> (Oherwydd yr oedd Gwidnerth ei hun a'r Llydawiaid ac archesgob y wlad o'r un iaith a'r un genedl, er bod pellter yn eu gwahanu . . . a gallai syrthio ar ei fai a gofyn maddeuant yn well gan fod ei iaith yn ddealladwy.)[10]

Ymddengys yn rhesymol tybio fod Hen Lydaweg, fel Hen Gymraeg, yn gyfrwng a berchid ac a ystyrid yn ddigon helaeth a chaboledig i fod yn addas ar gyfer pob math o ymdriniaethau technegol cyfoes. Nid oedd trwch ei siaradwyr dan ddylanwad uniongyrchol siaradwyr ieithoedd eraill, ac felly daliai yn iaith gynhyrchiol dros ben. Llunnid geiriau newydd ynddi o elfennau brodorol yn hytrach na benthyg geirfa yn beiriannol gan y Lladin neu'r Romawns. Yn ôl ystadegau ymchwil i eirfa'r glosau, o dri ar hugain o dermau gramadegol cafwyd bod saith yn fenthyciadau uniongyrchol, megis *sillab* 'sillaf' ac *adverb* 'adferf', ac un ar bymtheg yn eiriau brodorol, megis *solgued* 'sylwedd' (*substantia*) ac *imguonim* (gair â'r bôn *gnim* 'gnif') 'cystrawen'.[11]

Gwaith a gollwyd yw 'Hanes Sant Yuzikael y Brenin', y tybir iddo gael ei gyfansoddi gan Ingomar o Sant-Mevenn yn chwarter cyntaf yr unfed ganrif ar ddeg, ond dyfynnwyd ohono gan Pêr ar Baod (Pierre Le Baud), hanesydd Llydewig yn niwedd y bymthegfed ganrif. Cynnwys yr hanes folawd nodweddiadol Geltaidd a llawn delweddau anifeiliaid. Ystyriai Léon Fleuriot

(1923-87) fod hwn yn deillio o destun Hen Lydaweg, ac os derbynnir hyn saif fel prawf fod traddodiad Llydewig o ganu mawl tebyg i un Brythoniaid yr Ynys:

Tel le courageux taureau parmis les boeufs anonymes et le verrat robuste parmi les porcs étrangers, l'aigle entre les oies, le faucon entre les grues, l'hirondelle entre les abeilles, ainsi Iudichael, roi des Bretons armoricains, souple et agile, dur combattant dans la guerre, jouait de la lance dans la bataille . . .

(Fel tarw dewr ymhlith gyrroedd o fustych cyffredin a baedd egnïol ymhlith moch estron, eryr ymhlith gwyddau, hebog ymhlith garanod, gwennol ymhlith gwenyn, felly yr oedd Yuzikael, brenin Brythoniaid Llydaw, chwim a heini, ymladdwr caled, yn trin ei waywffon yn y frwydr . . .)[12]

Gwyddys i Sieffre honni fod ei *Historia Regum Britanniae* (Brut y Brenhinedd) wedi ei drosi o hen lyfr yr oedd Walter, archddiacon Rhydychen, wedi ei ddwyn o *Britannia* (Llydaw). Er na ellir dibynnu ar eirwiredd Sieffre, llenor y gwyddys iddo dynnu ar ffynonellau niferus ac amrywiol, mae'n amlwg fod 'Proffwydoliaeth Myrddin', sef seithfed llyfr yr *Historia*, yn seiliedig ar draddodiad darogan Celtaidd. A oedd gan Sieffre ryw ffynhonnell ysgrifenedig yn y Llydaweg? Ni ellir bod yn sicr, ond ceir yn y *Prophetia Merlini* gan Siôn o Gernyw (a anwyd ar ddiwedd yr unfed ganrif ar ddeg neu ar ddechrau'r ddeuddegfed ganrif) gyfeiriad eto at 'hanes Brythonaidd', a glòs carbwl (*michtien luchd mal i gasuet*) a ddehonglwyd gan Fleuriot fel ymadrodd mewn Hen Lydaweg:

machtiern luitd mal i gassec

(pennaeth llwyd [= penwyn] fel ei gaseg)[13]

Prin fod un dyfyniad gwallus yn ddigon i brofi fod yr awdur hwn yn tynnu ar draddodiad ysgrifenedig brodorol ffyniannus, ond dengys nad ffynonellau llafar oedd yr unig rai ar gael iddo.

Dadleuwyd i rai o fucheddau'r saint gael eu trosi o fersiynau Llydaweg ysgrifenedig, ond ni ellir bod yn sicr ynghylch hyn. Honnai awdur 'Buchedd Sant Briog' yn yr unfed ganrif ar ddeg ei fod yn dilyn hen lawysgrif, ond yn peidio â'i drosi air am air, am fod 'peregrinae linguae maxime prohibuerit idioma' (priod-ddull iaith estron wedi ei rwystro).[14] Ni wyddys, fodd bynnag, ai'r Llydaweg a olygai ynteu Lladin gwael rhyw Lydawr anhysbys.

Agwedd bwysig ar hunaniaeth genedlaethol y Llydawiaid oedd eu cred yn yr hanesion am Gynan (Konan) fel sylfaenydd eu gwlad. Drwy'r traddodiadau hyn cedwid yn fyw yr atgof am unoliaeth Cymru, Cernyw a Llydaw. Gwyddys bod yr un ymwybyddiaeth wleidyddol yng Nghymru, ac fe'i mynegwyd yn groyw tua chanol y ddegfed ganrif yn y gerdd 'Armes Prydein'. Er ei bod yn annhebygol iawn y buasai'r Llydawiaid yn y cyfnod hwnnw wedi ymuno â'r Cymry yn erbyn y Saeson, daroganai bardd y gerdd honno y byddai'r Brythoniaid o Fanaw (ardal Gweryd-Clud) hyd Lydaw unwaith eto yn un bobl, yn ymladd gyda'i gilydd er mwyn gwaredu'r Ynys rhag y Saeson:

> Dybi o Lydaw prydaw gyweithyd
> ketwyr y ar katueirch ny pheirch eu hennyd
>
> (Daw llu dewr o Lydaw -
> Rhyfelwyr ar feirch y gad, nid arbedant eu gelynion.)[15]

Meibion darogan yw Cynan a Chadwaladr yma, y naill yn arweinydd y Llydawiaid a'r llall yn dywysog y Cymry:

> Kynan a Chatwaladyr kadyr yn lluyd.
> Etmyccawr hyt vrawt ffawt ae deubyd.
>
> (Cynan a Chadwaladr â'u lluoedd yn hardd,
> Edmygir hwy hyd Ddydd y Farn: byddant yn orchfygol.)[16]

Yng Nghofrestr Kemperle, sy'n dyddio o hanner cyntaf y ddeuddegfed ganrif, ceir hanes 'Kenan' fel rhan o achau Sant Gwrtheyrn (Gurthiern), a chyfetyb yr hyn a ddywedir amdano yno i'r cyfeiriad ato yn *Breuddwyd Macsen Wledig*. Yn ôl y ddwy ffynhonnell, 'roedd yn fab i Eudaf (Outham) ac 'roedd wedi arwain y Brythoniaid i Rufain.[17] Yn y testun Llydewig ni sonnir o gwbl am Magnus Maximus, ond yn ôl awdur *Breuddwyd Macsen*, ac yntau wedi gorchfygu dinas Rhufain rhoddodd yr ymerawdwr yr hawl i Gynan a Gadeon i orchfygu pa ran bynnag o'r byd a fynnent. Llydaw oedd eu dewis. Dychwelodd Gadeon i'w wlad ei hun, ond arhosodd Cynan:

> Ac yno y trigywys Kynan a'r rann arall gyt ac ef y presswylaw: ac y kawssant yn eu kyghor, llad tauodeu y gwraged rac llygru eu hieith. Ac o achaws tewi o'r gwraged ac eu hieith, y gelwit gwyr Brytaen, Llydaw. Ac odyna y doeth yn vynych o ynys Prydein, ac ettwa y daw yr ieith honno.

> (Ac arhosodd Cynan a'r rhan arall o'r llu gydag ef yno i'w hanheddu: a phenderfynasant dorri tafodau'r gwragedd rhag llygru eu hiaith. Ac oherwydd i'r gwragedd a'u hiaith dewi gelwid gwŷr Prydain yn 'Llydaw'. A daeth rhai o'r iaith [=cenedl] honno o Ynys Prydain yn fynych, a dônt o hyd.)[18]

Gwelir i'r Cymro a oedd yn adrodd yr hanes ei droi'n chwedl onomastig, gan egluro'r gair Llydaw a'i darddeiriau fel rhai wedi eu cyfansoddi o *lled* a *tewi*.

Ceir hanes Cynan hefyd mewn dau destun a gopïwyd tua 1460 gan Pêr ar Baod. Yn un ohonynt, a elwir *Livre des faits d'Arthur* (Llyfr Gorchestion Arthur), cysylltir ei gyrch â chipio'r Ymerodraeth Rufeinig gan Magnus Maximus. Awgrymwyd gan Caroline Brett efallai mai traddodiad lleol yn Leon yn unig oedd yr hanes am Gynan yn y lle cyntaf, ac iddo ddatblygu'n fyth cenedlaethol dan ddylanwad Cymreig. Yn ôl yr awgrym hwn, yn wreiddiol credai'r Cymry fod yr ymfudwyr yn dilyn Magnus

Maximus, tra daliai'r Llydawiaid mai Konan oedd eu hunig arweinydd. Enillodd Cynan fri newydd yn y ddeuddegfed ganrif pan adroddwyd y traddodiadau amdano o'r newydd gan Sieffre o Fynwy, a oedd ei hun o dras Lydewig, yn ei *Historia Regum Britanniae* (1136).

Damcaniaeth arall am darddiad y Llydawiaid a'u hiaith a oedd yn cyd-fynd â syniadau'r Cymry oedd yr honiad eu bod yn disgyn o wŷr Caerdroia. Ceir un o'r cyfeiriadau cynharaf at y traddodiad hwn yn *Bonedd y Saint* yn y ddeuddegfed ganrif (yng Nghymru). Eglurwyd yno mai 'Aeneas Lledewic o Lydaw' oedd rheolwr cyntaf Llydaw a'i fod yn briod â Gwenn Teirbronn, mam Sant Gwenole.[19]

Fel y ceir gweld eto, cryfhaodd y cysylltiadau rhwng Cymru a Llydaw yn ail hanner yr unfed ganrif ar ddeg a'r ddeuddegfed ganrif wrth i gynorthwywyr Llydawaidd i'r Normaniaid ymsefydlu ym Mhrydain. Hwyluswyd cysylltiadau seciwlar a chrefyddol fel ei gilydd. Yn y bumed ganrif, er enghraifft, 'roedd Abaty St.-Florent ger Saumur, nid nepell o ffin ddwyreiniol Llydaw, wedi cael ei sefydlu gan genhadon Celtaidd. Yn yr unfed ganrif ar ddeg, oherwydd dylanwad Wihenoc, bonheddwr Llydewig a oedd bellach yn arglwydd Mynwy, daeth yr un abaty yn fameglwys i Briordy Benedictaidd Trefynwy.[20] Erbyn hynny roedd y Llydawiaid a'r Cymry yn ddwy bobl wahanol, a'r berthynas agos gynnar rhwng y ddwy wlad wedi newid yn ddirfawr. I'r beirdd yng Nghymru, fodd bynnag, daliai'r un mor berthnasol i ganu am Lydaw fel rhan o diriogaeth y Brythoniaid ag y buasai yn y ddegfed ganrif, a theimlai Gruffydd ab yr Ynad Coch ei bod yn briodol iddo foli Llywelyn ap Gruffydd ym 1282 drwy sôn am ei ddylanwad drwy'r holl diroedd Brythonaidd traddodiadol:

> Gwyndëyrn orthyrn wrthaw,—gwendorf gorf,
> Gorfynt hynt hyd Lydaw.

> (Boed Duw'r Gwyndeyrn rhyfeddol wrtho,—golofn yr
> harddlu,
> Yr un uchelgeisiol ei hynt hyd Lydaw.)[21]

Dair canrif yn ddiweddarach, nid oedd y cof am yr ymadawiad â'r Ynys wedi pallu yn Llydaw ychwaith, fel y dengys geiriau Fragan wrth iddo ddisgrifio cyflwr Prydain Fawr yn *Buhez Sant Gwênolé Abat* (Buchedd Sant Gwenole):

Allas chetu ny arryvet
eval tut dyrout hyrvodet,
Hep ty na repel doz guelet
eval tut commun fortunet.
Breyz-meur conqueret ez edy
bresel stleñ pep gleñ so eñhy.
Merzer pep queuer meuntrery
aet eu Doe un guez anezy.

(Och! dyma ni wedi cyrraedd
Fel pobl ar ddisberod a llawn gofid,
Heb dŷ na lloches, fel y gwelir,
Fel pobl gyffredin, ddiriaid.
Mae Prydain Fawr wedi ei gorchfygu,
Rhyfel yn amlwg yn mhob parth sydd ynddi.
Merthyrdod ym mhob rhan [a] lladdfa;
Mae Duw wedi mynd yn awr ohoni.)[22]

NODIADAU

1. Gw. Caroline Brett, 'Breton Latin Literature as Evidence for Literature in the Vernacular AD 800-1300', *Cambridge Medieval Celtic Studies* 18 (1989), 1-25.

2. Léon Fleuriot, *A Dictionary of Old Breton/Dictionnaire du vieux breton* i, (Toronto, 1985), 33. Erys *goariva* hefyd fel elfen mewn naw o enwau lleoedd. Gw. Le Menn, *Civilisation bretonne* i (teipysgrif, Rennes, s.d.), 60.

3. Fleuriot, op. cit., ii, 93.

4. HLCB i, 10; IYK, 123-4. Dichon mai enw'r afon yw 'Imhoir' yn hytrach nag yn enw cyffredin 'glan'.

5. Fleuriot, op cit., ii, 1-2.

6. Doble, *Lives of the Welsh Saints*, gol. D Simon Evans (Cardiff, 1971), 93.

7. Ibid., 52n, 208-9; Fleuriot, op.cit., i, 15.

8. Doble, op.cit., 156.

9. D Simon Evans, 'Our Early Welsh Saints and History', ibid., 8-9.

10. J Gwenogvryn Evans (gol.), *The Text of the Book of Llan Dâv* (Oxford, 1893), 181.

11. Léon Fleuriot, 'Les réformes du breton', *Language Reform / History and Future* ii, gol. Fodor a Hagège (Hamburg, 1983), 30-1. Ar ddiwylliant dysgedig y cyfnod, gweler hefyd: Patrick Galliou a Michael Jones, *The Bretons* (Oxford, 1991), 158-61.

12. Dyfynnwyd y trosiad Ffrangeg gan Léon Fleuriot yn 'Le patriotisme brittonique et l'histoire légendaire', HLCB i, 115. Sylwa Brett, op. cit. 14, na chyhoeddwyd y testun Lladin ar gyfer y rhan hon o'r hanes. O drosi *verrat* i'r Llydaweg gan 'hoc'h', *porcs* gan 'moc'h', *hirondelle* gan 'gwennel', *abeilles* gan 'gwenan' a *grues* gan 'garaned', gwelir ei bod yn debygol fod cytseinedd yn addurno'r testun gwreiddiol.

13. L Fleuriot, 'Les fragments du texte brittonique de la *Phrophetia Merlini*', EC xiv (1974-5), 49; cf. Brett., op.cit., 13.

14. Dyfyniad gan Brett., op.cit., 11.

15. Ifor Williams (gol.), *Armes Prydein* (Caerdydd, 1964), 5, ll. 153-4. Ymdriniwyd yn fanwl â'r gerdd gan Dumville: 'Brittany and "Armes Prydein Vawr"', EC xx (1983), 145-59.

16. Williams, op.cit., 6, ll. 163-4.

17. L Fleuriot, 'Old Breton Genealogies and Early British Traditions', *Bwletin y Bwrdd Gwybodau Celtaidd* xxvi (1974), 1-6. Mae cyfeiriad at Gynan hefyd ym Muchedd St. Gwyddno (Goueno/Goeznovius), efallai ganrif ynghynt. Gw. Chambers, *Arthur of Britain* (1927), 241-3, a C Sterckx a G Leduc, AB lxxxviii (1971), 272-85.

18. Ifor Williams (gol.), *Breuddwyd Maxen* (Bangor, 1908), 12.

19. Brett, op.cit., 17.

20. F G Cowley, *The Monastic Order in South Wales, 1066-1349* (Cardiff, 1977), 14-15.

21. Alan Llwyd (gol.), *Llywelyn y Beirdd* (Barddas, 1984), 102. Gwell gan Bobi Jones gymryd mai at ardal nid nepell o Lanfair ym Muallt y cyfeirir yma. Bobi Jones, 'Cerdd Fwya'r Iaith: Cerdd Bradwr (11)', *Barddas* 195-6, Gorff./ Awst 1993, 39.

22. E Ernault (gol.), *L'ancien mystère de saint-Gwénolé* (Rennes, s.d.), 22, llinellau 185-92. Fe'i dyfynnwyd gan Y-B Piriou yn ei erthygl 'Quelques remarques à propos de l'ancien mystère de saint Gwénolé', *Bretagne et Pays Celtiques*, gol. G Le Menn (Rennes, 1992), 194. Awgrymir yno ei bod yn bosibl fod dylanwad *De excidio Britanniae* ar y rhan hon o'r Fuchedd.

2.

O'r Ddeuddegfed Ganrif hyd 1659

(i) Y Traddodiad Llenyddol

Wrth droi at lenyddiaeth Llydaweg Canol (h.y. o'r ddeuddegfed ganrif hyd ganol yr ail ganrif ar bymtheg),[1] siomedig braidd yw cwmpas a natur y defnyddiau sydd gennym. Dichon fod modd esbonio gwendid y traddodiad llenyddol i raddau wrth gyfeirio at y dadleuon a grybwyllwyd eisoes ynghylch swyddogaeth yr iaith yn y cyfnod cynnar. Os nad oedd y cyswllt rhwng iaith a gwleidyddiaeth yn eglur y pryd hynny, ni ddisgwyliem weld newid sylfaenol yn y darlun wrth edrych ar y traddodiad diweddarach. Beth bynnag fuasai statws yr iaith yn llysoedd brenhinol cynnar Llydaw, ymddengys fod y Llydaweg eisoes yn gymharol ddiymgeledd erbyn y ddeuddegfed ganrif, a hyd yn oed pe bai corff mawr o destunau llenyddol wedi goroesi hyd hynny efallai na fuasai digon o ddiddordeb ynddynt i beri eu copïo a'u cadw. Er hynny, gwelir mor hawdd oedd colli llawysgrifau gyda threigl amser wrth ystyried yr hyn a ddigwyddodd yng Nghymru. Er gwaethaf holl frwdfrydedd a gweithgarwch y dyneiddwyr Cymreig, nid oes gennym namyn dau gopi cyflawn o'r Mabinogion mewn llawysgrif ac un copi o ganu Aneirin a Thaliesin, ac mae'r unig gasgliadau o weithiau'r Gogynfeirdd i'w cael yn Llyfr Coch Hergest a Llawysgrif Hendregaredd.[2] Dengys hyn nad yw'n briodol synio am Lydaw fel gwlad a fu'n eithriadol o anffodus wrth golli cymaint o'i llenyddiaeth frodorol, ac mai hawdd y gallasai prif drysorau llenyddol y Cymry fod wedi mynd ar ddifancoll hefyd.

Pa faint bynnag o weithiau llenyddol ysgrifenedig a gollwyd, gellir credu mai'r traddodiad llafar oedd y pwysicaf. Mae tystiolaeth sy'n awgrymu fod cynnal 'eisteddfodau' yn rhan o ddiwylliant y Llydawiaid fel y Cymry. Yng Nghymru mae modd olrhain yr arfer o'u cynnal i'r bymthegfed ganrif, ac efallai mor bell yn ôl â 1176 pan gyfarfu'r beirdd yn Aberteifi dan nawdd yr Arglwydd Rhys.[3] Cyfeirir at gynulliad a allasai fod yn ddigon tebyg yn Lydaw yn *lai* Lecheor. Dywedir yno y byddai torf o Lydawiaid yn ymgasglu yn Kastell-Paol unwaith y flwyddyn ar ddygwyl y Sant.[4] Yn y gymanfa honno trafodid digwyddiadau'r flwyddyn a oedd wedi mynd heibio, a phenderfynid pa un o'r cyfansoddiadau a oedd yn rhagori ar y lleill:

« Jadis a saint Pantelion,
Ce nos racontent li Breton,
Soloient granz genz asembler
Por la feste au saint honorer,
Les plus nobles et les plus beles
Du pais, dames et puceles,
Qui dont estoient el pais;
N'i avoit dame de nul pris
Qui n'i venist a icel jor;
Molt estoient de riche ator
. . . .

Chascuns i metoit son pooir
En lui vestir et atorner.
. . . .

La estoient tenu li plet,
Et la érent conté li fet
Des amors et des drueries
Et des nobles chevaleries;
Ce que l'an estoit advenu
Tot ert oi et retenu
Lor aventure racontoient
Et li autre les escoutoient.
Tote la meillor retenoient
Et recordoient et disoient;
Sovent ert dite et racontée
Tant que de touz estoit loée;
Un lai en fesoient entr'eus,
Ce fu la costume d'iceus;
Cil a qui l'aventure estoit
Son non meismes i metoit:
Après lui ert li lais nomez,
Sachoiz ce est la veritez;
Puis estoit li lais maintenuz

40

Tant que partout estoit seuz;
Car cil que savoient de note
En viele, en herpe et en rote
Fors de la terre le portoient
Es roiaumes ou il aloient.

A la feste dont je vos di,
Ou li Breton venoient si,
En un grant mont fu l'asemblée
Por ce que miex fust escoutée.
Molt i ot clers et chevaliers,
Et plusors genz d'autres mestiers;

Dames i ot nobles et beles,
Et meschines et damoiseles.
Quant deu mostier furent parti,
Au leu qu'il orent establi
Conmunement sont assemblé;
Chascuns a son fet reconté;
S'aventure disoit chascuns,
Avant venoient uns et uns.
Dont aloient apareillant
Lequel il metroient avant.

(Gynt yn Kastell-Paol—felly y dywed y Llydawiaid
wrthym—arferai llawer o bobl, gwragedd a morynion
harddaf a mwyaf urddasol y wlad honno, ymgynnull ar
gyfer yr ŵyl i anrhydeddu'r Sant. Nid oedd yr un wraig
fonheddig na ddôi ar y diwrnod hwn. Byddent wedi eu
gwisgo'n ardderchog. Gwnâi pawb ei orau i'w ddilladu a'i
addurno ei hun. Cynhalient drafodaethau yno, ac
adroddid am gampau a helyntion serch ac am sifalri
uchelwrol. Clywid a chofid pob dim a ddigwyddasai'r
flwyddyn honno. Adroddent eu hanturiaethau, a
gwrandawai'r lleill. Cofient eu hanturiaeth orau, siarad
amdani a'i rhoi ar gof a chadw; yn aml fe'i hadroddid hyd
onis canmolid gan bawb. Wedyn cyfansoddent *lai*
rhyngddynt hwy â'i gilydd—dyna oedd eu defod.

41

Byddai'r sawl a oedd wedi cael yr anturiaeth yn rhoi ei enw arni; ganddo ef y câi'r *lai* ei henw—gwybyddwch mai dyma'r gwir. Yna ailadroddid y *lai* hyd nes y dôi'n adnabyddus ym mhob man, oherwydd dygid hi gan y rhai medrus mewn cerddoriaeth, ar y ffidl, ar y delyn ac ar dafodleferydd, o'r wlad i'r teyrnasoedd lle y teithient.

Yn yr ŵyl yr wyf yn sôn amdani, lle yr ymgasglai'r Llydawiaid fel hyn, dôi'r cynulliad ynghyd ar fynydd uchel fel y gellid eu clywed yn well. 'Roedd llawer o glerigwyr a marchogion, a llawer o bobl a chanddynt alwedigaethau eraill. 'Roedd gwragedd urddasol a hardd, yn ogystal â morynion a merched. Pan fyddent wedi gadael yr eglwys, ymgasglent gyda'i gilydd yn y man a nodwyd ganddynt. Adroddai pob un ei weithredoedd, dywedai pawb am ei anturiaethau, gan sefyll gerbron y cynulliad fesul un. Yna 'roeddent i ddewis pa un a ystyrient orau.)[5]

Amhosibl yw dweud am ba hyd y parhaodd y ddefod hynod hon, ond mae'n amlwg ei bod eisoes yn atgof adeg cyfansoddi'r *lai*.

Er bod y *lais* mewn Llydaweg Canol wedi eu hen golli, ymddengys fod eu testunau yn eithaf tebyg i rai'r *soniou* 'caneuon' a'r *gwerziou* 'baledi' y dechreuwyd eu cofnodi o ddifrif yn y bedwaredd ganrif ar bymtheg. Awgrymwyd hefyd y gall fod perthynas agos rhwng strwythur *gwerziou* y cyfnod diweddar a'r englynion milwr a phenfyr mewn Cymraeg Canol.[6] Mae'r disgrifiad o gynnwys y *lais* Llydaweg ar ddechrau'r *lai King Orfew* yn dangos mor amrywiol oeddent:

> The Brytans, as the boke seys,
> Off diverse thingys thei made ther leys -
> Som thei made of harpyngys,
> And som of other diverse thyngys,
> Som of werre and som off wo,

42

Som of myrthys and joy also,
Som of trechery and som off gyle,
Som of happys that felle somwhyle,
And som be of rybawdry,
And many ther ben off fary.
Off all the venturys men here or se,
Most off lyffe, forsoth, thei be . . .
. . . .
  Off aventours that fell somdeys
The Bretonys therof made ther leys -
Off kingys that before us were . . .

(Cyfansoddai'r Llydawiaid, fel y dywed y llyfr,
Eu *lais* ar amryw destunau -
Canent rai i gyfeiliant y delyn
A rhai am wahanol bethau eraill,
Rhai am anffawd a rhai am wae,
Rhai am hapusrwydd a llawenydd hefyd,
Rhai am fradwriaeth a rhai am ddichell,
Rhai am ddigwyddiadau'r amser gynt,
A rhai am anniweirdeb
A sawl un am y tylwyth teg.
Maent ar bob anturiaeth a glywir neu a welir,
Yn enwedig serch, yn wir,
. . . .
  Ar anturiaethau a fu ryw ddydd
Yr ysgrifennai'r Llydawiaid eu *lais*—
Am frenhinoedd a fu o'n blaen . . .)[7]

Cawn gipolwg ar ganu serch canoloesol Llydaweg mewn pwt
o gerdd sydd gennym o'r bedwaredd ganrif ar ddeg.
Nodweddir y darn hwn gan ddefnydd o odlau mewnol tebyg i
rai'r Gynghanedd Lusg Gymraeg.   Mewn rhai cerddi
diweddarach ceir hefyd enghreifftiau o Gynghanedd Draws a
chyffyrddiadau o Gynghanedd Sain.[8] Ymddengys mai copïwr
ifanc o'r enw Ivoned Omnez (Ivonet Omnès), ac yntau wedi
blino ar ei waith copïo, a ysgrifennodd y llinellau hyn. Maent
i'w cael mewn llawysgrif Ladin o'r *Speculum Historiale* gan

Vincent de Beauvais. Fe'i dyddir tua 1350, a chedwir hi yn Llyfrgell Genedlaethol Ffrainc. Dyma'r testun wedi ei ddiwygio rywfaint a chyda'r odlau mewnol wedi eu hitaleiddio:

an gu*en* heg*uen* am lou*en*as
an hegar*at* an lac*at* glas . . .
mar ham guor*ant* va kar*ant*it,
da vout in n*os* oh he c*os*tit,
uam gar*et*, nep p*ret*—[*et*] . . .

(Yr un wen ei grudd a'm llawenhaodd
Yr hygar, y lygatlas . . .
Os addawa fy nghariad imi
[y caf] fod yn y nos wrth ei hochr,
Ferch annwyl, bob amser . . .)[9]

Gyda llwyddiant milwrol y Normaniaid ym Mhrydain Fawr gwobrwywyd llawer o Lydawiaid â stadau yma. Cynorthwyodd eraill yn y cyrchoedd Normanaidd ar dde'r Eidal ac ymgyfoethogi yno. Er y buasai'n rhesymol tybio y câi'r fath ffyniant materol effaith er lles ar y Llydaweg, yr hyn a wnaeth mewn gwirionedd oedd hybu twf diwylliant cosmopolitaidd ymhlith y Llydawiaid a llesteirio datblygiad llenyddiaeth frodorol. Erbyn y ddeuddegfed ganrif 'roedd llenyddiaeth Lydewig mewn Lladin yn ymddangos. Nid oedd hon wedi ei chyfyngu i Lydaw o ran ei chynnwys, ei harddull na'i tharddiad, ac 'roedd yn waith awduron a chanddynt enw drwy

Llydaweg Ivoned Omnez (c.1350), o llsgr.
Lladin 14354, f° 144 v°, yn Llyfrgell Genedlaethol Ffrainc

44

Ewrob, er eu bod yn hanfod o Lydaw. 'Roedd y rhain, ysgolheigion fel Baudry o Bourgueil—Esgob Dol (1107-1130)—a Pêr Abalard (Peter Abelard) (c.1079-1142), yn cyfranogi o ddiwylliant a oedd yn croesi ffiniau cenedlaethol. Tueddent i ddirmygu Llydaw yn hytrach na'i chanmol. Condemniodd Baudry o Bourgueil yr hyn a welai yn farbareiddiwch y Llydawiaid, ac ystyriai Abalard, a oedd yn frodor o ar Palez, ger Naoned, fod mynaich Lokentaz yn annealladwy ac yn ddifoes.[10] Nid oes nodweddion neilltuol Lydewig yn eu gwaith hwy nac ychwaith yn ysgrifeniadau Gwilherm ar Breton (Guillaume Le Breton) yn y drydedd ganrif ar ddeg. Fel yr ymdoddai'r llenorion dysgedig hyn i brif ffrwd ddiwylliannol yr oes, felly hefyd y daeth traddodiadau Arthuraidd y Brythoniaid yn eiddo i holl wledydd Gorllewin Ewrob, yn enwedig wedi cwblhau *Historia Regum Britanniae*.[11]

Er nad oes gennym gyfansoddiadau llenyddol o bwys yn y Llydaweg cyn y bymthegfed ganrif, awgryma'r *lais*, y termau theatr sydd gennym mewn Hen Lydaweg, a mydryddiaeth y pwt o gerdd sydd gennym o waith Ivoned Omnez, fod yr iaith yn gyfrwng llenyddiaeth arwyddocaol ymhell cyn hynny. Mae'n debyg fod cyfran o'r llenyddiaeth honno yn ysgrifenedig hefyd, ond nid oes modd profi faint. Cyfansoddi gweithiau defosiynol oedd pennaf onid unig amcan bron pob llenor o'r bymthegfed ganrif ymlaen. Uchafbwynt llenyddol y ganrif honno yw'r gerdd 'Buhez mab den' (Buchedd Mab Dyn) a gadwyd inni, ynghyd â dwy gerdd arall ('Tremenvan an ytron guerches Maria'—'Marwolaeth y Forwyn Fair', a 'Pemzec levenez Maria'—'Pymtheg Llawenydd Mair') a drama firagl ('Passion ha resurrection hon Salver'—'Dioddefaint ac Atgyfodiad ein Hiachawdwr'), mewn llyfr a argraffwyd gyntaf ym 1530 ym Mharis gan Killevere (Quillévéré) ac a adargraffwyd ym 1622 ym Montroulez. Er nad oes prawf sicr, mae'n debyg fod y tair cerdd wedi eu cyfansoddi yn y bymthegfed ganrif. Fel Siôn Cent yng Nghymru, ystyriai bardd 'Buhez mab den' fod ei neges yr un mor berthnasol i'r uchelwyr a'r ysgolheigion ag i'r werin anllythrennog. Italeiddiwyd yr odlau mewnol yn y dyfyniad hwn:

Nobl ha partabl en vn bezret
Ez ynt vn heuel da guelet
Na ne-d-eux quet mar discret ve
Eguyt phylosofy na sciannc
Na prudancc o diffarance
Na ve mar prim o estymhe.

(Bonedd a gwrêng mewn un fynwent
Tebyg yw eu gwedd,
Ac nid oes neb, er doethed fai,
Er gwaethaf athroniaeth neu ddysg
Neu bwyll, a fedrai eu gwahaniaethu
Na neb, er chwimed ei feddwl,
a fesurai eu gwerth.)[12]

Ni wna'r gerdd grefyddol hon ond codi cwr y llen ar y llenyddiaeth gaboledig helaeth y gallwn fod yn siwr ei bod yn dal yn rhan amlwg o ddiwylliant Llydaw yn yr Oesoedd Canol. Os oedd yr iaith yn gymharol ddiymgeledd, fel y dywedwyd uchod, mae'n amlwg fod llawer o fynaich, offeiriaid a chlerigwyr a fedrai gyfansoddi mewn Llydaweg a bod cyfran ohonynt yn hyddysg yn y fydryddiaeth draddodiadol. Pa faint bynnag yr oedd y traddodiad wedi edwino, gellir credu fod nifer sylweddol o bobl a allai ddarllen yr iaith ac a oedd yn ei gwerthfawrogi digon i ddymuno ei gweld mewn print. Mae'n arwyddocaol fod llyfrau yn cynnwys y Llydaweg yn cael eu cyhoeddi o leiaf mor gynnar â 1499, tra bu'n rhaid i'r Cymry aros hyd 1546/7 cyn gweld argraffu llyfrau yn eu hiaith hwy. Nid yw'n amhosibl ychwaith fod ysgolion barddol o ryw fath wedi parhau yn Llydaw hyd yr unfed ganrif ar bymtheg.[13]

Er nad oedd ond canran fechan o'r werin yn llythrennog, gofalai'r eglwys ar hyd y canrifoedd fod yr holwyddoreg ac amryw weddïau a chaneuon ysbrydol yn cael eu dysgu yn iaith y bobl. Teimlai'r offeiriaid fod arnynt gyfrifoldeb i ddefnyddio'r iaith er lles eneidiau eu plwyfolion uniaith, beth bynnag oedd eu barn bersonol am ei hurddas a'i harddwch fel cyfrwng. Iddynt hwy, israddol a di-werth oedd diwylliant y werin gyffredin, gyda'u 'spectaclou public, euel ma eo comediennou profan, bancquedou, mascaradannou, hoariou, danczou, gourenerez, chasceal, festou dez ha festou nos' (difyrrwch cyhoeddus, fel y mae comedïau seciwlar, gwleddoedd, ffarsau, chwaraeon, dawnsiau, ymaflyd codwm, hela, gwyliau dydd a gwyliau nos).[14]

Mae nifer o weithiau o'r unfed ganrif ar bymtheg sy'n dangos inni natur y traddodiad llenyddol eglwysig. Bernir bellach fod 'Buez Santes Nonn hac he map Deuy' (Buchedd Santes Non a'i mab Dewi), miragl sydd eto'n pwysleisio'r berthynas agos rhwng Cymru a Llydaw, yn perthyn i'r ganrif honno, a chyfansoddwyd *Le mirouer de la mort* (Drych Angau) ym 1519 'gan Maestre IEHAN an Archer Coz, a parhos Ploegonuen' (gan Feistr Yann yr hen gwnstabl, o blwyf Plougonven). Argraffwyd hi ym Montroulez ym 1575.[15] Y gerdd hir hon, sy'n trafod tynged dyn, a dwy ddrama firagl, 'Passion ha resurrection hon Salver' (y cyfeiriwyd ati eisoes) a 'Buhez Santes Barba' (Buchedd Santes Barba), yw prif destunau llenyddol yr unfed ganrif ar bymtheg. Argraffwyd 'Buhez Santes Barba' am y tro cyntaf ym 1557 ym Montroulez.[16]

NODIADAU

1. Y ffin draddodiadol ar gyfer diwedd cyfnod Llydaweg Canol yw 1659, blwyddyn cyhoeddi'r *Sacré collège* gan y Tad Maner. Yn ôl F. Favereau, *Bretagne contemporaine* (Morlaix, 1993), 184, erys tuag 20,000 o benillion mewn Llydaweg Canol yn ogystal ag amryw destunau rhyddiaith.

2. G J Williams, *Agweddau ar Hanes Dysg Gymraeg* . . ., gol. Aneirin Lewis (Caerdydd, 1969), 3 a 5. Yn y gerdd 'l'Image du monde', sy'n dyddio o ganol y drydedd ganrif ar ddeg, sonnir am y Llydaweg, y Ffrangeg a'r Saesneg fel ieithoedd a gâi eu hysgrifennu. Gw. Le Menn, *Civilisation bretonne* i (teipysgrif, Rennes, s.d.), 26.

3. Meic Stephens (gol.), *Cydymaith i Lenyddiaeth Cymru* (Caerdydd, 1986), 84.

4. Léon Fleuriot, 'Brittonica et Gallica', EC xxii (1985), 320-1; cf. HLCB i, 133. Bernir bod y gair *lai* wedi datblygu o hen air Llydaweg cytras â'r Wyddeleg *laid, laed* 'cerdd ar gân'. Ibid. i, 131. Ar y *lais*, gw. Mortimer J. Donovan, *The Breton Lay : A Guide to Varieties* (Indiana, 1969).

5. Ceir cyfieithiad Saesneg o'r *lai* Ffrangeg yn llyfr Robert Cook a Mattias Tveitane, *Strengleikar. An Old Norse Translation of Twenty-one Old*

French Lais (Oslo, 1979), 210-1. Dyfynnwyd y testun o arg. Gaston Paris, *Romania* 8 (1879), 64-6.
6. HLCB i, 158.
7. Thomas C Rumble (gol.), *The Breton Lays in Middle English* (Detroit, 1965), 207-8. Troswyd y *lai* hon i Lydaweg gan Roparz Hemon, yn ei lyfr *Danevelloù Kozh Danvez Breizh* (Lesneven, 1992), 134-55. Cyfeirir at gyfansoddiadau'r Llydawiaid gan Chaucer yn y prolog i *lai* Franklin, ac yn ôl 'le Lai de la Grève', sydd yn ddi-enw, ystyrid y Llydawiaid yn arbenigwyr ar y math hwn o ganu. Le Menn, op.cit., 26-7. Heblaw am yr enwau priod Llydaweg a geir yn y *lais* Ffrangeg, gellir nodi fod y cysylltair Llydaweg *ha* wedi ei gadw yn enw un o *lais* Marie de France (bl. diwedd 12G), sef 'Guildeluec ha Gualadun', a bod teitlau Llydaweg gan ddwy arall, sef 'Bisclaveret' (ffurf ar *bleiz-lavaret* 'blaidd dywededig', h.y. 'dyn blaidd'), a 'Laustic' (*eostig* 'eos' wedi ei ragflaenu gan y fannod bendant Ffrangeg). Ernest Hoepffner 'The Breton Lais', yn *Arthurian Literature in the Middle Ages*, gol. Roger Sherman Loomis (adarg. Oxford, 1979), 113; Arthur le Moyne de la Borderie, *Histoire de Bretagne* iii (Rennes, 1899), 222-4. Rhoddodd Roparz Hemon gynnig ar drosi 'Eaustic Sanct Malo' i Lydaweg Canol, er mwyn rhoi syniad i'w gydwladwyr am natur eu hen lenyddiaeth goll. Roparz Hemon, op.cit., 156-9.
8. HLCB, i, 21 Gw. hefyd R M Jones, 'Llenyddiaeth Lydaweg y 15fed Ganrif', *Y Traethodydd* (Ebrill 1977), 100.
9. HLCB, i, 19-20; J. Loth, 'Le plus ancien texte suivi en breton', RC xxxiv (1913), 241-8; E Ernault, 'Encore du breton d'Ivonet Omnes', loc.cit., xxxiv (1913), 249-52. Gweler hefyd Christian-J. Guyonvarc'h, *Le Catholicon de Jehan Lagadeuc* ii (Rennes, 1975), xxxiii-xxxix.
10 Patrick Galliou a Michael Jones, *The Bretons* (Oxford, 1991), 175; Moyne de la Borderie, op.cit., iii, 250.
11. Caroline Brett, 'Breton Latin Literature as Evidence for Literature in the Vernacular AD 800-1300', *Cambridge Medieval Celtic Studies* 18 (1989), 4-5.
12. Roparz Hemon (gol.), *Trois poèmes en moyen-breton* (Dublin, 1962), 78, pennill 234.
13. Gwennolé Le Menn, 'Inscriptions en moyen-breton à Gourin', AB lxxix (1972), 899-900. Ar y sefydliadau addysgiadol a oedd yn Llydaw yn y bedwaredd ganrif ar ddeg a'r bymthegfed ganrif, gweler F. Favereau, op.cit., 143.
14. Dyfyniad o'r *Confessional* (Nantes, 1612). Gweler Yann-Ber Piriou, 'Notes de lecture: "Les amours d'un vieillard"', *La Bretagne linguistique* ii (Centre de Recherche Bretonne et Celtique, Brest, 1986), 22.
15. Guyonvarc'h, op.cit., lxxxiii; IYK, 141.
16. Cedwir yr unig gopi o argraffiad 1557 o *Buhez Santes Barba* yn y Llyfrgell Brydeinig, Llundain.

(ii) Ymagweddiadau at yr Iaith

Cafodd cefnogwyr Llydewig Gwilym Goncwerwr roddion o dir yn Lloegr ac ar ororau Cymru, a daethant yn garfan bwerus a dylanwadol ym mywyd Ynys Prydain. Aeth rhwng 5% a 8% o dir Lloegr i feddiant mewnfudwyr newydd o Lydaw, ac ar ben hyn delid tiroedd eraill gan deuluoedd Llydewig a oedd wedi ymsefydlu yno cyn y Goncwest.[1] 'Roedd y Llydawiaid hefyd yn niferus iawn ar ffiniau Cymru, rhwng Amwythig a Mynwy. Diau fod presenoldeb llu mawr o filwyr cynorthwyol o Lydaw o dan Alan Fergant ym myddin Gwilym, a'u hymsefydliad yn Lloegr, ac yng Nghernyw ac ar ororau Cymru yn arbennig, wedi rhoi hwb i obaith y brudwyr fod y Brythoniaid o'r diwedd yn dechrau cryfhau eu gafael ar yr Ynys, cred a fynegwyd yn y fersiynau o broffwydoliaethau Myrddin a luniwyd gan Sieffre a chan Siôn o Gernyw.[2]

Heblaw'r Llydawiaid a ddaeth yn dirfeddianwyr o ganlyniad i'w cefnogaeth i'r Normaniaid, câi eraill waith fel lladmer-yddion (*latiniers*) neu ddiddanwyr yn y llysoedd. Gwyddys bod Llydawiaid amlieithog yn chwarae rhan bwysig mewn cylchoedd uchelwrol ar y ddwy ochr i Fôr Udd. Cyfeiriodd Gottfried o Strasbourg at fardd amlieithog o'r enw Tristan. Canodd Tristan *lai Thisbé* mewn pedair iaith, a honnai ei fod yn medru'r ieithoedd hyn yn eithaf da:

> Canai nodiadau ei *lai* mor fwyn yn Llydaweg, Cymraeg, Lladin a Ffrangeg fel na fedrech ddweud pa un oedd beraf neu'n haeddu ei foli fwyaf, y modd y canai'r delyn neu'r ffordd y canai â'i lais.
>
> ....
>
> Fe'i holwyd ymhellach gan Farc. 'Tristan, fe'th glywaist yn canu mewn Llydaweg gynnau, ac mewn Cymraeg, Lladin da, a Ffrangeg. A wyt ti'n medru'r ieithoedd hyn? 'Ydwyf, yn eithaf da, Syre.' [3]

Nid oes amheuaeth nad oedd llawer o'r beirdd is, y cerddorion, hefyd yn amlieithog a bod y gyfathrach rhwng y gwledydd Brythonaidd a rhannau eraill o Ewrop yn fodd i ledaenu

'Deunydd Llydaw'. Mae caneuon Marie de France, a rhai Béroul a Thomas yn adrodd anturiaethau Trystan, tra bo 'rhamantau' Llydewig Chréstien de Troyes i gyd wedi eu hysbrydoli gan gerddi a straeon Arthuraidd a drosid i ddiddanu cylchoedd uchaf a mwyaf ffasiynol y gymdeithas. Ni wyddys am ba hyd y cadwodd y Llydawiaid a ymsefydlodd yn Ynys Prydain eu hiaith, ond dangoswyd i'r gyfraith Lydewig ynglŷn â rhannu eiddo rhwng disgynyddion barhau i gael ei dilyn gan rai teuluoedd yma am amser maith.[4] Dan ddylanwad Sieffre o Fynwy delid i sôn am hynafiaeth yr iaith, ac yn y *Chronicon Briocense*, a ddechreuwyd ym 1394, rhoddwyd pwyslais ar y Llydaweg fel y ffurf fyw buraf ar hen iaith Caerdroia.[5]

Wrth i'r Oesoedd Canol fynd yn eu blaen, mae'n amlwg fod safle a bri'r Llydaweg yn cyson wanhau. Cyfeiriwyd eisoes at y modd y collodd teuluoedd brodorol Llydaw eu gafael ar reolaeth eu gwlad a'r ffordd y cryfhaodd dylanwad uchelwyr di-Lydaweg yn y dwyrain ac ar hyd y gororau. Mae'n arwyddocaol cyn lleied o sylw a roddid i'r iaith fel arwydd o genedligrwydd Llydewig. Er i lawer o gefnogwyr Yann Moñforzh (Jean de Montfort) ddod o fröydd Llydaweg, yr unig dystiolaeth sydd i apêl wleidyddol yr iaith yw'r sylwadau anuniongyrchol ati yn y *Chronicon Briocense*.[6] I bobl o'r tu allan i Orllewin Llydaw mae'n amlwg nad oedd gan yr iaith y grym gwleidyddol a barai iddynt ei pharchu, a daeth yn fwyfwy dirmygedig.

Fel y collai'r Llydaweg ei phwysigrwydd yn wleidyddol ac yng nghylchoedd uchaf y gymdeithas, 'roedd mwyfwy o eiriau benthyg oddi wrth y Ffrangeg yn dod yn rhan o'i geirfa lenyddol, a'i thafodieithoedd yn cryfhau. Hyd yr unfed ganrif ar ddeg ymddengys fod geirfa'r iaith yn gymharol sefydlog a'r elfen Ffrangeg ynddi yn weddol denau. Buan y newidiodd hynny, ac eisoes yn y ddeuddegfed ganrif barnai Gerallt Gymro fod Llydaweg 'coeth' yn fwy llygredig nag iaith y werin:

Cornubienses vero et Armoricani Britonum lingua utuntur fere persimili, Cambris tamen propter originem et convenientiam in multis adhuc et fere cunctis intelligibili; quæ quanto delicata minus et incomposita, magis tamen

50

antiquo linguae Britannicae idiomati, ut arbitror, appropriata . . .

(Defnyddia Cernyw a Llydaw iaith sydd bron yn hollol debyg; iaith sydd, beth bynnag, oherwydd ei tharddiad cytras yn ddealladwy i'r Cymry mewn llawer, onid pob peth. Po leiaf coeth a pho fwyaf digymysg fo, agosaf i gyd ydyw, yn ôl fy marn i, i hen briod-ddull yr iaith Gymraeg gynt.)[7]

Daeth ysgrifennu cymysgiaith ac ymwrthod ag iaith lafar rywiog y werin yn fwyfwy ffasiynol yn Llydaw'r Oesoedd Canol. Edmygai'r Llydawiaid llythrennog harddwch a choethder y Ffrangeg gan y gwelent mai hi oedd iaith grym, dylanwad a dysg. Ystyriai cyfieithwyr y llyfrau defosiynol fod y geiriau benthyg a ddefnyddient yn eu Llydaweg yn amlygu eu diwylliant ac yn rhoi urddas i'w mynegiant. I'r beirdd 'roedd y benthyceiriau hefyd yn darparu digonedd o gyfatebiaethau barddonol, cytseinedd, cyseinedd, odlau a chyfystyron. Pa faint bynnag o eiriau benthyg a arferai, ymddengys fod awdur *Buhez Sant Gwenôlé Abat* yn synio am y Llydaweg fel cyfrwng yr un mor barchus â'r Lladin. Fel hyn y geilw Gwenole ar ei frodyr, y mynaich a'r gwylwyr, i ymuno ag ef mewn gweddi:

Ma Breudur me o pet breman
stouet dym dou ha dou dan douglyn,
Ha ma petomap [sic] Doe so Roe dan fyn
e Brezonec mat pe e Latyn . . .

(Fy mrodyr, erfyniaf arnoch yn awr,
Ymgrymwch, er ein mwyn, fesul dau ar eich gliniau,
Fel y gallwn weddïo i Dduw, sy'n frenin hyd y diwedd,
mewn Llydaweg da neu yn Lladin . . .)[8]

Ar yr un pryd â chyfoethogi'r iaith, fodd bynnag, daeth y benthyg helaeth i gadarnhau'r gred fod y Llydaweg yn y bôn yn iaith brin, amrwd a thlodaidd, barn a seriwyd ar feddwl y Llydawiaid hyd yr ugeinfed ganrif. Bedyddiwyd y gymysgiaith sy'n nodweddu'r llyfrau defosiynol yn 'brezhoneg beleg' (Llydaweg yr offeiriad), 'brezhoneg kador' (Llydaweg y pulpud), neu'n 'breton bourgeois' (Llydaweg parchus). Nid anfedrusrwydd a barai ysgrifennu yn y fath fodd. 'Roedd Tangi Wegen (Tanguy Gueguen, c.1565-1632), er enghraifft, wedi ei drwytho yn yr iaith, fel y prawf y ddwy gerdd acrostig gywrain a luniwyd ganddo, ond mae geirfa ei drosiad o *An mirouer a confession* (Drych Cyffes), a gyhoeddwyd ym 1612, a'i addasiad o gyfieithiad cynharach o *Doctrin an Christenien* (Athrawiaeth y Cristionogion), a ddaeth o'r wasg ym 1622, yr un mor gymysg â'r hyn a welir mewn gweithiau gan awduron na allwn fod yn sicr o'u medr ieithyddol.[9] Dengys y frawddeg hon o'r *Doctrin* helaethder y benthyciadau. Italeiddiwyd y geiriau benthyg amlwg wrth ddyfynnu:

Quentaff trugarecat Doue ves é oll *benefiçou* ha *graçou*, pere hon eus *receuet* digantaff en *generall*, euel ma-z eo hon *Creation*, hon *Redemption*, hon *Conseruation*, ha re all, ha *specialamant* ves an re hon eux *receuet* an dez se.

(Yn gyntaf, diolchwn i Dduw am ei holl garedigrwydd a grasau, y rhai yr ydym wedi eu derbyn ganddo yn gyffredinol, fel y mae ein creadigaeth, ein prynedigaeth, ein cadwedigaeth ac yn y blaen, ac yn enwedig am y rhai a dderbyniasom y dwthwn hwn.)[10]

Diau fod William Salesbury wedi gweld Llydaweg o'r ansawdd hwn yn yr unfed ganrif ar bymtheg, ac arswydai ef rhag i Gymraeg ysgrifenedig droi'n gymysgiaith debyg wrth i'r uchelwyr ymseisnigo ac wrth i gyfundrefn y beirdd ddirywio. Mewn cyflwyniad llawysgrif at Richard Longford o Drefalun, Humphrey Llwyd o Ddinbych ac Iancyn Gwyn o Lanidloes, cyferbynnodd gyflwr y ddwy chwaeriaith:

. . . i ble mwy y mae y neb wyllysey gimmennv na thrwsiaw dim ar yr iaith vynd i ge[i]ssio dim porth na chyngor? I ble heddyw, meddaf, ydd a nep onid at vn o honoch chwi wyr da dysgedig, yr ei er maint y sy genich o bybyr wybyddiaeth mewn amryw iaithoedd eraill nid yw chwi mal dynionach evddilddysg, kegsythion, afrywiog, nag yn tremygv dywodit yr iaith, na chwaith yn anwiw genych ei hiawn eskryvenv ai hachvp rrag hi mynet val ydd aeth Britanneg Kernyw yn yr ynys hon a Brytannaeg brytaniet Llydaw yn y tir hwnt tra mor, yn llawn llediaeth ag ar ddivankoll hayachen.[11]

Dengys ei eiriau y duedd gan bobl o'r tu allan i Lydaw i ddirmygu'r Llydaweg, neu ar y gorau i'w phitïo ac i resynu ei bod mor ddiymgeledd. Ymddangosai i Salesbury, fel i'r rhan fwyaf o'r Llydawiaid eu hunain, ei bod fel pe bai y tu hwnt i achubiaeth ac yn amhosibl ei throi'n gyfrwng dysg gyflawn a llenyddiaeth gaboledig, fodern.

Fel y codai statws y Ffrangeg yn Llydaw dôi'n fwyfwy anodd i'r iaith frodorol gystadlu â hi fel cyfrwng ysgolheictod a chelfyddyd. Erbyn yr unfed ganrif ar bymtheg 'roedd Ffrainc yn ymffurfio yn wlad unedig a grymus. Unwyd Llydaw â Ffrainc ym 1532, ac er na chafodd hyn ddylanwad uniongyrchol ar yr iaith, nad oedd ganddi statws swyddogol cyn hynny, 'roedd yn arwydd arall o israddoldeb gwleidyddol ei siaradwyr. Mae'n wir fod gennym 'gerdd swyddogol' yn Llydaweg a gyfansoddwyd ym 1532, ond mae'n debyg fod yr enghraifft hon o ddefnyddio'r iaith fel rhan o seremoni ffurfiol yn eithriad i'r rheol. Coronwyd François III, mab François I o Ffrainc, yn Ddug Llydaw yn Roazhon yn Awst y flwyddyn honno; ac yn ôl y sôn, 'roedd ganddo ychydig benillion i'w hadrodd 'en langaige Troyen qui est Breton bretonnant en langaige franczois' (yn iaith Caerdroia, sef Llydaweg).[12] Diau fod y gerdd hon yn ffordd hwylus ac arwynebol o gydnabod bodolaeth yr iaith. Dengys yn glir fod y traddodiad am gyswllt y Llydawiaid â gwŷr Caerdroia yn dal yn boblogaidd:

> Ma hano frescq, mescq tut, hep tabut, eu Brutus
> Orgynal Italy. Ma ny voe Julius . . .
> . . . .
> . . . . . . ez deuz flour em couraig . . .

53

....
Da conqueriff an Breitz-man hep mar quet
Eguit nep so ahanouff disquennet
Pere a comps a Troye guyr langaig
Hac a vezo bet en fin en usaig.

(F'enw, yn wir, ymysg pobl, heb os, yw Brutus
Yn wrieddiol o'r Eidal. Julius oedd fy nai . . .
....
. . . . .daeth y syniad braf i'm meddwl
....
I orchfygu'r Llydaw hon, heb amheuaeth,
Ar gyfer y neb a ddisgynno oddi wrthyf
Ac sy'n siarad gwir iaith Caerdroia,
Iaith a ddefnyddir hyd ddiwedd y byd.)[13]

Drwy ordeiniadau Villers-Cotterets ym 1539 gwnaethpwyd y
Ffrangeg yn unig iaith swyddogol brenhiniaeth Ffrainc, ac
'roedd bryd yr oes ar ganoli. Y tu fewn i Ffrainc daethpwyd i
wgu ar amrywiadau tafodieithol yn y Ffrangeg ac i fychanu
ieithoedd estron. Eglurodd Palsgrave, er enghraifft, mai ym
Mharis a'r fro rhwng Seine a Liger (Loire) y siaredid y Ffrangeg
gorau, a chanwyd clodydd yr iaith gan awduron megis Joachim
Du Bellay a Henri Estienne.[14] Daeth y Llydawiaid i gredu fod
dirywiad y Llydaweg yn anochel yn wyneb grym a rhagoriaeth
ddiwylliannol y Ffrangeg, cyfrwng a ymddangosai iddynt yn
berffeithiach ac yn gynhenid well.

Ychydig o ddylanwad a gafodd y Diwygiad Protestannaidd
ar ddatblygiad y Llydaweg. Teimlwyd dylanwad y Diwygiad ar
ei gryfaf yn Llydaw rhwng 1550 a 1560, ond hyd yn oed yn y
cyfnod hwnnw ni chafodd effaith ar drwch y boblogaeth.[15]
'Roedd agwedd y Protestaniaid at yr Ysgrythurau yn sylfaenol
wahanol i eiddo'r Catholigion, oherwydd tra pwysleisiai'r
Pabyddion bwysigrwydd y ffurfwasanaeth a swyddogaeth yr
offeiriad yn ei blwyf credai'r lleill ei bod yn ddyletswydd arnynt
i ledaenu gair Duw ym mhob gwlad a thrwy gyfrwng pob iaith.
Awgrymwyd felly y buasai'r Hugonotiaid yn yr unfed ganrif ar
bymtheg wedi bod yn awyddus i drosi'r Beibl, neu ran ohono,

i'r Llydaweg, ond er y buasai ganddynt ddigon o reswm i ymgymryd â'r dasg nid oes prawf iddynt hyd yn oed dechrau ar gyfieithiad. Mae'n ddiddorol, er hynny, i Jili o Kerampuilh (Gilles de Kerampuil de Bigodou, c.1530-78) sôn yn y rhagymadrodd i'w Holwyddoreg am ddymuniad 'un Breton fugitif en Angleterre' (Llydawr ar ffo yn Lloegr) i argraffu'r Testament Newydd wedi ei drosi i'r Llydaweg (*en langue Brette*).[16] Ymddengys fod gan Jili o Kerampuilh gyswllt â Chymry ac mai at y Gymraeg y mae'n cyfeirio yn y darn hwn:

> Et d'autant que ie cognois, tant par la relation de plusieurs doctes personnages Anglois, que par le trauail que ie prins à la conference de la langue Angleche à la nostre, (auecques lacquelle elle a proche affinité) que la traduction qu'on a ia faicte en langue Angleche estre en infinis lieux falsifiée et corrompüe.

> (A hyd y mae'n hysbys imi, yn gymaint drwy gyswllt â llawer o Saeson doeth â thrwy fy ngwaith yn cymharu'r Saesneg â'n hiaith ni (sy'n perthyn yn agos iddi) mae'r cyfieithiad [o'r Testament Newydd] a wnaethpwyd i'r Saesneg wedi ei gamliwio a'i lygru'n ddi-ben-draw.)[17]

Yn y gerdd 'Admonition dan gvuir christenyen, ha catholiquet parfet' (Rhybudd i'r Gwir Gristionogion a'r Catholigion Perffaith), y credir iddi gael ei chyfansoddi rywbryd cyn 1615, datgenir cred y Catholigion fod yn rhaid iddynt ochel rhag y Protestaniaid a oedd wedi llurgunio'r Ysgrythurau a'u gwyrdroi:

> Egvit chach harac diffacet,
> Ho deueus an scriptur souillet
> Iahynet ha contrefetet
> Na da quet da bezaff dampnet.

> (Er mwyn cŵn, haid felltigedig, /—Sydd wedi haogli'r Ysgrythur, / Ei gwyrdroi a'i dieithrio—/ Paid â mynd i'th ddamnedigaeth.)[18]

Ymddengys mai Du Four de Longuerue, ym 1754, a gyfeiriodd gyntaf at y traddodiad i'r Testament Newydd gael ei drosi i'r Llydaweg drwy orchymyn Anna o Lydaw (1488-1514). Yn y bedwaredd ganrif ar bymtheg aeth Kervarker (Théodore Hersart de La Villemarqué, 1815-95) a Gwilh ar C'hoad (Guillaume Le Coat, 1845-1914) mor bell â honni i'r cyfieithiad hwn gael ei ddefnyddio yn sylfaen i'r Testament Newydd Cymraeg![19]

Ganed Jili o Kerampuilh yng nghastell Kerampuilh, Plougêr, rhwng 1530 a 1535, a chredir iddo gael ei addysgu ym Mharis cyn mynd yn offeiriad yn Llydaw. 'Roedd yn offeiriad Kledenn-Poc'her pan gyhoeddodd ei *Horae britonnicae et latinae* (Gweddïau Llydaweg a Lladin), tua 1568. Ym 1576 cyhoeddodd holwyddoreg Lydaweg, sef *Catechism hac Instrvction egvit an Catholiqvet . . .* (Holwyddoreg a Chyfarwyddyd i'r Catholigion), a *Buhez an itron santes Cathell* (Buchedd Santes Gatrin). Bu farw ym 1578 pan oedd ar gael ei ddyrchafu yn Esgob Gwened.[20]

Yn ei Holwyddoreg cynhwysodd Jili o Kerampuilh amrywiadau geirfaol ar ymylon y tudalennau, fel y gwnaeth William Salesbury yn ei Destament Newydd (1567). Yn debyg i Salesbury, gwelir mai ei fwriad oedd gwneud yr iaith frodorol yn fwy dealladwy i gynulleidfa eang. Ym marn y Cymro 'roedd yr amrywiadau hefyd yn dangos cyfoeth yr iaith, ond nid oes dim i awgrymu fod y Llydawr yn eu gweld felly:

> Notet lenneryen en quement ma quefet vn steren raportet var an margin, ez eu ententet an diuers vsag à comsou en langaig Brezonec, eguit nep na gouuezo vnan, à entento heguilé.

> (Sylwch, ddarllenwyr, ble bynnag y cewch seren wedi ei hychwanegu ar ymyl y tudalen, cyfeiria at y gwahanol ddefnydd o eiriau mewn Llydaweg, fel y bydd y sawl na wŷr y naill yn deall y llall.)[21]

Lle yr oedd ganddo ddewis rhwng gair brodorol ac un benthyg, ymddengys ei fod yr un mor debygol o roi'r gair estron ar ymyl y tudalen â'r un Celtaidd, er enghraifft:

yn y testun	ar ymyl y tudalen
resuscitas	*dasczorchas* 'atgyfododd'
en hem retirafu	*en hem tenn* 'symud i ffwrdd'
promesse	*diougan* 'addewid'
guerchdet	*virginitez* 'gwyryfdod'
gallout	*puissancz* 'grym'
gorroidiguez	*eleuation* 'dyrchafiad'

Ceir ambell amrywiad tafodieithol ar ymyl y tudalen:

graet	*groet* 'wedi ei wneud'
a hano	*a hané* 'oddi yno'

Anna o Lydaw, wedi ei hamgylchynu gan ei nawddsantesau, Wrsle a Helena

57

Ystyriai Jili o Kerampuilh fod ysgrifennu yn y Llydaweg yn ffordd o osgoi 'an ampechamant hac an difficulté ves an latin' (rhwystrau ac anawsterau'r Lladin),[22] ond mynnai fod ei waith yn 'prolixe, rude et mal poly en sa diction' (yn eiriog, yn amrwd ac yn anghaboledig o ran iaith),[23] yn rhannol oherwydd iddo gael ei fagu mewn Ffrangeg, ond hefyd am nad oedd yr iaith 'iamais esté imprimée et hantée comme les autres' (erioed wedi cael ei hargraffu a'i harfer fel ieithoedd eraill).

Er bod ieithwedd y rhan fwyaf o'r testunau Llydaweg Canol yn gymharol unffurf, gellir credu fod llawer o nodweddion y tafodieithoedd eisoes wedi datblygu. Anaml yr amlygid y rhain, yn gyntaf oherwydd orgraff Ffrengig yr iaith, nad oedd ganddi symbol arbennig ar gyfer pob sain Lydaweg, ac yn ail oherwydd goruchafiaeth tafodiaith Leon fel cyfrwng ysgrifenedig.[24] Ceir tystiolaeth bwysig i'r nifer o istafodieithoedd a oedd eisoes yn bod yn ardal Gwened ym 1618 yn y llyfr *La forme d'administrer les SS. Sacremens* (Ffurflyfr Gweinyddu'r Sagrafennau) (Vennes), gan Joseph Moricet:

Ayant consideré que la varieté du langage Breton est si grande en cét Euesché, qu'il y a peu de paroisses qui n'ayent quel que diuerse façon de parler cét Idiome, nous auons iugé qu'il n'estoit expedient a ceste cause faire imprimer le Prosne en langage Breton, enioignans toutesfois à tous Recteurs & Curez Bretons de ce Diocese, de tourner fidelement le françois cy dessus d'article en article selon le Bretô vsité aux paroisses d'vn chacun, sans changer ny alterer le sens en aucune façon, & l'inserer en vn cayer a la fin du present liure pour le prononcer a leurs Paroissiens.

(O ystyried fod yr amrywiaeth yn y Llydaweg mor fawr yn yr esgobaeth hon, fel nad oes ond ychydig o blwyfi nad oes ganddynt ddull gwahanol o'i siarad, barnasom na fyddai'n gymwys argraffu'r bregeth mewn Llydaweg; fodd bynnag, cyfarwyddwn yr holl Lydawiaid sy'n offeiriaid ac yn offeiriaid plwyf yn yr esgobaeth hon i drosi'r Ffrangeg uchod yn ffyddlon fesul pwnc i'r Llydaweg a arferir yn eu plwyfi, heb gamliwio na diwygio'r ystyr o gwbl. Boed iddynt roi eu trosiadau mewn atodiad ar ddiwedd y gwaith hwn er mwyn eu darllen i'w plwyfolion.)[25]

Parhaodd y bylchau rhwng y tafodieithoedd i dyfu wrth i'r cof am draddodiad llenyddol yr Oesoedd Canol bylu. Ni chafwyd ymgais ddifrif i lunio Llydaweg llenyddol addas ar gyfer y wlad i gyd tan yr ugeinfed ganrif.

NODIADAU

1. HLCB i, 25. Erbyn 1086 efallai fod hyd at 20% o dir Lloegr ym meddiant Llydawiaid. Patrick Galliou a Michael Jones, *The Bretons* (Oxford, 1991), 182.

2. Michael J Curley, 'Gerallt Gymro a Siôn o Gernyw fel Cyfieithwyr Proffwydoliaethau Myrddin', *Llên Cymru* xv (1984-6), 33.

3. HCLB i, 13; A T Hatto (cyf.) *Gottfried von Strassburg/Tristan* (adarg. Harmondsworth, 1976), 90-1.

4. HCLB i, 11.

5. Michael Jones, '"Mon pais et ma nation": Breton Identity in the Fourteenth Century', *War, Literature and Politics in the Late Middle Ages*, gol. C T Allmand (Liverpool, 1976), 145. Os ymfalchïai'r Llydawiaid yn hynafiaeth eu hiaith, 'roeddent hwy eisoes, yn y drydedd ganrif ar ddeg, yn destun digrifwch i rai Ffrancwyr. Yn ôl Galliou a Jones: 'The royal capital also attracted many Bretons whose main attribute was their physical strength. There is a considerable medieval satirical literature poking fun at poor Bretons who got all the menial tasks (cutting broom, carrying water or cleaning latrines). Amusement was derived from their awkward efforts to speak French . . .', op.cit., 185.

6. Michael Jones, *The Creation of Brittany* (London, 1988), 304; idem., *Ducal Brittany 1364-1399* (Oxford, 1970), 11.

7. Silv. Giraldo Cambrense, *Itinerarium Cambriae* . . . (Londini, 1604), 186; Thomas Jones (cyf.), *Hanes y Daith Trwy Gymru / Disgrifiad o Gymru* (Caerdydd, 1938), *Disgrifiad* 176.

8. E Ernault (gol.), 'L'ancien mystère de saint-Gwénolé' (Rennes, s.d.), 130, llinellau 1263-6. Fe'i dyfynnwyd gan Yann-Ber Piriou, 'Quelques remarques à propos de l'ancien mystère de saint Gwénolé', *Bretagne et Pays*

Celtiques, gol. G Le Menn (Rennes, 1992), 210-11. Ym 1580 yr ysgrifennwyd y testun o'r Fuchedd a gopïwyd gan ar Pelleter.

9. Gwennolé Le Menn, 'Deux accrostiches inédits de Tanguy Gueguen', *Zeitschrift für Celtische Philologie* 37 (1979), 229-48.

10. Roparz Hemon (gol.), *Doctrin an Christenien* (Dublin, 1977), 54.

11. Garfield H Hughes (gol.), *Rhagymadroddion 1547-1659* (Caerdydd, 1967), xi. Ar ddylanwad posibl y Llydaweg ar Gymraeg Salesbury, gw. Rhisiart Hincks, *Geiriau Llydaweg a Fabwysiadwyd gan y Geiriadurwyr Thomas Jones, Iolo Morganwg, William Owen Pughe ac eraill* (Aberystwyth, 1993), 2.

12. Fe'i dyfynnwyd yn IYK, 142.

13. Fe'i dyfynnwyd yn ibid., 142 ac yn HLCB i, 109. (Ceir *Ytaly* yn IYK). Mae'r ddau destun hyn yn dilyn erthygl gan E Ernault yn *Revue de Bretagne et de Vendée* xlviii (1912), 185-92; l (1914), 147-52. Ymddengys fod *orgynal* am *original*; gw. J R F Piette, *French Loanwords in Middle Breton* (Cardiff, 1973), 150.

14. Peter Rickard, *A History of the French Language* (London, 1974), 86-90.

15. Marcel Guieysse, *Bretons et Protestants* (Neuilly, [c.1925]), 9.

16. E Ernault, 'Le breton de Gilles de Keranpuil', RC xlvii (1930), 126.

17. Ibid., 126. Gweler hefyd Louis Dujardin, *Hor Skrivagnerien* i (Hor Yezh, 1992), 68-70.,

18. Gwennolé Le Menn, 'Vers moyen-bretons écrits contre les "Hérétiques" (1625)', EC xxi (1984), 275-83. Gweler hefyd Roparz Hémon, *Christmas Hymns in the Vannes Dialect of Breton* (Dublin, 1956), 29, ll.571-4.

19. Louis Du Four de Longuerue, *Longueruana* . . . ii (Berlin, 1754), 70; Le Gonidec, *Dictionnaire français-breton . . . enrichi d'additions . . . par Th. Hersart de La Villemarqué* (Saint-Brieuc, 1847), xxxvii; Louis Dujardin, *La vie et les oeuvres de . . . Le Gonidec* (Brest, 1949), 85 n.2. Gweler hefyd sylwadau Gwennolé Le Menn ar y posibilrwydd fod a wnelo Ivon Vayeg (Yves Mahyeuc, 1462-1541), Esgob Roazhon, â hanes Testament Newydd Anna, yn ei erthygl 'Un "Veni Creator" latin breton dédié à Anne de Bretagne en 1505', EC xvi (1979), 225.

20. J Quéré, 'Gilles de Kerampuil . . .', *Bulletin de la Société Archéologique du Finistère* xxii, 277-95; Whitley Stokes, *Middle-Breton Hours* (Calcutta, 1876), 58-9.

21. E Ernault, op.cit., RC xlv (1928), 212.

22. Ibid., RC xlvii (1930), 124.

23. Ibid., RC xlvii (1930), 126.

24. Christian -J Guyonvarc'h, 'Aux origines du breton / Le glossaire vannetais du chevalier Arnold von Harff', *Celticvm* 26 (Rennes, 1984), 32.

25. CHD x, 8.

iii) Ysgolheictod

Heblaw gweithiau llenyddol dysgedig mae gennym ddau waith ysgolheigaidd o'r bymthegfed ganrif, y naill yn ymdriniaeth â gramadeg a'r llall yn eiriadur teirieithog: Llydaweg, Ffrangeg a Lladin. Sylfaen astudio gramadeg yn yr Oesoedd Canol oedd gweithiau Varro, Donatus a Priscianus, a darn o drosiad o ramadeg Lladin seiliedig ar waith Donatus yw'r testun gramadegol a adweinir fel y *Donoet* (Dwned). Fe'i darganfuwyd yn Plougouskant, a bernir iddo gael ei gopïo tua diwedd y bymthegfed ganrif neu yn gynnar yn y ganrif ddilynol. Credai Emil Ernod (Émile Ernault, 1852-1938) ei fod yn waith disgybl, ond awgrymodd Gwenael an Dug (Gwennaël Le Duc) ei fod yn debycach o fod gan glerigwr a oedd wedi symud o ddosbarth y dechreuwyr ac a oedd yn paratoi gwersi ar ddull hawl ac ateb.[1]

Mae geirfa'r *Donoet* yn frith o fenthyciadau diweddar oddi wrth y Lladin, ac mae peth tebygrwydd rhwng rhai o'r rhain a'r geiriau benthyg yng ngramadegau'r penceirddiaid yng Nghymru. Benthyceiriau dysgedig cyffredin i'r Llydaweg a'r Gymraeg, er enghraifft, yw *an uerbe* (Cym. 'beryf'), *[parti]ciplou* (Cym. 'partikapanav'), *positiff* (Cym. 'possiaid') a *suppellatiff* (Cym. 'superlliaid'). Er mai estron yw'r rhan fwyaf o'r termau gramadegol yn y *Donoet*, cynnwys hefyd eiriau brodorol y priodolir iddynt ystyr dechnegol neu haniaethol. Defnyddir *amser* fel yn y Gymraeg, a chyfetyb *perhennecat* y Llydaweg i 'perchenogi' y Gymraeg. Ar y llaw arall, defnyddir ffurfiau ar y ferf **gouezaff *gouezout* 'gweddaf : gweddu' lle y ceir y ferf 'gwasanaethaf : gwasanaethu' yng ngramadegau'r penceirddiaid, a 'rheoli' yw ystyr ramadegol *leuiaff* 'llywio'.[2]

Nid oes tystiolaeth fod geirfâu barddol Llydaweg tebyg i rai'r beirdd yng Nghymru, a hyd y gwyddys egyr traddodiad geiriadurol yr iaith gyda'r *Catholicon en troys langaiges, scavoir est breton, francoys et latin* . . . (Catholicon mewn tair iaith, sef Llydaweg, Ffrangeg a Lladin . . .).[3] Mae'r gwaith hwn wedi goroesi mewn llawysgrif a ysgrifennwyd ym 1464 ac ar ffurf llyfr a gyhoeddwyd ym 1499, flwyddyn yn unig ar ôl cyhoeddi'r *catholicon* Lladin-Ffrangeg cyntaf. Bwriadwyd iddo fod yn llawlyfr a hwylusai waith clerigwyr Llydaweg eu hiaith wrth feistroli Lladin a Ffrangeg, ond yn y pen draw daeth hefyd yn ffynhonnell bwysig i genedlaethau o ysgolheigion a fynnai ymchwilio i hanes y Llydaweg.

Sylfaenwyd *Catholicon* y Llydawiaid ar y *Catholicon seu summa grammaticalis* gan Giovanni Balbi, mynach o Genova a oedd yn byw yn y drydedd ganrif ar ddeg. Hyd nes iddo gael ei argraffu, ym 1466, cylchredid copïau llawysgrif o Eiriadur de Gênes a'u hailgopïo yn ôl y galw. Efallai y bwriadai Yann Lagadeg (Jehan Lagadeuc) 'parrochie de ploegonven diocesis trecorensis, in artibus et decretis bachalarius' (o blwyf Plougonven yn esgobaeth Treger, baglor yn y celfyddydau a'r deddfau),[4] cyfansoddwr y fersiwn teirieithog, i'w waith yntau gael ei gylchredeg yn yr un ffordd, o leiaf yn y lle cyntaf. 'Roedd yn ymwybodol o ddiffygion ei Eiriadur, ac anogodd eraill i'w gywiro a'i helaethu fel y gwelent angen:

> Queso autem mente devota super huiusmodi operis imperfectione veniam a scolaribus et magistris postulans ut non bene dicta corrigant defectus suppleant ac in melius reforment ac britonicum secundum earum prolacionem hic interserant ut melius utique convalescat.

> (Yn awr gofynnaf yn dduwiol i'r disgyblion ac i'r meistri eu goddefgarwch gyda gwaith o'r math hwn. Gwahoddaf hwy i gywiro'r hyn nad yw wedi ei fynegi'n iawn, i ychwanegu ato lle y bo diffygion, i wneud gwelliannau ac i fewnddodi'r Llydaweg, yn ôl eu tafodiaith, er mwyn gwneud y gwaith yn fwy gwerthfawr ym mhob cyswllt.)[5]

Er y byddid wedi disgwyl i'r gwaith hwn gael ei gopïo a'i ddiwygio yn ôl y galw, nid oes gennym ond un llawysgrif (anghyflawn) o *Catholicon* Lagadeg. Bernir ei bod naill ai'n gopi o'r gwreiddiol neu'n gopi o gopi.

Y Lladin, yn ddiau, oedd y bwysicaf o'r tair iaith o safbwynt yr awdur, ac ni nodai Lagadeg genedl na ffurfiau lluosog enwau Llydaweg a Ffrangeg, er ei fod, ar gyfer y Lladin, yn manylu ar genedl a gogwyddiad yr enwau, dosbarth yr ansoddeiriau a phrif amserau'r berfau.[6] Yn yr erthygl ar *contaff* 'cyfrif', er

Eua.g̃.euc.l.hec eua eue.
Euaff.g̃.boire.l bibio/is/bi/tũ.n.g̃l.
ßnde hic bibio/onis.g̃. qui boit bien. Jdē
bibulus/la/lũ. Jdē hic hec hoc bibap. Jtẽ
hic et hec bibilis et hoc/le.g̃. bopuable.
Jtē poto/as neutrũ.g̃.boire. ßnde potizo
as.g̃.souuat boire. Jtem hec potio/onis.
g̃.potation. Jdem hic potus/tus/tui. b:t.
diet. Jtem hec potio/onis/est beurage de
medicine/et potiono/as.g̃.icelle potation
Euer.g̃.beuueur.l.hic potato:ris. Jdē
hic poto:onis. Jte hec potatrip.icis.gal.
beuueresse Jtē hec bibacitas/is g̃ bopuerie
Euangelist.g̃.euangeliste.l.hic euan-
gelista/ste.
Euel.g̃.sicõme.l.puta aduer. Jdē ßt
puta Jdem ßt pote aduerbia Jdē ßerbi-
gratia. Jdem ßt ide ßti. Jdem/sic/sicut/
sicuti. Jdē ßekut ßeluti. Jtem quasi.g̃.
aussi cõme. Jdem quēadmodum.
Euelhẽy.g̃.ainsi.l.sic.cõiuctio. Jdem
siccine cõiunctio.
Euffr.g̃.oeuure.l.hoc opus/eris Jñ hoc
opusculũ/li.dimi. Jte hic et hec p̃ducti-
lis et hoc/le.g̃. oeuure faicte de martel.
Eugẽy.g̃.beuff.la.hic trio/onis. Jtem
ßide ij buch
Euident.g̃.idem cler manifeste.laf. hic
hec hoc euidens/tis. Jtem hec euidencia.e
g̃.euidence. Jtem euidenter aduerbium).
g̃.euidaument
Euit se.g̃.pour tant.l.pinde aduerbiũ
Jtem tamen cõiunctio.l.toutesuop̃ez.
Euley/cest ßng ab:e.l.hec coluis is.
Eur.g̃.heure.l.hec hora/e Jnde hic g̃ hec
ho:lspep̃/cis.g̃.celuy g̃ regarde aup̃ heu-
res du iour et de la nupt Jdem ho:ospic°
ca/cum. Jdem ho:ispicus/ca/cum. Jtē hec
ho:ula/se.dimi.g̃.petite heure. Jtem hic
ho:us/ri.ga.celuy qui p̃mier trouua les
heures scilicet apposso.
Eur.g̃.idem impo:tunite.l.hec impo:-
tunitas/tis. Jtem impo:tunus/a/um.ga.
cureup̃. Jtem impo:tune aduer.g̃. nõ cõ
uenablement.

Eurehat.g̃.grunir et appartient a po:-
ceaulp̃.l.grunio/is/iui/ire.tũ.n.g̃l Jn-
de grunitus/tus/tui
Eureugou.g̃.nopces.l.plur/ fiter nomi
natiuo hec nupcie/ap̃. Jtem hic et hec nu
ptialis.et hoc/le.gal. nuptiale.   Jtem
nuptus/a/um.g̃.maries.
Eurpou.g̃.heures/ou matines.l. plura
fiter hec ho:e/ap̃.
Eurus.g̃.beneure.l.beatus/a/um. Jtez
beo/as.ac.g̃.beneurer. Jtē beatifico/as.
Jtē beate aduerbium.g̃.beneurement.
Eurz.g̃.o:d:e.l.hic o:do/inis.
Eustic.g̃.roussignol.l. hec filomena/e.
Jdem hec lucina/ne. Jdē hec acredula/le.
Jdē hic rosinolus/li.dicitur ßulgo.
Euuriff.g̃.oeuurer/faire besoigne.l ope
ro:aris/depo.g̃l. Jnde coopero: aris.g̃.
ensemble.oeuurer Jtē hic operari°/ru.g̃.
oeuurier.6. mecherour Jdē hic et hec opi
fep̃/cis. Jtē operosus/a/ũ.g̃. labourieup̃
estudiant oeuurāt Jtē hoc opus/eris g̃ oeu
ure Jñ hoc opusclũ/li.dimi.g̃. petit oeu-
ure. Jtem operarius/a/um g̃.
Euzẽy.g̃.puon.l.puo/onis.
Euzic.g̃.ho:rible.l.hic et hec ho:ibilis
et hoc/le. Jdem hic et hec terribilis et hoc
terrible. Jtē ßide ij spotaff. Jtē hic ho:-
ro:onis.g̃. ho:reur/ou paour/ou tremeur
ou abhomination daulcune o:dure Jtē ho:
reo/es/ui/ere.n.caret sup.g̃.auoir paour/
trembler/fremir/ou cest doubter soy en-
nemy et tunc est ac.g̃. Jtē ho:rid°/a/um
g̃.ho:rible/ou abhominable. Jtē ho:ribi-
siter aduer.g̃.ho:riblemēt. Jtē ho:ridi-
tas/tis.g̃. horreur.   Jtem ho:refacio/cis
cci.actū.n.g̃l.g̃. cõmācier a auoir paour
Jtē ho:ridulus/la/lũ.g̃. ßng pou paour
reup̃. Jtem ho:rifico/as.g̃.auoir paour
Jtē hec ho:ripilato/is.g̃ ebaissement herif
sement de poil/par paour. sicome qui en-
cõtreroitaulcune mauluaisechose de nupt

Epamen.g̃.idem.la.hec epamen/inis.
cest iugement ou p:obation/inquisition/g̃

Tudalen o'r Catholicon, gan Yann Lagadeg (1499)

enghraifft, ceir tair colofn yn egluro dull rhifo'r Lladin ond un golofn yn unig yn trafod dulliau cyfrif y ddwy iaith arall. Defnyddiai Lagadeg y geiriau a'r ymadroddion Llydaweg a ymddangosai iddo'n fwyaf pwrpasol a diamwys, ac nid yw'n syndod iddo addasu ymadroddion Ffrangeg mewn ffordd gwbl ddiddychymyg. Ni ellir ystyried hyn yn nodwedd unigryw i'r Llydaweg, fodd bynnag, gan fod cyfaddasiadau amrwd o eiriau Lladin yn amlwg hefyd yng ngeirfa Ffrangeg y *Catholicon* gan Giovanni Balbi.[7]

Ym 1499 gwnaethpwyd argraffiad o'r *Catholicon* teirieithog gan Yann ar C'halvez (Jehan Calvez), argraffydd yn Landreger, a seiliodd hwn ar lawysgrif o'r gwaith a fuasai ym meddiant Aofred Koatkeveran (Auffret Quoatquévéran), Canon Landreger.[8] Ymddengys fod cynnwys y copi hwnnw ychydig yn wahanol i'r hyn a oedd yn llawysgrif 1464, a chan na chynhwysai dudalen rhagymadrodd Lagadeg 'roedd Koatkeveran wedi llanw'r bwlch â dau dudalen o'i waith ei hun. Er na fwriadai ymhonni yn awdur y Geiriadur, drwy gamsyniad deallodd yr argraffydd mai ef oedd y cyfansoddwr, ac ychwanegodd nodyn i'r perwyl hwnnw yn y fersiwn cyhoeddedig. Achoswyd rhagor o ddryswch i ysgrifenwyr diweddarach drwy ychwanegu pennill yn sôn am ran gŵr o'r enw Eozen Roperzh yn y gwaith. Yn ôl pob tebyg, hwn oedd y gŵr a gysododd (*composer* yn Ffrangeg) y Geiriadur:

> Euzen roperz credet querz a kaerdu
> En composas vng pas ne fallas tu
> Bedenn yssu hac en continuas.

> (Eozen Roperzh o Kerzu, gellwch gredu,
> A'i cyfansoddodd ef, ni chollodd ddim mewn
> unrhyw fodd,
> Ac aeth â'r gwaith hyd y pen.)[9]

Ailgyhoeddwyd y *Catholicon* o leiaf ddwywaith eto, yn gyntaf rhwng 1499 a 1521 gan Yann ar C'horr (Jehan Corre) o Landreger, a chwynnodd rai geiriau hynafol o'r testun, ac yna ym 1521 gan Killevere. 'Roedd Killevere, a gyhoeddodd hefyd

64

Missale secundum verum usum insignis ecclesiae Leonensis (Llyfr Offeren Eglwys Leon) (Paris, 1526) a'r gyfrol yn cynnwys y tair cerdd 'Tremenvan an ytron guerches Maria', 'Buhez mab den' a 'Pemzec levenez Maria', wedi ymsefydlu ym Mharis tua throad y ganrif. Credir ei fod yn frodor o Kastell-Paol. Mae cryn wahaniaeth rhwng ei argraffiad ef o'r Geiriadur a'r fersiynau cynharach, yn bennaf gan y rhoddir ynddo amlycach lle i'r Lladin. Dyma'r argraffiad o'r *Catholicon* y dyfynnodd Dr John Davies eiriau Llydaweg ohono yn ei *Dictionarium Duplex* (1632), er mwyn 'dialecti congruentia, constans & penè immutatus per 1200 & amplius annos, Britannicae linguae vsus appareat' (peri fod gwerth yr iaith Frytaneg, sydd wedi aros yn gyson a bron yn ddigyfnewid dros 1,200 a mwy o flynyddoedd, yn dod i'r amlwg drwy gyfatebiaeth y ddwy dafodiaith.)[10]

O ddiwedd y bymthegfed ganrif mae gennym restr o chwech a deugain o eiriau ac ymadroddion Llydaweg a gofnodwyd gan y teithiwr Arnold von Harff o Cöln. Rywbryd rhwng 1496 a 1499, teithiodd von Harff drwy ardal Naoned, clywed iaith y fro ac ysgrifennu'n fyr amdani. Dengys rhai o'r geiriau a gasglodd yno nodweddion a gysylltwn â thafodiaith Gwened, a disgrifiwyd ei waith fel yr ymchwil ieithyddol a thafodieithol gyntaf i'r Llydaweg.[11] Gan nad oedd wedi clywed yr iaith oedd o'r blaen, nid oedd ganddo'r rhagdybiau seinegol a oedd gan ysgrifenwyr Llydaweg cyfoes.

Mae bwlch o fwy na chanrif rhwng cyfansoddi'r *Donoet* a'r *Catholicon* ac ysgrifennu'r gweithiau nesaf y gallwn eu dosbarthu yn fras dan y pennawd 'ysgolheictod'. Y rhain yw: (i) y llawlyfr ymddiddanion cyntaf ar gyfer y Llydaweg, sef *Dictionnaire et colloqves françois et breton. Traduits du françois en breton par G. Qviquer de Roscoff: Livre nessaire [sic] tant aux françois que bretons, se frequentans, et qui n'ont l'intelligēce des deux langues* (Geiriadur ac Ymddiddanion Ffrangeg a Llydaweg wedi eu trosi o Ffrangeg i Lydaweg gan G Kiger o Rosko: Llyfr angenrheidiol i Ffrancwyr ac i Lydawiaid sy'n ymgyfathrachu a heb fedru'r ddwy iaith) (Morlaix, 1626), a (ii) *Nomenclator Commvnivm rervm propria nomina gallico idiomate indicans . . .* (Morlaix, 1633). Nid ar gyfer clerigwyr y lluniwyd y gweithiau newydd hyn. 'Roeddent yn hytrach at ddefnydd teithwyr a masnachwyr. Eu pwrpas oedd hwyluso busnes a chyd-ddealltwriaeth, fel yr eglurwyd yn y *Dictionnaire et colloqves*:

Piou biscoaz en deuez gallet derchel gant vn langaig an carantez a calz à Natiounou? peguement a dut pinuidic so ep an aznaoudegez a ves an langaigou man? piou a el gouuarn en mat Gueriou à Prouinçou, hep gouzout quen langaig nemet ez langaig commun?

(Pwy erioed a allodd gynnal cyfeillgarwch llawer o genhedloedd drwy gyfrwng un iaith? Pa faint o gyfoethogion sydd heb fedru'r ieithoedd hyn? Pwy a all lywodraethu'n iawn dros drefi a thaleithiau heb fedru iaith heblaw'r un gyffredin?)[12]

Yr oedd medru mwy nag un iaith yn gymhwyster pwysig wrth brynu a gwerthu:

. . . rac nen deuz den en Francç, nac é Breiz (ó traficaff) no deuez affer ar langaig man daou pereff so aman scriffet a discleriet . . .

(. . . oherwydd nid oes neb yn Ffrainc, nac yn Llydaw (yn masnachu) nad oes arnynt angen y ddwy iaith sydd wedi eu hysgrifennu a'u hegluro yma . . .)[13]

Yn hanner cyntaf yr unfed ganrif ar bymtheg, cyn rhyfeloedd Harri VIII yn erbyn Ffrainc ym 1522 a 1544, ymddengys fod llawer o fynd a dod rhwng Cernyw a Llydaw a nifer mawr o Lydawiaid yn byw yng Nghernyw. Odid nad oedd llawer o'r rhain yn bedairieithog, a'r Llydaweg yn iaith o bwys i fasnachwyr Cernyw hefyd.[14] Yn ôl Charles Colbert ym 1665, daliai rhai masnachwyr o Brydain Fawr i anfon eu plant i Montroulez i ddysgu Ffrangeg a Llydaweg, ond nid i'r un graddau ag yn y gorffennol:

. . . Est à remarquer que dans ladite ville de Morlais il s'habitüe ordinairement un assès bon nombre de marchands anglois qui font les commissions et les factures pour ceux de leur nation; il s'en est venu dans les dernières années jusqu'au nombre de six cent. Mais le nombre en est présentement beaucoup diminué, lesd. marchands d'Angleterre y envoains leurs enfans dès leur jeunesse pour y apprendre le françois et le breton . . .

(Gellir nodi fod nifer go dda o fasnachwyr Seisnig, fel arfer, yn byw ym Montroulez. Byddant yn gwneud negeseuon a biliau ar gyfer eu cydwladwyr. Daeth cynifer â 600 yno yn ystod y blynyddoedd diwethaf, ond mae llawer llai ar hyn o bryd. Bydd y masnachwyr hyn o Loegr yn anfon eu plant yno tra bônt yn ifanc, er mwyn dysgu Ffrangeg a Llydaweg yno . . .)[15]

Priodolir y *Dictionnaire et colloqves* a'r *Nomenclator* i Gwilhoù Kiger (Guillaume Quiquer), gŵr na wyddys nemor ddim amdano ond y ceir ei enw ym mhob argraffiad o'r Llyfr Ymddiddanion rhwng 1626 a 1759. Mewn fersiwn ohono a wnaethpwyd gan de Ploesquellec ym Montroulez, ym 1762, cynhwyswyd portread ohono hefyd ac atgynhyrchwyd hwn mewn rhai argraffiadau diweddarach. Bernir ei bod yn annhebyg ei fod yn ŵr eglwysig am na nodwyd cymeradwyaeth yr eglwys yn ei lyfrau.[16] Mae'r Llyfr Ymddiddanion, mewn gwirionedd, yn drosiad diddychymyg o'r rhan Ffrangeg o eirfa amlieithog a ddatblygwyd o lawlyfr a geirfa Ffrangeg-Fflemeg, sef *Vocabulare vā nyeus gheordineert* . . . (Tantwerpe).[17] Cynnwys argraffiad 1616 o'r llyfr hwn, sef *Colloqvia et dictionariolum septem lingvarum* (Antverpiae), ffurfiau cyfatebol mewn saith o ieithoedd, sef Fflemeg, Almaeneg, Saesneg, Ffrangeg, Lladin, Sbaeneg ac Eidaleg, mewn saith colofn gyfochrog.[18] Mae dwy ran i Lyfr Ymddiddanion 1626, y naill yn cynnwys wyth bennod o sgyrsiau a'r llall yn rhestru geirfa ac yn rhoi ambell esboniad ieithyddol. Mae'r eirfa wedi ei threfnu mewn dwy golofn gyfochrog, gyda'r Ffrangeg yn nhrefn yr wyddor yn y golofn chwith.

Y pynciau ieithyddol a gaiff sylw yn y *Dictionnaire et colloqves* yw'r cynaniad a'r orgraff, atalnodi, a rhediad y berfau. Geiriau benthyg yw'r termau technegol a ddefnyddir wrth drafod atalnodi, ac yn yr argraffiad cyntaf (1626) ni roddir enwau ar amserau'r berfau. Benthyciadau amlwg a geir i ddisgrifio'r moddau (e.e. *an indicatiff* 'y mynegol', *ar faecçon da commandy* 'y modd i orchymyn' etc.). Mae'r esboniadau gramadegol prin yng nghorff y gwaith wedi eu llunio i egluro gramadeg y Ffrangeg yn hytrach nag i daflu goleuni ar deithi'r Llydaweg. Yn y darn hwn, er enghraifft, tynnir sylw at y gwahanol ffurfiau ansoddeiriol (gwrywaidd, benywaidd a lluosog):

B.	Certes	B.	Certen
	voicy vne belle		chetu aman vn kaer
	& riche ville.		brao ha pinuidig.
	Voyez les belles rues,		Sellyt caera ruou,
	& les belles maisons.		ha caera tyes.
A.	Voila vn beau	A.	Chetu aman vn templ
	temple, vne belle Eglise.		caer hac vn Ilis caer.

(B. Yn sicr, dyma dref hardd a chyfoethog. Edrychwch ar y strydoedd heirdd a'r tai heirdd. A. Dyma deml hardd, ac eglwys hardd).[19]

Ym 1632 cyhoeddwyd argraffiad tairieithog o'r Llyfr Ymddiddanion, 'profitabl bras euit doñet da disquy lẽ scriffaff ha prezec Gallec, Brezonnec, ha Latin' (defnyddiol dros ben i ddod i ddysgu darllen, ysgrifennu a siarad Ffrangeg, Llydaweg a Lladin).[20] Y Lladin yn hytrach na'r Ffrangeg sy'n gormesu'r fersiwn hwn, a sonnir hyd yn oed am bedwar rhediad berfol, sef *me a car* . . ., *me a quelen* . . ., *me a len* . . ., a *me a cleu* . . . (caraf, dysgaf, darllenaf, clywaf) nad ydynt ond yn drosiad o *amo* . . . *doceo* . . ., *leo* . . ., ac *audio* . . .[21] Yr ychwanegiadau gramadegol mwyaf arwyddocaol yw'r enghreifftiau o amserau cyfansawdd y berfau, sef y gorffennol perffaith, y dyfodol perffaith, yr amodol perffaith (amodol dichonol y ferf gynorthwyol â'r rhangymeriad gorffennol) a'r ail amodol perffaith (amodol annichonol y ferf gynorthwyol â'r rhangymeriad gorffennol). Profodd Llyfr

Ymddiddanion Kiger yn llwyddiant ysgubol ac adargraffwyd ef o leiaf 18 o weithiau. Symbylodd hefyd gyfansoddi'r *Nouveau dictionnaire ou colloque françois et breton* . . . (Morlaix, 1717), a argraffwyd 35 o droeon. Yn ei dro, ysbrydolodd hwn lunio'r *Vocabulaire nouveau, ou dialogues français & bretons* . . . (Vannes, [c.1791-1800]) y gwnaethwyd deg argraffiad ohono.

Fel y Llawlyfr Ymddiddanion, mae'r *Nomenclator* yn seiliedig ar lyfr amlieithog estron. Cyfansoddwyd y gwaith gwreiddiol gan Adrianus Junius (1511-75), brodor o Horn yn yr Iseldiroedd, a'i deitl, yn ôl yr argraffiad ohono a ddaeth o'r wasg ym 1567, oedd *Nomenclator, omnivm rervm propria nomina variis lingvis explicata indicans* (Antuerpiæ).[22] Yn wahanol i'r *Catholicon*, y rhestrwyd ei eirfa yn nhrefn yr wyddor, mae geiriau'r *Nomenclator* wedi eu trefnu yn ôl testunau, megis 'enwau anifeiliaid', 'enwau adar', 'lliwiau', 'offer gwaith' etc., fel y mae geirfâu gramadegau'r penceirddiaid yng Nghymru. Cynnwys y *Nomenclator* gan Kiger eirfa Lydaweg o dros 5,000 o eiriau, o'i chyferbynnu â thua 1,800 o eiriau yn ei *Dictionnaire et colloqves* cyntaf.

Y tu hwnt i ffiniau Llydaw, denodd y Llydaweg sylw rhai o ysgolheigion mawr yr unfed ganrif ar bymtheg a'r ail ganrif ar bymtheg. Awgrymodd yr Albanwr George Buchanan (1506-82) fod yr Wyddeleg, fel yr Aleg a'r ieithoedd Brythonaidd diweddar, yn perthyn i'r teulu Celtaidd, ond ni lwyddodd i brofi'r berthynas hon.[23] Fel Buchanan, cyfeiriodd y seryddwr Edward Brerewood (1565-1613) at yr Wyddeleg a 'Brythoneg' Cymru, Cernyw a Llydaw fel un grŵp o 14 o famieithoedd a oedd wedi aros 'not onely not abolished, but little or nothing altered or impaired by the *Romanes*' (nid yn unig heb eu dileu, ond hefyd heb eu newid na'u handwyo, neu ond ychydig, gan y Rhufeiniaid). Ym 1607 cynhwysodd Paul Merula (1558-1607) drosiad Llydaweg o'r Pader yn ei lyfr *Cosmographia*. Yn y llyfr hwnnw cafwyd catalog o'r ieithoedd a oedd yn hysbys ar y pryd ynghyd ag enghreifftiau ohonynt. Yn gyfochrog â'r testun Llydaweg cyhoeddodd gyfieithiadau Cymraeg a Lladin o'r Pader, ond nid ymdrechodd i ddadanosddi'r ieithoedd hyn mewn ffordd drefnus. 'Roedd Merula wedi cael y Pader mewn Llydaweg gan Joseph Scaliger (1540-1609), gŵr a gredai fod 11 o famieithoedd yn Ewrob a bod yr ieithoedd Brythonaidd diweddar yn ffurfio un o saith grŵp o isieithoedd.[24] Awgrymodd Chotzen y gallasai Scaliger fod wedi dechrau ymddiddori yn yr iaith dan ddylanwad y llyngesydd Seisnig Edward Fiennes de Clinton (1512-85). Bu hwnnw'n arwain ymosodiad ar Lydaw ym 1558. Glaniodd y llynges Seisnig, ynghyd ag adran o lynges Fflemaidd, ar draeth Konk-Leon ac anrheithiwyd y dref ac Abaty Lokmazhe ganddynt. Dichon i Clinton ddarganfod llyfr gweddïau Llydaweg yno a threfnu ei gyfaddasu, neu ran ohono, gyda chymorth carcharorion Llydewig neu Lydawiaid alltud. Damcaniaeth arall yw i Scaliger dynnu'r Pader o holwyddoreg Jili o Kerampuilh a chael help Llydawiaid alltud yng Ngenefa wrth ddiwygio'r testun.[25]

Adargraffwyd testun Merula o'r Pader yn *Llyfr y Resolusion* (Llundain, 1632), gan Dr John Davies o Fallwyd. Dyfynnodd hefyd gyfieithiad Cernyweg o'r weddi, a 'Pyngciau'r Ffydd' mewn Llydaweg a Chernyweg. Ystumiodd rai ffurfiau yn y trosiad Cymraeg o Weddi'r Arglwydd er mwyn gwneud y tebygrwydd rhwng y chwaer-ieithoedd yn gwbl amlwg:

Hon Tad pehun ii sou en efaou	Ein Tad yr hwn y sy yn y nef,
Da hanou bezet sanctifiet,	Dy henw byddet sancteiddiedig
Deuet aornomp [sic] da rouantelaez,	Deuet arnom (h.e. attom) dy rwyvanolaeth,
Da eol bezet graet en douar	Dy ewyllys byddet wneuthuredig
eual maz eou en euf,	yn y ddauar, yfal y mae ef yn y nef,
Rho dimp hyziou hon bara pemdeziec	Rho di i ni heddyw ein bara beunyddiol,
Pardon dimp hon pechedou, eual ma pardonomp da nep pegant ezomp offanzet,	Pardyna di i ni ein pechodau, yfal y pardynwn i'r neb a bechant i'n herbyn.
Ha nas dilaes-quet a hanomp en temptation, hoguen hon diliur diouz drouc.	A nas dyluscer o honom yn temptasiwn, hagen ein gwared oddiwrth ddrwg.
Rag dit ez aparchant an rouantelaez, an gloar, hac an galhout da bizauiquen. Amen.	Herwydd i ti ys perthyn y rhwyvanolaeth, a'r glod, a'r gallu hyd byth anniben. Amen.[26]

Rhoddodd Davies sylw manwl i'r gyfatebiaeth rhwng y Gymraeg a'r Llydaweg yn yr adran Gymraeg-Ladin o'i *Dictionarium Duplex* (1632). Nodai *arm.* wrth y ffurfiau Llydaweg a ddyfynnai o'r *Catholicon* (argraffiad Killevere 1521), ond ni chopïai'r orgraff wreiddiol yn gyson. Tueddai yn hytrach i beri i'r ffurfiau Llydaweg gydweddu â'r rhai Cymraeg. Er enghraifft, trodd *ascre* 'mynwes' yn *asgre*, *asquell* 'asgell' yn *asgell*, a *caluez* 'saer' yn *caluedd*. Ni ddiwygiai'r orgraff bob tro, fodd bynnag, ac mae enghreifftiau niferus lle y copïodd y testun yn ffyddlon. Daeth y *Dictionarium Duplex* yn ffynhonnell bwysig i'r Iseldirwr Marcus Zuerius Boxhorn (1612-53) i ddysgu am y Llydaweg. Yn ei *Originum gallicarum liber* (Amstelodami, 1654) cyhoeddodd ef eirfa 'Frythoneg-Ladin' seiliedig ar eirfa Gymraeg-Ladin Davies, a chynhwysodd ynddi rai o gyfeiriadau Davies at y Llydaweg. Gwyddai fod Cesar wedi sylwi fod tebygrwydd rhwng yr Aleg a'r Frythoneg, a chredai fod y Gymraeg a'r Llydaweg yn allweddol wrth geisio dehongli geiriau Galeg.[27]

Ysgolhaig rhyngwladol arall a fu'n ymhél â'r Llydaweg yn hanner cyntaf yr ail ganrif ar bymtheg yw'r dyneiddiwr o Brofens, Nicolas-Claude-Fabri de Peiresc (1580-1637). Cwrddodd ef â Camden yn Llundain ac 'roedd hefyd yn adnabod Scaliger. Gwyddys ei fod yn casglu llyfrau Llydaweg a'i fod yn credu fod modd cael hyd i wreiddiau geiriau Lladin yn yr iaith honno. Ymhlith y marwnadau a ganwyd iddo, mae un Lydaweg gan Frañsez Keryann (Francisci Kerian) sy'n sôn am ei wybodaeth a'i allu rhyfeddol fel ieithydd:

Quement langaich à so er bet
Italien, Latin ha Grec,
Islanrd [sic], Sauxnec ha Brezonec,
Och eux compset en eur redec
E barz er Gallec dreist pepptra
Ez ouch bet, otrou ar quenta.

(Pob iaith sydd yn y byd, / Eidaleg, Lladin a Groeg, / Gwyddeleg, Saesneg a Llydaweg, / Buoch yn eu siarad yn rhugl. Yn y Ffrangeg, yn anad dim, / Buoch, feistr, ar y blaen.)[28]

71

NODIADAU

1. Gwennaël Le Duc, 'Le Donoet, Grammaire latin en moyen-breton', EC xiv (1975), 533.

2. Ibid., 541-3; G J Williams ac E J Jones, *Gramadegau'r Penceirddiaid* (Caerdydd, 1934), xxx-xxxi a 67-82.

3. Pierre Trépos, 'Le Catholicon de Jehan Lagadeuc', AB lxxi (1964), 501-2; Christian -J Guyonvarc'h, (gol.) *Le Catholicon de Jehan Lagadeuc . . .* ii (Rennes, 1975), cix. Jean Feutren, (gol.), *Le Catholicon Armoricain* (Mayenne, 1977). Ystyr y gair *catholicon* yw 'cyffredinol'.

4. Trépos op.cit., 506.

5. Ibid., 506-8.

6. Guyonvarc'h, op.cit., xvi.

7. Peter Rickard, *A History of the French Language* (London, 1974), 83.

8. Mae pedwar copi o hwn wedi goroesi. Gw. Guyonvarc'h, op.cit., ci.

9. Trépos, op.cit., 509; Guyonvarc'h, op.cit., lxxxii-lxxxiii.

10. John Davies, *Antiquae Linguae Britannicae et Linguae Latinae, Dictionarium Duplex* (Londini, 1632) 'Ad lectorem', s.n.; trosiad Ceri Davies, *Rhagymadroddion a Chyflwyniadau Lladin* (Caerdydd, 1980), 132-3.

11. Christian -J. Guyonvarc'h, 'Aux origines du breton / Le glossaire vannetais du chevalier Arnold von Harff', *Celticvm* 26 (Rennes, 1984), 121. Ceir llun o'r Eirfa yn erthygl K Siewart, 'Das bretonishe Glossar des Ritters Arnold von Harff', *Zeitschrift für Celtische Philologie* 44 (1991), 250-1.

12. *Dictionnaire et colloqves françois et breton . . .* (Morlaix, 1626), 9.

13. Ibid., 5.

14. Morwenna Jenkin, 'Un nebeut notennoù diwar-benn Bretoned o chom e Kerne-veur er c'hwezekvet kantved', *Bretagne et Pays Celtiques*, gol. G Le Menn (Rennes, 1992), 75-85.

15. Yves Briand, 'Coin des fureteurs', NRB 1951, 319. Dyfyniad o "Bibl. Nation., 500 de Colbert, n° 291, f° 99 v°".

16. CHD iv, 19-24.

17. Credir iddo gael ei gyhoeddi gyntaf ym 1530, ond ymddengys mai argraffiad 1536 yw'r hynaf sydd wedi goroesi. Priodolir y gwaith gwreiddiol i Noel Barlement.

18. Ad. Le Goaziou, 'La longue vie de deux "Colloques François et Breton"', NRB, 196-7.

19. *Dictionnaire et colloqves françois et breton*, 180-1.

20. *Dictionnaire et colloques françois, breton et latin . . .* (Morlaix, 1632), 8. Rhestrir trawsysgrifiad o'r argraffiad hwn ymhlith papurau Roparz Hemon yn LlGC, sef rhif.132.

21. GB, 233 n.

22. CHD iv, 3-14; Audran, 'Le Nomenclator de Guillaume Quiquer', *Bulletin de la Société Archéologique du Finistère* viii (1880-1), 89-92; Le Goaziou, op.cit., 200.

23. Edward Brerewood, *Enqviries Tovching the Diversity of Language . . .* (London, 1614), 21; G Bonfante, 'Some Renaissance Texts on the Celtic Languages and their Kinship', EC vii (1956), 417.

24. Idem., 'A Contribution to the History of Celtology', *Celtica* iii (1956), 22-3.

25. Idem., 'Some Rennaissance Texts . . .', 416-7; J Loth, 'Textes bretons et gallois chez Paul Merula', AB x (1895), 603-5. Yn fersiwn Merula cyferchir Duw yn yr ail berson unigol, yn ôl arfer y Protestaniaid.

26. John Davies, *Llyfr y Resolusion* (Llundain, 1632), [ix]. Adargraffwyd y testun hwn gan Ddewi o Fynwy yn *Seren Gomer* 70 (1821), 205, a chymharwyd testunau'r Pader gan Kerdanet yn ei lyfr *Histoire de la langue des gaulois . . .* (Rennes, 1821), 79-80.

27. Prys Morgan, 'Boxhorn, Leibniz and the Welsh', *Studia Celtica* viii-ix (1973-4), 220-8.

28. Gwennolé Le Menn, '*Éloge funèbre de Peiresc en moyen-breton tardif* (1638)', EC xvi (1979), 213.

3.

1659-1807

(i) Y Traddodiad Llenyddol

Fel arfer, cymerir cyhoeddi *Le Sacré collège de Iesvs* (Coleg Santaidd Iesu), gan y Tad Maner ym 1659, yn fan cychwyn i gyfnod diweddar y Llydaweg. Ystyrir bod y llyfr hwn yn garreg filltir yn natblygiad yr iaith, yn bennaf oherwydd y diwygiadau orgraffyddol a gyflwynwyd ynddo. Mae'n bwysig cofio mai gwahaniaethau allanol o'r fath yw'r prif nodweddion sy'n pennu'r ffin rhwng y ddau gyfnod yn hanes y Llydaweg. Ni fu newidiadau sydyn yn seineg, cystrawen na ffurfiant yr iaith nac ychwaith yn ei thraddodiad llenyddol.

Er nad oes prinder testunau llenyddol o ail hanner yr ail ganrif ar bymtheg a'r ddeunawfed ganrif, nid oes yn eu plith lawer o gyfansoddiadau o safon, na'r hyn a ellid ei alw yn 'llenyddiaeth fawr'. O blith y dramâu miragl, 'Genoefa a Vrabant' (Buchedd Jenovefa Brabant) yw'r fwyaf nodedig. Er mai'r traddodiad eglwysig a gynrychiolir orau gan y llawysgrifau, mae hefyd ambell destun seciwlar digon diddorol, megis 'Ar farvel goäpaër' (Y Digrifwr Crwydrol) gan Frañsez Nikolaz Paskal Keranveier (François Nicolas Pascal de Kerenveiyer, 1729-94), a'r ddychangerdd 'Ar c'hi' (Y Ci) a'r epig 'Sarmoun var ar maro a Vikael Vorin' (Pregeth ar Farwolaeth Mikael Morin) o waith Glaoda Mari al Lae (Claude Marie Le Laë, 1745-91).[1]

Nid oes amheuaeth nad oedd y dull traddodiadol o farddoni yn dod yn gynyddol ddieithr ymhlith beirdd yr ail ganrif ar bymtheg. Dengys y modd anfedrus y copïodd Kev (Quéau), offeiriad o Kernev, y gerdd *An dialog etre Arzur roue d'an Bretounet ha Guynglaff* (Y Dialog rhwng Arthur, Brenin y Llydawiaid, a Gwenc'hlan) nad oedd hyd yn oed Llydawr go ddiwylliedig bellach yn sicr o werthfawrogi pwysigrwydd y gyfundrefn o odlau mewnol. Ysgrifennwyd y gerdd ddarogan honno tua 1450, hyd y gellir barnu, ond gan na ddeallai'r copïydd y fydryddiaeth fe andwywyd y gerdd ganddo wrth geisio ei gwneud yn fwy dealladwy i'w gyfoeswyr.[2] Ymddengys fod y traddodiad mydryddol yr un mor ddieithr i'r Tad Maner yntau, ond daliai ambell unigolyn yn hyddysg yn yr hen grefft. Yn y llyfr *Ar veac'h [sic] devot hac agreabl evs a perc'herinet Santes*

Anna e Guenet (Taith Ddefosiynol a Dymunol Pererinion Santes Anna yn Gwened) (Montrovlez, 1656) gan Alan Perrot (Breur Bernez ar Spered Santel; Alain Perrot, 160?-1656), Carmeliad o Lesneven, ceir cerdd 'Entré ar Maro, ha pep seürt tud' (Rhwng Angau a phob Math o Bobl) y mae'n debyg iddi gael ei chyfansoddi yn hanner cyntaf yr ail ganrif ar bymtheg ond sy'n cynnwys odlau mewnol fel a geir yn y canu traddodiadol.[3] Mae odlau mewnol, cyseinedd a chytseinedd i'w cael hefyd ym muchedd fydryddol 'Genoefa a Vrabant', er mai tua 1640 y cyfansoddwyd hi. Tynnwyd sylw at ragoriaethau'r gwaith hwn gan Gwenael an Dug, a phwysleisiodd ef fod amryw o'r geiriau benthyg ynddo wedi eu dewis yn ofalus i gyfleu'r union synnwyr a fwriadai'r awdur, ac na ellid eu disodli gan rai purach heb wanhau neu wyrdroi'r ystyr.[4]

Prif lenyddiaeth y Llydawiaid oedd y llyfrau defosiynol niferus a gyhoeddid i'w cryfhau yn eu ffydd, ac mae'n sicr fod galw cyson am y rhain gan y cyhoedd llythrennog. Yn ôl Edward Lhuyd, 'roedd eiddigedd rhai Cristionogion wedi peri iddynt geisio dinistrio pob llyfr a llawysgrif nad oedd wrth fodd yr eglwys:

It is not to be questioned but several of the Primitive Christians had mistaken zeal as well as our reformers; and twas but 50 year ago that the Jesuit JULIAN MANOIR, being a missionair in Basbretaign obtained an order from his superiours to burn what British manuscripts & other books he should meet with, excepting such as tended to devotion and were approv'd of.

(Heb os nac oni bai, aeth sêl amryw o'r Cristionogion cynnar ar gyfeiliorn, fel y gwnaeth sêl ein diwygwyr ni. Namyn 50 mlynedd yn ôl y cafodd y Jeswit Juluan Maner, ac yntau'n genhadwr yng Ngorllewin Llydaw, orchymyn gan ei benaethiaid i losgi pa lawysgrifau a llyfrau Llydaweg bynnag y dôi ar eu traws, ac eithrio'r rhai a oedd yn ddefosiynol ac yn gymeradwy.)[5]

Mae'n amlwg fod gafael yr eglwys ar y bobl yn dynn, a bod pwysau ar bawb i gydymffurfio ac i ymwrthod â llenyddiaeth nad oedd wedi ei bwriadu i ddyrchafu'r enaid ac i wella cyflwr ysbrydol yr unigolyn. Nid yw'n annisgwyl cael mai themâu crefyddol sydd gan y rhan fwyaf o'r gweithiau poblogaidd a oroesodd o'r cyfnod hwn, ac i'r Llydaweg a'r grefydd Gristionogol ddod i gael eu hystyried yn elfennau anwahanadwy yn niwylliant y Llydawiaid. Yn ddiweddarach crynhowyd y cyswllt rhwng iaith a chrefydd yn y ddihareb:

Ar brezhoneg hag ar feiz
A zo breur ha c'hoar e Breizh.

(Mae'r Llydaweg a'r ffydd
Yn frawd a chwaer yn Llydaw.)

Arhosodd y berthynas hon yn sylfaenol ddigyfnewid hyd nes i'r eglwys beidio ag arddel yr iaith yn ail hanner yr ugeinfed ganrif.

Ymhlith gweithiau enwocaf y ddeunawfed ganrif mae'r trasiedi 'Buez ar pevar mab Emon' (Buchedd Pedwar Mab Emon), sy'n addasiad (a wnaethpwyd tua 1780) gan Pêr ar Bruno (c.1729-95), brodor o ar C'houerc'had. Mae'n seiliedig ar waith Ffrangeg a bu darllen mawr arno am dros ganrif. Cafwyd perfformiadau niferus ohono hefyd, er gwaethaf ei hyd—dros 11,000 o linellau. Mae *Buez ar Sænt, evit gloar Doue, evit enor ar sænt, evit santification an eneou* (Bucheddau'r Saint, er Gogoniant i Dduw, er Anrhydedd i'r Saint, [ac] er Santeiddiad i'r Enaid) (Quemper, 1752), a luniwyd gan Glaoda Gwilhoù Marigo (Claude Guillaume de Marigo, 1693-1759), offeiriad Beuzeg-Konk rhwng 1722 a 1743, yn fwy adnabyddus byth. Seiliodd Marigo ei *Buez ar Sænt* ar gampwaith Ffrangeg Albert Le Grand, *La vie, gestes, mort et miracles des saincts de la Bretaigne Armoriqve . . .* (Bucheddau, Gweithredoedd, Marwolaeth a Gwyrthiau Saint Llydaw . . .) (Nantes, 1637).[6] Brodor o Montroulez oedd Jean Le Grand (g.1599), a mabwysiadodd yr enw Albert Le Grand ar ôl ymuno ag Urdd Sant Dominic. Yn ei lyfr, sy'n ymestyn dros 810 o dudalennau, cynhwysodd 81 o erthyglau, 78 ohonynt yn gofiannau i seintiau ac yn eu plith ryw 60 o darddiad

Gwyddelig, Cymreig, Cernywaidd neu Lydewig.[7] Mae *Buez ar Sænt* gan Marigo hefyd yn waith mawr o 800 o ddudalennau (in 8°).[8] Cymharodd Ambrose Bebb le'r gwahanol argraffiadau o *Buhez ar Sent* ym mywyd diwylliannol Llydaw â lle'r Beibl yn niwylliant y Cymry:

> Nid yw'r Beibl gan Lydaẅr, ond y mae ganddo EI Feibl EF. Bu ef mor ffodus yn hyn a'i gymrawd o Gymro, er iddo ei gael ganrif bron yn ddiweddarach. Albert le Grand yw ei awdur, ac fe gysegrodd ei amser i'w ysgrifennu . . . Rhoisai Alfred Fawr ei Feibl i'r Llydaẅr. O bydd gan hwnnw lyfr o gwbl heddiw, "Buchedd y Saint" ydyw. Ac yn y ffermydd oddiamgylch [sic] i Dremel, y mae i'w weled o hyd. Nid ymhobman y darllenir ef, am nad ym mhob lle y mae rhywun a fedr ei ddarllen. Lle medrid, y gaeaf yn unig y darllenid ef, a'r adeg honno fin nos.[9]

Fel y nodwyd yn *Kroaz ar Vretoned* ar ddiwedd y bedwaredd ganrif ar bymtheg:

> Netra talvoudusoc'h d'an ene ha, war un dro, dudiusoc'h d'ar spered evit lenn buhez ar sent, ha dreist-holl, buhez sent ar Vro. Ar re-se o deus kelennet hon zadou kozh ha bremañ ec'h int hon gwellañ mignoned e-barz an Neñv.

> (Nid oes dim mwy llesol i'r enaid ac, ar yr un pryd, ddim mwy dymunol i'r meddwl na darllen bucheddau'r saint, ac yn enwedig saint Llydaw. Dysgwyd ein hendadau gan y rheiny, ac yn awr hwy yw ein cyfeillion gorau yn y Nef.)[10]

O ran ei boblogrwydd a maint ei ddylanwad mae *Buhez ar Sent* yn llyfr unigryw yn hanes yr iaith, ond o ran ei ieithwedd nid oes dim anarferol amdano. 'Llydaweg y pulpud' a ysgrifennai Marigo, a dyma'r iaith lenyddol safonol i genedlaethau lawer o ddarllenwyr gwerinol ac i'r bobl anllythrennog niferus a ymgasglai ar ddiwedd y dydd i wrando ar ddarlleniadau o'r bucheddau. Dengys y darn byr hwn o hanes Sant Gweltaz natur cynnwys y gwaith a'i arddull.

BUHÉ ER SÆNT

GUET

RÉFLEXIONEU SPIRITUEL

AR OU ŒVREU CAERRAN,

PÉRÉ E ELLE CHERVIGE DE VÉDITATION EIT PEB DÉ
ABAD ER BLAI;

HAC UN INSTRUCTION

*Eit disquein forh œz gobér méditation pé orœson, péhani
e elle chervige mémb d'er ré ne houyant quet leine;*

LAQUEIT É BRETON GUÉNÈD

DRÉ UR BÉLÈG AG EN ESCOBTI.

É GUÉNÈD,

É ty J.-M. GALLES, Imprimour en Eutru Escob,
é ru er Préfectur. — 1839.

Wyneb-ddalen argraffiad o *Buhez ar Sent* yn nhafodiaith Gwened (1839)

81

Dyfynnir yma o fersiwn ohono yn nhafodiaith Gwened a gyhoeddwyd ym 1839—yr argraffiad hynaf yn Llyfrgell Genedlaethol Cymru:

Er Sant-men, léshanhuet en *Avíset-mad*, e oé guenédicg a Scosse, én Angletèr. É dad er hassas, quentéh èl ma oé deit un tamicg én ouaid, da gouvand sant Iltud, eit bout inou disquet ha dessàuet mad.

. . . .

Guêltas e gùittas goudé er houvand-cé, dre gousante-mant é Abad sant Iltud, eit monnet d'en Irlande de hùélet ha de gleuet disciplèd sant Patrice, eit disquein hoah guèl guet-hai er pratiqueu ag er vuhé spirituel.

(Ganwyd y sant hwn, a lysenwyd 'y doeth', yn yr Alban, ym Mhrydain Fawr. Anfonwyd ef gan ei dad, cyn gynted ag yr oedd wedi dod ychydig yn hŷn, i fynachdy Sant Illtud, iddo gael ei addysgu yno a'i godi yn iawn.

. . . .

Wedyn ymadawodd Gweltaz â'r fynachlog honno, gyda chydsyniad ei Abad, Sant Illtud, i fynd i Iwerddon i weld ac i glywed disgyblion Sant Padrig, ac i ddysgu'n well byth gyda hwy y modd i fyw bywyd ysbrydol.)[11]

NODIADAU

1. IYK, 163-4. Gaston Esnault, 'Le Laé', AB xxviii (1912-3), 208-28, 605-27.

2. Largillière ac Ernault, 'Le dialogue entre Arthur et Guinclaff', AB xxxviii (1929), 627-74; G Esnault (gol.) 'Ar C'hi', AB lxxv (1968), 705-88.

3. G Le Menn, 'Dialogue avec la Mort', EC xv (1978), 634-53. Ar 'Breur Bernez' (Alan Perrot), gweler Louis Dujardin Hor Skrivagnerien i (Hor Yezh, 1992), 24-30.

4. Gwennaël Le Duc 'Geneviève de Brabant: la rime interne / moteur de l'action dramatique', Klask i (Roazhon, 1989), 69-87.

5. Fe'i dyfynnwyd yn llyfr R T Gunther (gol.), Early Science in Oxford xiv, Life and Letters of Edward Lhwyd (Oxford, 1945), o llsgr. Llanstephan 33, a gedwir yn LlGC.

6. Daniel Bernard, 'Deux auteurs bretons', NRB 1947, 211-2; F Gourvil, 'Albert le Grand; cet inconnu', NRB 1952, 161-70; 291-3.

7. HLCB i, 319. Helaethwyd y gwaith gwreiddiol gan Guy Autret.

8. Daniel Bernard, op.cit., 212n.

9. W Ambrose Bebb, Llydaw (Llundain, 1929), 117.

10. Dyfyniad o Kroaz ar Vretoned, 13/1/1899, yn astudiaeth Gérard Cornillet Kroaz ar Vretoned (Hor Yezh, 1988), 92. Ar ddylanwad arhosol Buhez ar Sent yn hanner cyntaf yr ugeinfed ganrif, gweler Per-Jakez Helias, Marh al lorh (Plon, 1986), 138-40, a Frañsez Kervella, An ti e traoñ ar c'hoad (Lesneven, 1990), 102-4.

11. Buhé er sænt guet réflexioneu spirituel ar ou œvreu caerran . . . laqueit é breton Guénèd dré ur bélêg ag en escobti (Guénèd, 1839), 65-7. Mae hefyd gopi o fersiwn Crom (Guénèd, 1839) yn LlGC.

ii) Ymagweddiadau at yr Iaith

Er bod y Ffrangeg wedi treiddio i holl drefi Gorllewin Llydaw erbyn yr ail ganrif ar bymtheg, 'roedd trwch y boblogaeth yno yn dal yn uniaith Lydaweg. Ym 1672 sylwodd y teithiwr A Jouvin o Rochefort mor hanfodol oedd medru rhywfaint o'r iaith unwaith yr oedd wedi croesi Afon Gwilen yn neheudir y wlad:

> Aussitost qu'on a passé cette riviere, on ne parle plus que breton, qui est une langue étrangère & bien differente de la Françoise, qui est assez connue dans les grosses villes de la basse Bretagne, mais sur le chemin & dans les villages on ne l'entend point.

> (Cyn gynted ag yr eir heibio i'r afon honno ni siaredir ond Llydaweg, sy'n iaith estron a thra gwahanol i'r Ffrangeg, iaith ddigon cyfarwydd yn nhrefi mawrion Gorllewin Llydaw, ond un na ddeellir mohoni o gwbl ar y ffordd ac yn y pentrefi.)[1]

Adeg y gwrthryfeloedd Llydewig, anobeithiai'r Foneddiges de Sévigné wrth feddwl am anallu ieithyddol y terfysgwyr a gasâi cymaint. Fel hyn yr ysgrifennodd ar 3 Gorffennaf 1675:

> On dit qu'il y a cinq ou six cents bonnets bleus en basse Bretagne qui auraient bon besoin d'être pendus pour leur apprendre à parler. La haute Bretagne est sage et c'est mon pays.

> (Dywedir bod pump neu chwe chant o 'fonedau gleision' yng Ngorllewin Llydaw sy'n haeddu cael eu crogi er mwyn dysgu iddynt siarad. Mae Dwyrain Llydaw yn ddoeth, a dyna fy mro i.)[2]

Gan na fedrai'r werin bobl eu mynegi eu hunain ond mewn un iaith, 'roedd yn hanfodol fod gan bawb a gâi achos i gyfathrachu â hwy grap arni. Yn y ddeunawfed ganrif roedd yn dal yn gyfrwng a ddeellid gan rywrai ym mhob cylch o fywyd:

> Il y a encore aujourd'hui en Basse-Bretagne des Paroisses où l'on ne sçait pas un mot de François. Les Seigneurs eux-mêmes sont obligés de parler Bas-Breton avec leurs Fermiers, leurs Vassaux, & souvent avec leurs Domestiques. Les Juges, les Avocats & les Procureurs de plusieurs Jurisdiction sont dans le même cas.

> (Mae hyd heddiw, yng Ngorllewin Llydaw, blwyfi lle na ddeellir yr un gair o Ffrangeg. Mae'n ofynnol i'r boneddigion eu hunain siarad Llydaweg â'u ffermwyr, â'u deiliaid ac yn aml â'u gweision. Mae barnwyr, bargyfreithwyr ac erlynwyr llawer o lysoedd yn yr un sefyllfa.)[3]

Er i'r rheilffyrdd a'r ffyrdd ddod â mwyfwy o Ffrangeg i Orllewin Llydaw yn y ganrif ddilynol, ac er i'r gyfundrefn addysg a gorfodaeth filwrol (1872) gyflwyno'r iaith honno i nifer cynyddol o Lydawiaid gwledig, mae hefyd yn wir na fu newid sylfaenol yn natur ieithyddol y gymdeithas yng nghefn gwlad tan yr ugeinfed ganrif. Ymhlith y boblogaeth amaethyddol, eithriadau oedd y rhai a oedd yn hyddysg yn y Ffrangeg. Yn ugeiniau'r ugeinfed ganrif daliai unieithedd yn ddigon arferol, a phrin oedd y bobl gyffredin yno a deimlai yn hyderus wrth siarad Ffrangeg:

> D'ar poent se zoken toud an notered a ouie brezhoneg, nemed, nemed notered kêr, kwa, med er mod all un noter, ma 'nije ket gouezet ar brezhoneg, 'oa ket dezañ en em eñstaliñ 'barzh, war ar maez, 'nije ket, 'nije ket gwelet den ebed, hag an dud zoken, diwar ar maez, a lavare: "o, deomp da gaoud un noter hag a oar brezhoneg, me 'oar un tamm galleg ive med marteze ne gomprenan ket awalc'h, toud, e lec'h pa gaozeo deomp e brezhoneg, ne werzho ket ac'hanomp".

(Y pryd hynny, 'roedd pob notari yn medru Llydaweg, heblaw notarïaid y dref, a phe na bai cyfreithiwr yn medru'r iaith nid oedd yn werth iddo ymsefydlu yn y wlad. Ni fuasai wedi gweld neb, a byddai pobl y wlad yn dweud: "O, awn i gael notari sy'n siarad Llydaweg. Mae gennyf grap ar y Ffrangeg hefyd, ond efallai na ddeallaf i ddigon neu'r cwbl, ond os bydd yn siarad â ni yn Llydaweg ni chawn ein twyllo ganddo.")[4]

Yr adeg honno, fel yn y ddeunawfed ganrif, cyfrwng llafar yn unig oedd yr iaith i lawer o'i siaradwyr. O gofio'r modd y dysgid yr holwyddoreg a phoblogrwydd rhai o'r llyfrau defosiynol, ymddengys fod yr amcangyfrif fod dros 99% o'r siaradwyr yn anllythrennog ym 1789 yn rhy uchel,[5] ond mae'n debyg mai lleiafrif bychan yn unig oedd y darllenwyr da, a bod y rhai a fedrai ei hysgrifennu yn brinnach byth.

Tra oedd confensiynau orgraffyddol a mydryddol traddod-iadol yn mynd yn fwyfwy dieithr yn ail hanner yr ail ganrif ar bymtheg, 'roedd ysgrifennu mewn tafodiaith yn dod yn gynyddol boblogaidd. Y testun rhyddiaith hynaf yn nhafodiaith Gwened yw 'Er forme ag er pron, é brehonnec Guenet' (Ffurflyfr y Bregeth yn Llydaweg Gwened), gwaith sydd gennym mewn llawysgrif a ysgrifennwyd ym 1693. Mae hefyd garolau Nadolig yn y dafodiaith honno mewn llawysgrif arall sy'n dyddio o'r ail ganrif ar bymtheg.[6] 'Roedd Pêr Barizi (Pierre Barisy, 1659-1719), offeiriad an Ignel o 1689 hyd 1719, wedi sylwi cymaint o fwlch a oedd wedi datblygu rhwng y tafodieithoedd, a rhoddodd gais ar bontio'r agendor rhwng rhai Kernev a Gwened drwy ysgrifennu ei 'Cantiqueu spirituel ar deverieu ar christen' (Caneuon Ysbrydol ar Ddyletswyddau'r Cristion) mewn dull y gobeithiai y byddai'n ddealladwy i werin y naill fro fel y llall. Ysgrifennodd y llawysgrif ym 1710, ac eglurodd yn ei ragymadrodd iddo ddileu'r hyn a ystyriai'n 'expressions rudes et gutturales' (ymadroddion geirwon a gyddfol) tafodiaith Gwened a rhoi yn eu lle rai 'douces et molles des Evêchés de la Basse-Bretagne' (addfwyn a cherddorol esgobaethau Gorllewin Llydaw).[7] Dengys y ddau gwpled hyn y math o gyfaddawdu a bleidiai:

> Dihoell a rer dre cantiqueu
> Doh fal songeu doh gôal comseu
> Ar pratiq eus ar vertuieu
> A zesquer hoas dré cantiqueu

> (Drwy ganeuon ysbrydol gwarchodir
> Rhag drwgfeddyliau a drygeiriau;
> Dysgir o hyd drwy ganeuon defosiynol
> Sut i arfer rhinweddau.)[8]

Mae iaith y testun yn sylfaenol debyg i dafodiaith Gwened, ond defnyddir *eus* 'o' (arddodiad) yn lle *ag, a* ac *ar* 'yr' (y fannod bendant) yn hytrach nag *er*. Anwadelir rhwng defnyddio *c'h* ac *h* lle y ceir *c'h* yn safonol yn nhafodieithoedd Kernev, Leon a Treger, ac ysgrifennir *z* neu *s* yn aml lle y ceir *h* yn nhafodiaith Gwened sy'n cyfateb i *z* yn y tafodieithoedd eraill (a *zh* yn yr orgraff unffurf ddiweddar).

Ystyrid bod y tafodieithoedd yn un o wendidau mwyaf yr iaith a'u bod yn faen tramgwydd i awduron. Cynghorodd Cillard y sawl a ddarllenai ei *Stationneu hur salvér Jesuss Crouist* (Gorsafoedd ein Hiachawdwr Iesu Grist) (Guinétt, 1766; ad. 1785) i ddatrys problem y tafodieithoedd drwy addasu testun ei lyfr yn ôl y gofyn:

> Dans l'embarras disgracieux d'un nombre infini de Dialectes, & dans l'impossibilité de concilier les esprits sur ce point chaudement & vainement débattus, on a dû préférer le plus universellement etendu. Au surplus, nous supplions les personnes qui trouveroient ici le moins leur compte, d'y suppléer par une prononciation conforme à leur Dialecte, ou plutôt à celle de leurs Auditeurs.

> (Oherwydd baich trwsgl rhif di-ben-draw o dafodieith-
> oedd, ac oblegid y sefyllfa amhosibl o gymodi meddyliau

ar y pwynt hwn y dadleuir amdano yn frwd ac yn ofer, bu'n rhaid dewis y dafodiaith a ddeellir yn fwyaf helaeth. Ymhellach, erfyniwn ar y rhai a gaiff nad dyma'r dewis mwyaf addas iddynt i'w gyflawni drwy ychwanegu'r cynaniad sy'n briodol i'w tafodiaith, neu'n hytrach i un eu gwrandawyr.)[9]

Mae'n amlwg fod yr anawsterau a barai'r rhaniadau tafodieithol hyn yn cael eu gorliwio, ac mai ystrydeb oedd dilorni'r Llydaweg am nad oedd yn unffurf.

Un o awduron amlycaf y llyfrau defosiynol oedd Charlez ar Brizh (Charles Le Bris), brodor o Lanhouarne a anwyd rywbryd rhwng 1660 a 1665.[10] 'Roedd ei agwedd at eirfa'r iaith ysgrifenedig yn nodweddiadol o'i gyfnod. Defnyddiai eiriau benthyg oddi wrth y Ffrangeg, megis *intantion* 'bwriad', *instrui* 'hyfforddi' ac *exterieur* 'y tu allan', am eu bod, yn ei farn ef, yn rhai defnyddiol a phwrpasol:

> . . . et si enfin je me suis servi de quelques termes qui sont plus françois que bretons, c'est qu'ils sont aussi plus expressifs et fort utiles dans la langue bretonne.

> (. . . os bu imi arfer rhai geiriau sy'n fwy Ffrangeg na Llydaweg, gwneuthum hynny am eu bod yr un mor ystyrlon ac yn dra hwylus yn y Llydaweg.)[11]

Nid oedd ymddiheuro fel hyn am fenthyg geiriau i gyflawni diffygion yn yr iaith frodorol yn gyfyngedig i'r Llydaweg. 'Roedd Siôn Trefor (b.f.1410), er enghraifft, wedi mynnu fod yn rhaid i'r Gymraeg 'ymwest ar ieithiau eraill' am ei bod 'mor anaml na cheffir ohoni ddigon o eirieu perthynol i'r gwaith newydd hwnn' (sef y *Llyfr dysgread Arfau*).[12] Yr hyn sy'n hynod, fodd bynnag, yw tuedd y Llydawiaid i ystyried eu hiaith hwy yn anghymharol dlotach nag ieithoedd eraill. Yn hytrach na derbyn fod benthyg geiriau yn broses naturiol ym mhob man, mynnid bod y benthyceiriau yn profi ei bod yn gyfrwng anghoeth, anniwylliedig ac israddol. Yn ôl Pierre de Châlons, 'ne fourniss quet a c'hirieu el langag' a vrehonnec' (nid oes gan

Avertiſſamant.

EVEL MA QUEFOT EL LEVR-MA
guerïouïgou , pe re a ve martéſe diez deoc'h
da entent , ez e bet cavet a-propos lacât
amâ an explication anezo , evit ma o c'hom-
prenot facilamant.
 Renquet int ervez an Alfabet , evit ma
ellot o c'havout æſſoc'h ha buanoc'h.

A *Dverſite* , da lavaret eo , fortun con-
trol , goal fortun , pe autramant tru-
buïl , droulanç.
 A eoc'h , da lavaret eo , var c'horre , dreiſt,
à zioc'h , à us , à euc'h.
 Amour propr , da ouzout e , re à garan-
tez evit e-unan , inclination ſecret peini a
ra da un dên en em glaſq e-unan er pez a
ra , claſq e gontantamant ebquen.
 Arc'h à Aliançc , an Arc'h à Aliança oa ur
c'houfr pé ur c'huſtod ê peini e conſervet
an diou Daulên eus al Leſen roet gant Doue
da Voyſes , ha darn eus ar Mân celeſtiel

y Llydaweg eiriau digonol),[13] a hon oedd y farn gyffredinol. Darllenid llyfrau ar Brizh gan genedlaethau lawer o Lydawiaid. Argraffwyd ei lyfr gweddïau *Heuryou brezonnec ha latin* ryw 36 o weithiau, a daliai mewn print mor ddiweddar â 1910.

Diau fod y bobl gyffredin yn derbyn y geiriau estron dieithr a frithai dudalennau'r llyfrau defosiynol fel rhan o ddysg yr offeiriaid a oedd yn eu cyfansoddi ac yn darllen ohonynt. Er mwyn cynorthwyo'r darllenwyr nad oeddent wedi cael addysg, yn ei drosiad o waith Thomas à Kempis, *Imitation hor Salver Jesus-Christ* (Dynwared ein Hiachawdwr Iesu Grist) (Quemper, 1756), cynhwysodd Marigo esboniad geirfaol:

Evel ma quefot el levr-ma guerïouïgou, pe re a ve martese diez deoc'h da entent, ez e bet cavet a-propos lacât amâ an explication anezo, evit ma o c'homprenot facilamant.

Renquet int ervez an Alfabet, evit ma ellot o c'havout æssoc'h ha buanoc'h.

(Gan y cewch yn y llyfr hwn rai geiriau bach a allai fod yn anodd ichwi eu deall, cafwyd ei bod yn addas rhoi eglurhad arnynt yma, fel y galloch eu deall yn rhwydd.

Rhoddwyd hwy yn nhrefn yr wyddor, fel y galloch eu cael yn haws ac yn gynt.)[14]

Ar yr olwg gyntaf, ymddengys fod y math hwn o esboniad geirfaol yn debyg i'r rhai a geir yn amryw o lyfrau defosiynol y Cymry yn yr ail ganrif ar bymtheg,[15] ond sylwer mai geiriau benthyg oddi wrth y Ffrangeg yn hytrach na rhai tafodieithol a eglurwyd gan Marigo. Dengys ei allu i aralleirio rhai ohonynt nad prinder ei Lydaweg a barai i'w defnyddio:

Attaich evit un dra, da lavaret e, affection, carantez, caout e galon stag ous un dra.
Divin. Consolation divin, consolation a zeu digant Doue.
Eclat, lufr, squed

Exilet, forbanet, forbaniset, divroet
Objet. C'hui, va Doue, o [sic] so an objet eus va oll desirou, da
lavaret e, c'hui va Doue, a zesiràn ebquen.
Protegi, divoal, difenn, miret.
Sex differant, goaz ha maoües so eus a ur sex differant.[16]

Wrth edrych ar y dogfennau swyddogol a droswyd i'r
Llydaweg adeg y Chwyldro Ffrengig, daw'n amlwg eto y
gallasai o leiaf rai o'r cyfieithwyr fod wedi ysgrifennu mewn
iaith lanach pe buasent wedi teimlo fod hynny'n well. Mewn un
ysgrif mewn cymysgiaith ar 'Ar Represanantet eus ar Bobl'
(Cynrychiolwyr y Bobl), er enghraifft, ceir y geiriau *eveçzidiguez*
'gwyliadwriaeth' a *moulet* 'argraffedig' ochr yn ochr â'r
benthyciadau arferol *surveillans* ac *imprimet*.[17] Oherwydd cryfder
traddodiad rhyddiaith yr Oesoedd Canol, a'r gofal a gymerwyd
i feithrin yr iaith yng nghyfnod y Dadeni Dysg, ni ddatblygodd
cywair ysgrifenedig Cymraeg tebyg i'r 'breton bourgeois'.
'Roedd y Beibl Cymraeg wedi gosod safon i'r iaith lenyddol, a
phrin yw ysgrifeniadau'r Cymry sy'n frith o eiriau Saesneg. Yr
enghraifft orau a welais o ysgrifennu cymysgiaith debyg o ran ei
hansawdd i Lydaweg y llyfrau defosiynol yw'r llyfr *Arts and
Sciences in Miniature/ Cyfarwyddyd Hylaw mewn Amrywiol
Alwedigaethau; sef, Pa Fodd i 'Stainio, Japanio, Farnisho, a Giltio ar
Goed, &c. Asio, Caledu, &c. Haiarn, &c. Lliwio Edef, Lledr, &c . . .*
(Aberystwyth, 1811) gan Hugh Davies.[18] Dadleuai Davies, fel y
gwnâi'r Llydawyr, fod geiriau benthyg yn ateb y diben ac yn
ddealladwy i bawb:

Mi ysgrifenais mor agos ag y medrwn i'r iaith Gymraeg;
ond mi ddymunwn gael fy esgusodi mewn amrywiol o
eiriau, ag sydd yn Seisnigaidd, am nas gellir eu cyfieuthu
yn ddealladwy i'r wlâd heb hyny: maent yn fwy hwylus i
ddanfon am danynt os bydd achos hefyd.[19]

Ganddo, fe geir cyfarwyddiadau megis '*transplantier cabbage*', a
'*trenchier* . . . yn yr ardd',[20] neu wrth ymdrin â ' 'stainio Coed o
Liw Mahogany':

. . . cymerer *tincture* o *dragon's blood*, a *turmeric root* mewn *spirit of wine*, côch neu felyn, . . .[21]

Loeiz ar Pelleter oedd y cyntaf i adweithio yn erbyn iaith siprys y traddodiad llenyddol a dysgedig ac i ymdrechu i chwynnu'r Llydaweg o eiriau Ffrangeg di-alw-amdanynt. Yn ei Eiriadur (1716), gwrthododd restru ffurfiau yr ystyriai eu bod yn rhai estron ac yn newydd i'r iaith. Tebyg oedd agwedd Taillandier, y gŵr a sicrhaodd gyhoeddi Geiriadur ar Pelleter ym 1752. Yn ei farn ef 'roedd elfennau Angheltaidd yn anharddu'r Llydaweg, '& loin d'enrichir la Langue, ils ne servent qu'à corrompre & altérer sa simplicité' (yn bell o gyfoethogi'r iaith, ni chynorthwyant ond i lygru ac i halogi ei symlder.)[22] Yn baradocsaidd, daeth yr hynafiaethwyr i weld symlder yr iaith a'r diffygion yn ei geirfa fel ei phennaf cryfderau. Y bylchau hyn, yn ôl André-François Boureau-Deslandes (1689-1757), a brofai ei bod yn hynafol a heb ei gweddnewid, er gwaethaf treigl y canrifoedd:

Cette langue n'est pas fort étendûe, ni fort riche. Elle n'a aucun superlatif (. . .) Cette langue de plus n'a aucun terme qui réponde à ceux de magnifique, superbe, somptueux, enchanté. etc . . . (. . .) je ne suis point surpris que la langue celtique n'ait de termes que pour l'agriculture et la maison rustique, pour la guerre et la chasse, pour la navigation et la pêche, un peu pour l'astronomie et la morale, et presque rien dans les autres arts et sciences. Les Celtes ne les connoissoient pas.

(Nid yw'r iaith hon yn helaeth iawn nac yn gyfoethog iawn. Nid oes ganddi radd eithaf (. . .) Hefyd nid oes gan yr iaith hon yr un gair sy'n cyfateb i'r rhai "godidog", "rhagorol", "moethus", "cyfareddol", etc . . . (. . .) nid wyf yn synnu nad oes gan y Gelteg eiriau ond ar gyfer amaethyddiaeth a'r cartref gwledig, rhyfela a hela, llywio a physgota, ychydig hefyd sy'n ymwneud â seryddiaeth a moesau, a nemor ddim ar gyfer y celfyddydau a'r gwyddorau eraill. Nid oedd y Celtiaid yn gyfarwydd â'r rhain.)[23]

Aeth Taillandier ymhellach byth a mynnu fod yr iaith mor gyntefig fel na ellid hyd yn oed cyfansoddi barddoniaeth ynddi,[24] gosodiad go syfrdanol o gofio i ar Pelleter gopïo rhai o destunau barddonol pwysicaf Llydaweg Canol.

O ddiddordeb ar Pelleter yn hanes y Llydaweg a chwilfrydedd hynafiaethwyr y ddeunawfed ganrif amdani y tyfodd y mudiad i buro geirfa ac orgraff yr iaith yn y bedwaredd ganrif ar bymtheg, a'r dadeni a gafwyd dan ddylanwad ar Gonideg a'i ddisgyblion. Ymddengys fod yr hynafiaethwyr a'r geiriadurwyr yn llawer parotach i ganmol yr iaith a'i pharchu nag yr oedd rhai o awduron y llyfrau defosiynol. Parodd damcaniaethau Pezron (1639-1706) am ei hanes falchder newydd ynddi a brwdfrydedd i'w hastudio. Ymhlith y rhai a ddaeth dan ddylanwad gwaith Pezron 'roedd Gregor o Rostrenenn (c.1670-5—1750). Honnai ef ei bod yn iaith 'dont presque toutes celles de l'Europe ont emprunté une infinité de mots' (y mae bron pob un o ieithoedd Ewrob wedi benthyg nifer dirifedi o eiriau oddi wrthi) a'i bod yn faes astudiaeth cwbl hanfodol i'r sawl a fynnai wybod mwy am darddiadau geiriau, cyfenwau ac enwau lleoedd.[25] Erbyn inni gyrraedd cyfnod ar Brigant (1720-1804) cawn fod y Llydaweg ymhell o fod yn destun cywilydd. Gan y credai mai hi oedd iaith gyntefig dynolryw, canmolwyd hi ganddo ef mewn ffordd eithafol, fel cyfrwng 'concise, élevée & laconique, & supérieure au Langage efféminé des Grecs & des Romains' (cryno, urddasol a byreiriog, ac o radd yn rhagori ar iaith fenywaidd y Groegiaid a'r Rhufeiniaid.)[26] Ond os bu i'r agwedd gadarnhaol hon at yr iaith helpu i wrthweithio'r duedd i'w dibrisio a'i dirmygu, 'roedd nerth a bri'r Ffrangeg yn dal i gynyddu, hyd yn oed y tu hwnt i ffiniau gwleidyddol Ffrainc.

Ym 1782 gosodwyd y cwestiwn 'Qu'est-ce qui a fait de la langue française la langue universelle de l'Europe?' (Pa beth sydd wedi gwneud y Ffrangeg yn iaith gyffredinol Ewrob?) yn destun cystadleuaeth traethawd gan Academi Frenhinol Berlin, a chafwyd sylwadau difrïol ar ieithoedd eraill, yn ogystal â mawl i'r Ffrangeg, yn nhraethawd arobryn Antoine de Rivarol.[27] Yn llawlyfrau ymddiddanion Ffrangeg-Llydaweg y cyfnod delid i bwysleisio 'sterelite' (diffrwythder) y Llydaweg o'i gyferbynnu â harddwch a bywiogrwydd y Ffrangeg:

ar Gallec a so ul langach caër, dija an oll a barlant ar Gallec, an oll dut a galité a barlant ar Gallec, ul langach eo cals uzitet, bremâ e ze al langach universel, coms a rêr ar Gallec e quement Lez a so en Europ . . .

(Mae'r Ffrangeg yn iaith hardd. Fel y mae, mae pawb yn siarad Ffrangeg. Mae'r holl bobl o safon yn siarad Ffrangeg. Mae'n iaith a ddefnyddir yn helaeth. Yn awr, hi yw'r iaith fyd-eang. Siaredir Ffrangeg ym mhob llys yn Ewrob . . .)[28]

Y *bourgeoisie* a'r mân uchelwyr fyddai fwyaf tebygol o ddarllen gweithiau fel y rhain, a hwy a fyddai'n cymeradwyo sylwadau o'r fath. Prin y câi'r llyfrau hyn ddylanwad uniongyrchol ar y werin uniaith, a dylid cofio mai'r *Gallo* (Ffrangeg tafodieithol Dwyrain Llydaw) ac nid Ffrangeg safonol oedd yr iaith y câi'r bobl gyffredin gyswllt â hi amlaf, o leiaf hyd ganol y ddeunawfed ganrif. Yn y gân 'Kabitenn Rozanfaou' (Capten Rozenfaou), a gasglwyd gan Fañch an Uhel (Françoise-Marie Luzel, 1821-95) oddi wrth y gantores werin Marc'harid Fulup (Marguerite Le Philippe, 1837-1909), cyfeirir at yr arfer o anfon plant i ddysgu Ffrangeg yn Nwyrain Llydaw:

— Bonjour ha joa holl en ti-ma,
Ho merc'h Matilina pelec'h 'ma?
— Et eo da diski ar gallek,
Ter lew'n tu-all da Sant-Briek.

(— Dydd da a llawenydd i bawb yn y tŷ hwn:
Ble mae Matilina eich merch?
— Mae wedi mynd i ddysgu Ffrangeg,
Naw milltir y tu draw i Sant-Brieg.)[29]

Ymddangosai fel pe bai'r Chwyldro Ffrengig yn mynd i gael effaith er lles ar y Llydaweg. Ar ddechrau 1790 eglurodd y Cynulliad Cenedlaethol eu bod yn dymuno gweld deddfau

94

newydd Ffrainc yn cael eu trosi i'r ieithoedd taleithiol, a dosbarthodd Directoire Penn-ar-Bed gylchlythyr yn holi am wŷr cymwys i gyfieithu'r testunau i Lydaweg.[30] Ym 1792 datganodd y Cynulliad eu bod am benodi comisiwn a fyddai'n gyfrifol am 'accélérer la traduction des divers décrets en langue allemande et idiomes vulgaires, basque, bas-breton, etc.' (gyflymu cyfieithu'r gwahanol ddeddfau i'r Almaeneg ac i'r ieithoedd sathredig: Basgeg, Llydaweg etc.)[31] Cyfansoddwyd ysgrifau Llydaweg gan 'Gyfeillion y Cyfansoddiad', gan offeiriaid a oedd wedi tyngu'r llw i Gyfansoddiad Sifil yr Eglwyswyr, a chan eraill. Troswyd *L'Almanach du Père Gérard*, llyfr bychan o waith Collot d'Herbois yn amlinellu'r Cyfansoddiad, ar gais y 'Société populaire régénérée et épurée d'Hennebont'. Nodwyd yn y rhagymadrodd i'r fersiwn Llydaweg i'r trosiadau fod 'revêtues des formes picquantes et de l'expression énergique et naïve de l'idiome celtique' (wedi eu haddurno â ffurfiau ffraethlym, ac ymadroddion grymus a dirodres yr iaith Geltaidd).[32] Gwyddys hefyd ei bod yn fwriad gan Hurault, Ficer Esgobol Penn-ar-Bed, sefydlu newyddiadur dwyieithog yn Nhachwedd 1792. Crynhodd ei amcan fel hyn:

Discleria a raï deoc'h fidelamant an œuvrou mad ha carantezus dre bere e teuffot da garet ha da anaout gwir mignonet al liberte hag an ingalder. Parlant a raï deoc'h langach simpl ha sclear euz ar Virionez. Scrivet e vezo e Gallec hac e Brezonec evit commidite ha descadurez peb hini.

(Bydd yn egluro ichwi yn rheolaidd y gweithredoedd da a chariadus y byddwch drwyddynt yn dod i garu ac i adnabod gwir gyfeillion rhyddid a chydraddoldeb. Bydd yn rhoi gwybod ichwi am y gwirionedd mewn iaith seml a chlir. Ysgrifennir ef yn Ffrangeg ac yn Llydaweg, er hwylustod i bawb ac er mwyn addysgu pawb.)[33]

Trefnwyd bod 'darllenwyr gwladgarol' ym mhob cymuned er mwyn darllen ac egluro'r cyfreithiau newydd a'r newyddiaduron yn iaith y bobl.[34]

95

Byrhoedlog fu'r agwedd oleuedig hon at yr iaith, oherwydd yr oedd rhai chwyldrowyr yn argyhoeddedig mai drwy ganoli y ceid y drefn wleidyddol orau. Ystyrient ei bod yn gywilyddus fod cynifer o bobl Ffrainc yn dal heb fedru Ffrangeg, a phleidiai un o'r enw Roland sefydlu gwisg unffurf ar gyfer holl bobl y wlad er mwyn cadarnhau ei hunoliaeth a chydraddoldeb pawb ynddi. Dadleuai ymhellach y dylid gwahardd defnyddio'r ieithoedd taleithiol, hyd yn oed yn y theatr, gan eu bod yn cynrychioli'r gorffennol ffiwdalaidd ac ofergoelus. Dymunai Roland weld 'bannir du territoire de la République toute autre langue que celle que l'on parle à la Convention nationale' (gwahardd o dir y Weriniaeth bob iaith oddieithr yr un a siaredir yn y Confensiwn Cenedlaethol).[35]

Ym 1790 cyflwynodd y Pwyllgor Addysg, dan lywyddiaeth Arbogast, brodor o Alsas, adroddiad ar gyflwr yr ysgolion yn y rhannau o Ffrainc lle nad oedd pawb yn siarad Ffrangeg. Ei gasgliad ef oedd fod angen dileu'r tafodieithoedd Ffrangeg cyn gynted ag y gellid, ond ar yr un pryd sefyldu cyfundrefn addysg ddwyieithog yng Ngorllewin Llydaw, yng Ngwlad y Basg, yn Alsas ac yng Nghorisca. Câi'r athrawon yn y mannau hynny ychwanegiad at eu cyflog o 200 o ffranciau, gan y byddent yn gyfrifol am addysgu mewn dwy iaith ac nid un. Gwrthodwyd y syniad gwreiddiol hwn gan y Cynulliad, ac ym 1793 cytunwyd yn hytrach ar bolisi o sefydlu ysgolion Ffrangeg swyddogol ym mhob cymuned drwy Ffrainc.

Ym marn Bertrand Barrère, yn ei *Rapport et projet de décret . . . sur les idiômes étrangers, & l'enseignement de la langue françoise* (Adroddiad a Mesur . . . ar yr Ieithoedd Estron, a Dysgu'r Ffrangeg) (8 pluviôse, ail flwyddyn y Weriniaeth,—27/1/1794), 'roedd y Llydaweg yn iaith ffederaliaeth ac ofergoeliaeth, yr Almaeneg yn iaith allfudo a chasineb at y Weriniaeth, yr Eidaleg yn iaith y Gwrthchwyldro, a'r Fasgeg yn iaith penboethni. Galwodd Barrère ar y Cynulliad i beidio â'u hybu mewn unrhyw ddull na modd, ond yn hytrach i weithio er eu difodi yn llwyr. 'Brisons ces instrumens de dommage et d'erreur' (Chwalwn yr offer hyn sy'n achosi niwed ac yn mynd â phobl ar gyfeiliorn), meddai.[36] Sylwodd yn benodol ar y cyswllt rhwng y Llydaweg a'r hen drefn wleidyddol a chrefyddol:

Je commence par le bas-breton. Il est parlé exclusivement dans la presque totalité des départemens du Morbihan, du Finistère, des Côtes-du-Nord, une partie d'Ille-&-Vilaine, & dans une grande partie de la Loire-inférieure. Là, l'ignorance perpétue le joug imposé par les prêtres & les nobles; là, citoyens naissent & meurent dans l'erreur: ils ignorent s'il existe encore des lois nouvelles.

Les habitans des campagnes n'entendent que le bas-breton; c'est avec cet instrument barbare de leurs pensées superstitieuses, que les prêtres & les intrigans les tiennent sous leur empire, dirigent leurs consciences, & empêchent les citoyens de connoître les lois & d'aimer la République. Vos travaux leur sont inconnus, vos efforts pour leur affranchissement sont ignorés.

(Dechreuaf â'r Llydaweg. Nid yw ar lafar y tu allan i'r ardaloedd hyn: bron y cyfan o *départements* ar Mor-Bihan, Penn-ar-Bed, ac Aodoù-an-Hanternoz, a rhan o Il-ha-Gwilen, a rhan helaeth o al Liger-Izelañ. Yno, mae anwybodaeth yn peri fod yr iau a roddwyd ar y bobl gan yr offeiriaid a'r uchelwyr yn parhau; yno, mae'r dinasyddion yn cael eu geni ac yn marw ar gyfeiliorn: ni wyddant eto fod deddfau newydd.

Nid yw'r bobl yng nghefn gwlad yn deall namyn Llydaweg. Mae meddyliau ofergoelus yr offeiriaid a'r cynllwynwyr yn defnyddio'r offeryn barbaraidd hwn i ddal eu gafael arnynt, i reoli eu hymwybyddiaeth, ac i rwystro'r dinasyddion rhag ymgyfarwyddo â'r deddfau a charu'r Weriniaeth. Nid ydynt yn gyfarwydd â'ch gweithiau. Nid yw eich ymdrechion i'w rhyddhau yn hysbys.)[37]

'Roedd synio am yr 'ieithoedd taleithiol' a'r lledieithoedd (*patois*) fel bygythiad i'r Chwyldro yn cadarnhau'r rhagfarn yn eu herbyn a oedd eisoes yn amlwg ymhlith llawer o bobl ddiwylliedig yn Ffrainc. 'Roeddent yn gyfryngau anghwrtais (yn llythrennol) nad oeddent wedi eu cadw ond 'chez quelques rustres' (gan ychydig ddreliaid), chwedl Voltaire.[38]

Derbyniwyd cynigion Barrère, ond daliai'r awdurdodau i arddel y Llydaweg i raddau, fel y dengys y trosiad a wnaethpwyd o'r ddeddf y bwriadwyd iddi ledaenu addysg Ffrangeg drwy'r Weriniaeth:

Etabliczet evezo en decq devez, da gounta eus an deiz eus ar bublication eus an decred presant, un instituter euz al langaich gallecq ebars en pep commun var ar meaz ebars en departamanchou Morbihan, Finistère, Costezyou-an-Nord, ac ebars en ul loden eus a departamant al Loar-izelaf a bere an habitanded a barlant un yez hanvet brezounecq.
. . . .
Obliget evezont da disqi bemdez ar gallecq ac an declaration a viryou an den dan oll citoyanet jaouanc eus an daou sex, pere an tadou, ar mammou ar goardet a culateret, azo obliget da gaçz ebars ar scolyou public.

(Sefydlir ymhen deng niwrnod, i'w cyfrif o ddydd cyhoeddi'r gorchymyn hwn, athro Ffrangeg ym mhob cymuned wledig yn *départements* ar Mor-Bihan, Penn-ar-Bed, Aodoù-an-Hanternoz, ac mewn rhan o *département* al Liger-Izelañ, lle y sieryd y trigolion iaith o'r enw Llydaweg.
. . . .
Bob dydd bydd yn orfodol iddynt ddysgu Ffrangeg a'r datganiad o hawliau dynol i'r holl ddinasyddion ifainc o'r ddau ryw, [ac] mae'n orfodol i'r tadau a'r mamau a'r gwarcheidwaid eu hanfon i'r ysgolion cyhoeddus.) [39]

Darllenwyd adroddiad Henri-Jean-Baptiste Grégoire (1750-1831) 'sur la nécessité et les moyens d'anéantir les patois et d'universaliser l'usage de la langue françoise' (ar yr angen a'r modd i ddileu'r lledieithoedd ac i ledaenu arfer y Ffrangeg ym mhob man) i'r Cynulliad ym Mehefin 1794 (16 prairial, ail flwyddyn y Weriniaeth). Gresynai Grégoire 'qu'au moins six millions de Français, sur-tout dans les campagnes, ignorent la langue nationale; qu'un nombre egal est à-peu-près incapable de soutenir une conversation suivie; qu'en dernier résultat, le nombre de ceux qui la parlent purement n'excède pas trois millions; et probablement le nombre de ceux qui l'écrivent correctement est encore moindre' (fod o leiaf chwe miliwn o Ffrancwyr, yng nghefn gwlad yn bennaf, nad ydynt yn medru'r iaith genedlaethol; fod cymaint arall heb fedru o'r braidd gynnal sgwrs ynddi yn ddi-fwlch; wedi ystyried pob dim, nad yw rhif y rhai sy'n ei siarad yn bur yn fwy na thair miliwn; ac mae'n debyg fod nifer y rhai sy'n ei hysgrifennu'n gywir yn llai byth.)[40] Yn ei farn ef, 'roedd unffurfiaeth ieithyddol 'une partie intégrante de la révolution' (yn rhan annatod o'r Chwyldro).[41] Anfonwyd ei Adroddiad gan Gomisiwn Gweinyddol Penn-ar-Bed i gael ei ddosbarthu drwy'r *département* gyda'r cyfarwyddyd hwn:

Le zèle que vous mettrez à en propager les principes fera disparaître du territoire français cette aristocratie de langues qui ne peut être plus longtemps tolérée chez un peuple de frères.

(Bydd sêl eich ymdrechion i ledaenu'r egwyddorion hyn yn peri i'r aristocratiaeth ieithyddol hon, na ellir ei goddef bellach mewn gwlad lle y mae'r bobl yn frodyr, ddiflannu o diriogaeth Ffrainc.)[42]

Gwelai rhai y gallai'r amrywiadau ieithyddol y dymunent eu dileu fod o ryw werth i hynafiaethwyr y dyfodol wrth iddynt olrhain hanes pobloedd Ewrob. Gwyddys i Jean-Baptiste Leroy (1734-1800) ysgrifennu at Henri-Jean-Baptiste Grégoire ynghylch pwysigrwydd llunio geirfâu a geiriaduron ar gyfer yr 'ieithoedd taleithiol'. Dadleuai y byddai modd wedyn gadw'r creiriau gwerthfawr hyn nad oedd bellach le iddynt fel cyfryngau cyfathrebu byw.[43] Dyma agwedd a adleisiwyd yn y bedwaredd ganrif ar bymtheg gan Matthew Arnold ac eraill. Ystyriai Arnold fod llenyddiaeth Geltaidd yn faes ymchwil diddorol, ond ni chredai fod parhad yr ieithoedd Celtaidd yn ddymunol nac yn ymarferol.

Trwy ddeddf 27 brumaire, trydedd flwyddyn y Weriniaeth (18/11/1794), caniatawyd defnyddio'r Llydaweg mewn gwersi Ffrangeg yn yr ysgolion, ond ni olygai hynny fod pob athro yn manteisio ar yr hawl hon. O safbwynt y Llydaweg, efallai ei bod yn ffodus nad oedd cyllid digonol ar gael i sefydlu'r gyfundrefn addysg swyddogol newydd ar raddfa eang. Dros ddeng mlynedd ar hugain yn ddiweddarach (1832-33) y sefydlwyd addysg gynradd gan y wladwriaeth yn ôl y gyfraith, ond daliai o hyd i fod yn wirfoddol. Nid tan 1880-82, gyda deddfau Jules Ferry, y dechreuwyd o ddifrif ar y gwaith o uno Ffrainc yn ieithyddol drwy gyfrwng y gyfundrefn addysg.

Cydnabuwyd yr Eglwys Gatholig ym 1802 gan y *Concordat*, ac yn ddiweddarach caniatawyd defnyddio'r cyfieithiad Llydaweg o'r 'unig holwyddoreg', sef *Catechis evit an oll ilizou emeus an impalaërdet a Franç* (Holwyddoreg ar gyfer holl Eglwysi Ymerodraeth Ffrainc) (Saint-Brieuc, 1807). Lluniwyd y trosiad gan Yann-Vari Klereg (Jean-Marie Clérec, 1769-1827). Disodlodd yr amrywiadau ar yr holwyddoreg a ddefnyddid hyd hynny yn y gwahanol esgobaethau. Er hynny, ni newidiodd agwedd elyniaethus yr awdurdodau seciwlar at yr iaith, a bu gwahanol lywodraethau Ffrainc yn gwrthwynebu hawliau lleiafrifoedd o fewn yr Ymerodraeth byth oddi ar hynny. Gydag amser aeth y gwrthwynebiad i'r iaith yn fwyfwy ffyrnig. Mor ddiweddar â 1925 datganodd de Monzie, gweinidog yn y Drydedd Weriniaeth, fod yn rhaid i'r Llydaweg ddiflannu er mwyn unoliaeth ieithyddol Ffrainc, a chosbid plant am siarad Llydaweg ym muarth yr ysgol mor ddiweddar â chwedegau'r ugeinfed ganrif.[44]

1. CHD iii, 16; cf. Alain Croix, *La Bretagne aux 16e et 17e siècles* i (Paris, 1981), 27. Gellid dehongli 'on ne l'entend point' fel 'na chlywir mohoni'.

2. HLCB ii, 143. Adweinir y terfysg fel 'Chwyldro'r Bonedau Cochion'. Amrywiad lleol ar y llysenw ar y gwrthryfelwyr yw'r 'Bonedau Gleision', fel yr eglura F. Favereau yn ei lyfr *Bretagne contemporaine* (Morlaix, 1993), 102. Dywedir i'r Tad Joseph Tournemeine, cefnder i'r Iarlles, gyfansoddi cerdd, 'Daphnis a Chloé', ym 1679, i brofi iddi fod yr iaith yn gallu bod yn gyfrwng llenyddol. Miorcec de Kerdanet, *Histoire de la Langue des Gaulois . . .* (Rennes, 1821), 178.

3. Geiriau Elie Fréron, a ddyfynnwyd yn CHD viii, 61.

4. Geiriau an aotrou Manac'h, Kommana, yn *Komz / sonskridaweg rannyezou*, gol. Soazig Grall, Ivon Gourmelon, a Mikael Madeg (Taverny, [c.1972]), s.n.

5. Andreo ar Merser, *1789 hag ar brezhoneg* i (Brest, 1990), 4. Fel y dywed Favereau, op.cit., 144, 'roedd graddfa'r llythrennedd elfennol yn amrywio, ac y mae'n anodd ei mesur: '. . . à la veille de la Révolution, on parle d'un Léonard sur deux scolarisé, de 17 à 20% de personnes sachant signer en Trégor . . . ( ) . . . et de chiffres inférieurs en cornouaille ou en vannetais.' Yn ôl F Kervella, 'roedd bron pawb ym mro Plougastell yn medru darllen Llydaweg ym 1930. Gweler ei erthygl: 'Roparz Hemon, hor mestr', *Al Liamm* 190 (1978), 358.

6. J Loth, 'Le plus ancien texte suivi en Breton de Vannes', AB xx (1904-5), 341-50; Roparz Hémon (gol.), *Christmas Hymns in the Vannes Dialect of Breton* (Dublin, 1956). Gweler hefyd Christian-J. Guyonvarc'h, 'Dialects et moyen-breton', *Le Bretagne Linguistique* i, 153-5.

7. H Corbes, 'Un document inédit sur les anciens airs bretons; les cantiques spirituels de Pierre Barisy (1710)', NRB 1950, 40-1.

8. Dyfyniad yn IYK, 164.

9. Dyfyniad o'r 'Avis' yn arg. 1785, yn CHD x, 49.

10. Daniel Bernard, 'Deux auteurs bretons . . .', NRB 1947, 208-12. Gweler hefyd Louis Dujardin, *Hor Skrivagnerien* i (Hor Yezh, 1992), 43-8, lle y rhestrir 16 o lyfrau defosiynol a gyfansoddwyd ganddo.

11. Dyfyniad o *Introduction d'ar vuez devot* (Morlaix, 1710), ibid., 209.

12. Dyfyniad yn *Rhyddiaith Gymraeg* i, gol. T H Parry-Williams (Caerdydd, 1954), 11.

13. Fe'i dyfynnwyd gan Christian -J. Guyonvarc'h, *Dictionnaire étymologique du breton . . .* (Rennes, 1973), 46, o de Châlons, llsgr. ll, 279.

14. [Claude-Guillaume de Marigo], *Imitation hor Salver Jesus-Christ* (Quemper, 1756), 'Avertissamant'. Troswyd llyfr à Kempis i'r Gymraeg fel *Dilyniad Crist* (1684) ac fel *Pattrwm y Gwir-Gristion* (1723).

15. Thomas Parry, *Hanes Llenyddiaeth Gymraeg hyd 1900* (Caerdydd, 1944), 198.

16. [Marigo], op.cit., 'Avertissamant'. Ar gyfriniaeth geirfa'r eglwys, gweler sylwadau Pêr-Jakez Helias yn ei hunangofiant *Marh al Lorh* (Plon, 1986), 130: 'Bez' ez eus, avad, geriou iliz digustum kaer ha ma ne reom ganto morse. Ar ger *priedelez*, da skwer, hag eun dousenn re all, strewet a-dreuz ar hantikou hag enno moarvad eul lodenn euz misteriou ar feiz. Lod outo (*induljañsou, ofis, sakramant*), hen gouzoud a raim diwezatoh, a zo bet paket digand ar galleg, ar galleg ma n'ouzom ket outañ muioh eged ouz al latin.'

17. Andreo ar Merser, op.cit., i, 138-40; ii, lll.

18. Ni restrwyd Davies yn *Llyfryddiaeth Ceredigion*, ac ni lwyddais i ddarganfod mwy amdano.

19. Hugh Davies, *Arts and Sciences in Miniature* . . . (Aberystwyth, 1811), 5.

20. Ibid., 32

21. Ibid., 1. 'Roedd D. P. Davies yn ei 'Traethawd ar Fferylliaeth Amaethyddol' (1859) hefyd yn gyndyn i arfer geiriau technegol Cymraeg. Gweler R. Elwyn Hughes, *Nid am un Harddwch Iaith* (Caerdydd, 1990), 124-9.

22. PE, viii. Taillandier a luniodd y 'Préface' hwn.

23. Dyfyniad yn CHD vii, 74.

24. CHD viii, 60.

25. Gramm. GR, i, ix.

26. Le Brigant, *Nouvel avis concernant la langue primitive retrouvée* (s.l.n.d.), s.n.

27. James Knowlson, *Universal Language Schemes in England and France 1600-1800* (Toronto, 1975), 140-1; Peter Richard, *A History of the French Language* (London, 1974), 121.

28. *Nouveau dictionnaire on colloque françois et breton* . . . (Morlaix, 1740), 98. Dychanwyd yr agwedd ymgreiniol hon at y Ffrangeg, un sydd mor nodweddiadol o'r llyfrau ymddiddanion, gan Roparz Hemon yn ei nofel *An Aotrou Bimbochet e Breizh* (Brest, 1942), 74-6.

29. F.-M. Luzel (gol.), *Gwerziou Breiz-Izel/Chants Populaires de la Basse-Bretagne* ii (Lorient, 1874), 338.

30. Daniel Bernard, 'La révolution française et la langue bretonne', AB xxviii (1912-3), 287.

31. Ibid., 289-90.

32. Dyfyniad gan Edouard Boulard: 'Patois', *Dictionnaire des lettres françaises . . . le 18ème siècle, L-Z*, (gol.) Georges Grente (Paris, 1960), 351.

33. Andreo ar Merser, op.cit., ii, 194.

34. IYK, 204.

35. Edouard Boulard, op.cit., 352.

36. B Barère, *Rapport et projet de décret, présentés au nom du comité de salut public, sur les idiômes étrangers, & l'enseignement de la langue française* (8 pluviôse, l'an deuxième de la République), 8.

37. Ibid., 4.

38. Edouard Boulard, op.cit., 346.

39. Daniel Bernard, 'La révolution française . . .', 312; ar Merser, op.cit., ii, 189-91.

40. Grégoire, *Rapport sur la nécessité et les moyens d'anéantir les patois* . . ., 5

41. Ibid., 16.

42. Andreo ar Merser, op.cit., i, 9.

43. A Gazier, *Lettres à Grégoire sur les patois de France 1790-1794* (adarg. Genève, 1969), 323.

44. Jorj Gwegen, *La Langue bretonne, face à ses oppresseurs* (Quimper, 1975,), 38-43. Rhwng 1956 a 1960 delid i roi magned ar ffurf pedol am wddf plentyn a siaradai'r iaith yn yr ysgol yn Landreger, a rhwng 1956 a 1964 yn Boulvriag cosbid plentyn drwy ei orfodi i redeg berfau Ffrangeg yn y gwahanol amserau. Kloada an Du, *Histoire d'un interdit / le breton à l'école / Istor an [sic] dra difennet / ar brezhoneg er skol* (Hor Yezh, 1991), 46, 50, 52.

(iii) Ysgolheictod

(a) *Y Tad Maner*

Ymddengys mai yn *Le Sacré collège de Iesvs devisé en cinq classes . . . / Quenteliov Christen evs ar C'hollech Iesvs-Christ* (Coleg Santaidd Iesu wedi ei rannu yn bum dosbarth . . .) (Qvimper-Corentin, 1659) y cyhoeddwyd y gramadeg Llydaweg cyntaf, dros bedwar ugain mlynedd ar ôl cyhoeddi ymdriniaeth Gruffydd Robert â'r Gymraeg ac wyth mlynedd cyn i'r gramadeg Gwyddeleg cyntaf, un Froinsias Ó Maolmhuaidh (Francis O'Molloy) ddod o'r wasg. Cyfansoddwyd y *Sacré collège* gan y Tad Juluan Maner (Julien Maunoir) a chynnwys: (i) cyflwyniadau a hyfforddiant yn y Ffydd (132 o ddalennau), (ii) geiriaduron Ffrangeg-Llydaweg a Llydaweg-Ffrangeg (176 o ddalennau), a (iii) ymdriniaeth â gramadeg a chystrawen yn seiliedig ar y rhannau ymadrodd (80 o ddalennau).[1]

Brodor o Sant-Jord-Restembaod yn Nwyrain Llydaw oedd Maner (1606-83). Bu'n fyfyriwr yn Roazhon, ac ym 1625 derbyniwyd ef i Gymdeithas y Jeswitiaid. Bu wedyn ym Mharis ac yn Kemper, lle y daeth yn athro Lladin yng Ngholeg y Jeswitiaid. Yn ôl y sôn, ymwelodd y cenhadwr Catholig Mikael an Noblez (Michel Le Nobletz, 1577-1652) ag ef ym 1630, ac ychydig yn ddiweddarach aeth Maner yng nghwmni y Tad Gwilherm Domaz (Guillaume Thomas, ?1582/3-1657) ar bererindod i Ti Mamm Doue, nid nepell o Kemper. Yno cafodd weledigaeth mai fel cenhadwr yn Llydaw y dylai yntau weithio. Adroddir iddo, ymhen rhai misoedd, ymroi i ddysgu'r iaith ac iddo lwyddo i'w meistroli o fewn ychydig wythnosau yn unig. Heblaw'r *Sacré collège*, 'roedd Maner hefyd yn gyfrifol am gyhoeddi'r casgliad *Canticov spirítvel hac instrvctiovnou profitabl euit disqui an hent da vont dar Barados* (Caneuon Ysbrydol a Chyfarwyddiadau Llesol i Ddysgu'r Ffordd i fynd i Baradwys) (Quemper-Cavrintin, 1568), llyfr a adargraffwyd lawer gwaith, a'r gweithiau defosiynol canlynol: *Templ consacret dar Passion Iesvs-Christ* (Teml wedi ei chysegru i Ddioddefaint Iesu Grist) (Qvemper-Caurentin, 1671), *An Abbregé [sic] eus an doctrin Christen* (Crynodeb o'r Athrawiaeth Gristionogol) (Qvemper, s.d.) a *Mellezour ar galounou* (Drych y Calonnau) (Quemper, s.d.).[2] Ymadawodd â Llydaw ym 1633 i ddysgu yn Tours ac yn Bourges, ond dychwelodd ym 1640 a bu farw yn Plevin, nid nepell o Karaez, yn Ionawr 1683.[3]

Gwaith elfennol ac ymarferol a luniwyd ar gyfer y sawl a ddymunai ddysgu Llydaweg neu ei deall yn well yw Gramadeg Maner. Mae'n arwyddocaol mai Ffrangeg yw cyfrwng y gwaith. 'Roedd Gruffydd Robert wedi ysgrifennu ei Ramadeg yn Gymraeg gan ei fod wedi ei fwriadu ar gyfer Cymry diwyll-iedig, awyddus i gryfhau eu gafael ar eu mamiaith ac i ddechrau llenydda ynddi. Ysgrifennodd Ó Maolmhuaidh ei Ramadeg Gwyddeleg yn Lladin, gan mai hi oedd iaith ryng-wladol dysg. Byddai'r sawl a drôi at y *Sacré collège*, ar y llaw arall, yn debyg o fod yn chwilio am ganllaw wrth gyfansoddi pregethau neu wrth drosi llyfrau defosiynol digon diaddurn. Byddent yn ysgrifennu mewn iaith nad oeddent wedi cael eu haddysgu ynddi, a byddai'n haws gan y rhan fwyaf ohonynt ddarllen ymdriniaeth ramadegol mewn Ffrangeg. Ei unig fwriad, meddai'r cyfansoddwr, oedd 'aider a connoistre, aimer & louer Dieu en cette langue' (cynorthwyo adnabod, caru a moli Duw yn yr iaith hon [= Llydaweg]).[4] Pwysleisiodd Maner fod perthynas arbennig rhwng yr iaith a Christionogaeth:

Il y a treize siecles qu'aucune espece d'infidelité n'a souillé la langue, qui vous a seruy d'organe pour prescher IESVS-CHRIST, & il est a naistre qui ayt veu vn Breton Bretonnant prescher autre Religion que la Catholique. Les Eueschez qui ont tenu bon a l'idiome que vous auez honoré de vostre bouche sacrée, ont les mesmes auantages & faueurs, ausquelles aucune autre nation ne peut pretendre.

(Ers tair canrif ar ddeg nid oes math o anffyddlondeb wedi llygru'r iaith a ddefnyddiasoch chwi [Sant Kaourintin] yn gyfrwng i ledaenu efengyl Iesu Grist, ac ni aned eto neb a welodd Lydawr Llydaweg yn pregethu unrhyw grefydd ond yr un Gatholig. Mae gan yr esgobaethau sydd wedi dal yn gadarn wrth yr iaith a anrhydeddwyd gan eich genau santaidd, yr un manteision a ffafrau, rhai na all yr un genedl arall eu hawlio.)

Portread o'r Tad Maner

Yn y bedwaredd ganrif ar bymtheg daeth y gred nad oedd y Llydaweg erioed wedi cael ei halogi, drwy ei ddefnyddio'n gyfrwng gau grefydd, yn bwysicach byth, a dadleuid ei bod hi wedi amddiffyn y wlad rhag pob heresi.[6] Mae'n drawiadol mor debyg oedd pwyslais Griffith Jones (1683-1761) ar y cyswllt rhwng iaith a chrefydd yng Nghymru yn y ddeunawfed ganrif:

But with respect to a more important concern, our spiritual and highest interest of all, there are some advantages peculiar to the Welsh tongue favourable to religion, as being perhaps the chastest in all Europe. Its books and writings are free from the infection and deadly venom of Atheism, Deism, Infidelity, Arianism, Popery, lewd plays, immodest romances, and love intrigues; which poison the minds, captivate all the senses, and prejudice so many (conversant with them) against their duty to God, and due care of their own souls; and which, by too many books in English, and some other languages, are this day propagated.

(Ond gyda golwg ar fater pwysicach, ein lles ysbrydol ac uchaf oll, mae rhai manteision arbennig i'r Gymraeg yng nghyswllt crefydd, gan mai hi efallai yw'r iaith fwyaf diwair yn Ewrob i gyd. Mae ei llyfrau a'i hysgrifeniadau yn rhydd oddi wrth anffyddiaeth, Dëistiaeth, anffydd-londeb, Ariaeth, Pabyddiaeth, dramâu anllad, rhamantau aflednais, a helyntion serch; sy'n gwenwyno meddwl cynifer (sy'n gyfarwydd â hwy) yn erbyn eu dyletswydd i Dduw, a'r gofal priodol am eu heneidiau eu hunain; ac a hyrwyddir heddiw gan ormod o lyfrau mewn Saesneg ac mewn rhai ieithoedd eraill.)[7]

Yn ei bennod 'Ar Ardderchowgrwydd y Llydaweg' pwysleisiodd Maner hynafiaeth barchus yr iaith, ac yn enwedig dafodiaith Leon. Hi, meddai, 'est dans nostre langue ce qu'estoit autrefois l'Attique parmy les Grecs, & ce qu'est a present le Toscan dans l'Italie' (yn ein hiaith ni yw'r hyn oedd iaith yr Atig gynt ymhlith y Groegiaid, a'r hyn ydyw iaith Tuscany yn yr

107

Eidal yn awr.)[8] Dichon fod a wnelo'r ganmoliaeth hon â dylanwad an Noblez arno. 'Roedd ef yn frodor o Plougerne, a gallasai'n hawdd fod wedi lliwio meddwl ei ddisgybl ynghylch rhagoriaethau ei dafodiaith ei hun. Er hynny, mae'n haws credu mai adleisio barn ei gyfoeswyr yn gyffredinol yr oedd Maner ac nid rhagfarn neilltuol un athro. 'Roedd tafodiaith Leon wedi hen ymsefydlu fel yr un a ystyrid yn fwyaf safonol. Diau fod hyn am ei bod yn geidwadol ac wedi cadw amryw nodweddion hynafol, ond hefyd am fod Leon yn fro ffyniannus lle 'roedd yr eglwys yn neilltuol o gryf a dylanwadol. Fel y disgwylid, mynnai Maner fod yn rhaid acennu'r Llydaweg ar y goben er mwyn ei chynanu yn gywir:

> Pour bien prononcer le Breton, il faut mettre vn accent aigu sur la penultiesme. Exemple. *Anéual*, beste, *ampreuānet*, bestes venimeuses.

> (I iawngynanu'r Llydaweg mae'n rhaid rhoi acen ddyrchafedig ar y goben. Er enghraifft, *Anéual*, anifail, *ampreuānet*, trychfilod.)[9]

Mae dylanwad disgrifiadau traddodiadol o ramadeg Lladin yn amlwg yng ngwaith Maner. Yn yr ymdriniaeth â chystrawen, er enghraifft, dyfynnir ymadroddion yn yr iaith honno ar ddechrau'r erthyglau. Ymddengys ei fod yn dilyn gwaith Joannes Despauterius, gramadegydd a ddechreuodd gyhoeddi ei astudiaethau o'r Lladin ym 1512, ac a enillodd iddo ei hun enw fel awdurdod yn y maes.[10] Ceir i Maner gyplysu'r rhagenwau personol â chyfundrefn y cyflyrau Lladin ac iddo ddiffinio *me* (mi) fel rhagenw yn y cyflwr enwol, *ahanoûn* (ohonof) fel ffurf enidol, *dîn* (imi) fel un yn y cyflwr derbyniol, a *ma* ac *am* (fy, 'm) fel rhagenwau cyflwr gwrthrychol. Wrth drafod y rhagenw perthynol, fodd bynnag, ymryddhaodd yn rhannol oddi wrth hualau gramadeg traddodiadol ac egluro fod modd hepgor *pehini* 'yr hwn/yr hon' a *pere* 'y rhai' (a ddefnyddid bron yn ddieithriad yn yr iaith ysgrifenedig i drosi'n slafaidd ragenwau perthynol y Lladin a'r Ffrangeg), a bod modd defnyddio *hag* yn eiryn perthynol o flaen ffurfiau berfol trydydd person.[11] Dylid cofio fod cynnig Maner ar esbonio'r treigladau dechrau-gair yn waith arloesol, gan fod hwn yn bwnc astrus nad oedd dim tebyg iddo yn y gramadegau Ffrangeg a Lladin a oedd ganddo yn batrwm. Braidd yn aflwyddiannus fu ei ymgais i ddisgrifio'r gwahanol ddulliau o lunio ffurfiau lluosog enwau. Cynnwys ei restr faith o ffurfiau 'afreolaidd' enghreifftiau o luosogi drwy affeithiad, ffurfiau torfol a rhai deuol, yn ogystal â rhai anos eu dosbarthu.

Cyfeiriwyd eisoes at arwyddocâd diwygiadau orgraffyddol Maner, a'r modd y parodd i'r iaith ddiosg ei gwisg ganoloesol. Gwnaeth hyn, meddai, gan ei bod yn 'impossible aux aprentifs de cette langue, et grandement difficile aux Originaires du païs de lire les anciens Liures Bretons' (amhosibl i ddysgwyr yr iaith ac anodd dros ben i frodorion y wlad ddarllen hen lyfrau Llydaweg.)[12] Tair prif nodwedd ei ddiwygiad orgraffyddol yw: (i) gollwng -ff, a ddynodai yn wreiddiol gytsain drwynol, ond a oedd erbyn amser Maner yn nodi llafariad drwynol (yn y rhan fwyaf o eiriau), a mabwysiadu ^n yn ei lle (e.e. ar goaff > ar goân 'y gaeaf'); (ii) ymdrechu i nodi'r treigladau dechrau-gair yn gyson, gan ddadlau fod hynny'n rhwyddhau gwaith y darllenydd dieithr (er mai i'r gwrthwyneb y rhesymai William Salesbury ynghylch dynodi'r treigladau yn Gymraeg), a (iii) mabwysiadu c'h am /x/, a ch am /ʃ/ (sef -ig yn orgraff Llydaweg Canol clasurol).[13] Hepgorai z lle 'roedd wedi colli ei gwerth seinegol (e.e. cazr > caer 'cadr, hardd').

Hyd yn oed cyn i Maner ddiwygio'r orgraff 'roedd tuedd ymhlith ysgrifenwyr i addasu sillafiadau a ymddangosai iddynt yn hynafol neu'n anghyfaddas. Ceir, er enghraifft, fod c'h am /x/ ac ch am /ʃ/, ac -a/-i/-y/-j am y terfyniadau berfenwol Llydaweg Canol -aff/-iff (sef -añ ac -iñ erbyn heddiw yn yr iaith safonol) mewn cerdd yn y llyfr Ar veac'h [sic] devot hag agreabl evs a perc'herinet Santes Anna e Gvenet ([1656]).[14] Gellir nodi yn ogystal fod ysgrifennu -n ar ôl llafariad yn ddull o ddynodi trwynoliad cyn 1659, ac nad oedd ^n ond yn amrywiad arno. Sylwyd hefyd i'r rhan fwyaf o'r treigladau dechrau-gair gael eu dangos yn nhestun y soned a gyfansoddwyd ym 1554 i ddathlu genedigaeth Harri IV. Yn yr un testun gwnaethpwyd defnydd helaeth—am y tro cyntaf yn yr iaith, hyd y gwyddys—o'r nodau diacritig (acen ddyrchafedig, didolnod, collnod a chromfachau). Wrth atgynhyrchu'r testun yma nodwyd yr odlau mewnol mewn llythrennau italig, er mwyn eglurder:

Pan voa'n map man gan*et* ol Nymphenn*ét* an üro
Cazr, vil, bras, ha bih*an* so deut en on c*an*aff
Da guichén é cau*ell*, éguit é *l*usqu*ell*aff,
Hac int dézraouét *oll* da gor*oll* voar é dro:
Mérchet (émé vn*an* p*an* voa achu *an* dro)
Mé dong *éz* vézo ro*é* voar p*loé* haff ha gouziaff,
Ez dalcho én é v*os* deiz ha n*os* dindanhaff
Hol corf an douar cr*enn* p*enn* da*benn* voar an dro
Ni (ém'en ré ar*all*) cré ha f*all* a féll déomp
Ez chomhé é gal*on* (rac raes*on* eo) guéneomp
Eguit disqui squi*ant*, hol ho*ant* an rouanéz.
Varsé *ez* vézo *eff* béde'n *eff* gorröét
Dreist péphéni mar b*éz* squiant d*ez*aff röét,
Ha mar béz roé hép g*aou* é pép tn*aou* ha ménéz.

(Pan anwyd y mab hwn, holl nymffiaid y wlad / Rhai hardd, rhai hyll, rhai mawr a rhai bach, a ddaeth dan ganu, / At ymyl ei grud, i'w siglo, / A dechreuasant oll ddawnsio o'i gwmpas: / Merched, meddai un, pan ddaeth y ddawns i ben, / Daroganaf y bydd yn frenin ar dir, haf a gaeaf, / [Ac] y deil ynghyd yng nghledr ei law, ddydd a nos, oddi tano, / Holl gorff y ddaear gron yn gyfan gwbl. / Dymunwn ninnau, meddai'r lleill, y cryfion a'r gweiniaid, / I'w galon aros, fel y dylai, gennym ni / I ddysgu doethineb, [a] phopeth a chwenycho brenhinoedd. / Ar hynny codwyd ef hyd y nef / Uwchlaw pawb, er mwyn rhoi iddo ddoethineb / Ac er mwyn, yn wir, fod yn frenin ym mhob dyffryn a mynydd.)[15]

Diau y dylem weld diwygiadau orgraffyddol Maner fel cam mewn proses a fuasai wedi mynd rhagddi hyd yn oed heb ei ymyrraeth ef. Wrth fwrw golwg dros wahanol argraffiadau o'r llawlyfrau ymddiddanion ceir bod iaith y testunau bob yn dipyn yn cael ei hystwytho a bod yr orgraff yn cael ei graddol ddiweddaru. Yn argraffiad 1671, er enghraifft, arferir y symbol *c'h*, er nad yw i'w weld yn fersiwn 1662. Yn argraffiad 1740 ymddengys fod y golygydd yn arbrofi gyda'r orgraff mewn dull annisgwyl gan amrywio sillafiad y fannod amhendant ac ysgrifennu *âr* ac *eur*, *ul* ac *eul* (ond *un* yn unig). Ceir *ûr* ac *ul* o flaen enw Llydaweg sy'n trosi enw gwrywaidd yn y testun Ffrangeg ac *eur* ac *eul* o flaen enw Llydaweg sy'n trosi enw benywaidd.[16] Mae'n debyg y bwriedid hyn i gynorthwyo'r sawl a oedd yn dysgu Ffrangeg. Mae'n anodd cyfrif am yr anghysonder rhwng y ffurfiau, er hynny.

Codwyd amheuon ynghylch gwreiddioldeb gwaith geiriadurol Maner. Darganfuwyd bod y Tad Tomaz, y mynach y dywedir iddo fynd gyda Maner i Ti Mamm Doue adeg ei weledigaeth ynglŷn â phwysigrwydd cenhadu yn Llydaw, hefyd yn eiriadurwr, ac awgrymwyd ei bod yn bosibl fod Maner wedi manteisio ar ei waith ef wrth lunio'r *Sacré collège*. Wrth ymweld â Kemper, ym 1636, sylwodd François-Nicolas Dubuisson-Aubenay fod gan Gymdeithas y Jeswitiaid fynachdy yn y dref ac mai yno yr oedd y Tad Tomaz yn gweithio 'au Dictionnaire breton qu'il fera imprimer par l'un des deux libraires qui sont en la ville' (ar y Geiriadur Llydaweg y trefna i'w argraffu gan un o'r ddau lyfrwerthwr sydd yn y dref).[17] Brodor o Nespi ym mhlwyf Radeneg, rhwng Josilin a Pondivi, oedd Gwilherm Domaz, ac fe ellir credu mai Llydaweg oedd ei famiaith. ('Roedd cymuned Radeneg yn dal ar ffin y fro Lydaweg mor ddiweddar â 1886). Bu farw yn Ionawr 1657, ddwy flynedd cyn i'r *Sacré collège*, 'wedi ei gyfansoddi' gan Maner, ddod o'r wasg. O gofio nad oedd awduron y cyfnod yn cydnabod eu ffynonellau mewn dull cyson, ac i Maner atgynhyrchu fersiwn hŷn o'r 'Stabat Mater' yn ei lyfr *Templ consacret dar Passion Iesvs-Christ* heb nodi o ble 'roedd wedi ei godi, gwelir y buasai wedi bod yn ddigon hawdd iddo fod wedi cyhoeddi gwaith Tomaz yn ei enw ef ei hun.[18] Un peth sy'n gwneud hynny yn annhebygol yw fod diddordeb Tomaz yn yr iaith ar lefel wahanol i eiddo Maner. Yn ôl disgrifiad o lythyr a ysgrifennwyd gan Julien Raguideau (1628-1701) (y dywedir ei fod yntau'n cyfansoddi geiriadur Llydaweg), 'roedd Tomaz yn ei Eiriadur wedi ymroi i lunio esboniadau etimolegol plentynnaidd. Awgryma hyn ei fod yn eirlyfr ar gyfer

111

hynafiaethwyr yn hytrach nag yn eirfa ddiaddurn, ymarferol, fel un y *Sacré collège*. Mae'n ddiddorol sylwi hefyd fod sôn, yn yr un disgrifiad, am gysylltiad Tomaz â'r hanesydd Martin Gaignard (b.f. 1685), gŵr a oedd yn awyddus i gael gafael ar gopi o Eiriadur Dr John Davies a cherddi'r bardd Taliesin.[19]

I ba raddau bynnag yr oedd y Tad Maner yn arloeswr, erys ei bwysigrwydd fel yr un y synnir amdano fel sylfaenydd y traddodiad geiriadurol a gramadegol modern yn Llydaw. Arhosodd ei enw yn gyfarwydd ymhlith y werin am iddo gyfansoddi a chasglu ynghyd ganeuon ysbrydol Llydaweg, a hefyd am y 'taolennoù' (lluniau) hyfforddiadol a gynhwyswyd yn rhai o'i lyfrau defosiynol ac a atgynhrychwyd droeon wedyn.[20]

NODIADAU

1. CHD v, 42;cf. J. Loth (gol.), *Chrestomathie Bretonne* (Paris, 1890), 319.
2. CHD v, 32-41. Disgrifir yno hefyd lyfr Ffrangeg o'i waith a'r llsgrau. ganddo sydd wedi goroesi.
3. P. L[evot]., 'Maunoir', *Biographie Bretonne* ii, gol. P Levot (Vannes, 1857) 418; Guy-Alexis Lobineau, *Les vies des saints de Bretagne . . .* v, (Paris, 1836) 30-1; Louis Kerbiriou, *Les missions bretonnes* (Brest, 1933), 94; CHD v, 8-9.
4. *Sacré collège* 17.
5. Dyfyniad yn CHD v, 42.
6. Pwysleisid hyn gan Kervarker, gan yr Esgob Graveran a chan eraill.
7. Griffith Jones, *Selections from the Welch Piety*, gol. W Moses Williams (Cardiff, 1938), 43. Dyma a ddadleuid hefyd yn y bedwaredd ganrif ar bymtheg gan Arglwyddes Llanofer, yn ei thraethawd ar 'Y Buddioldeb a Ddeillia oddiwrth Gadwedigaeth yr Iaith Gymraeg a Dullwisgoedd Cymru' (1834).
8. *Sacré collège*, 19.
9. Ibid., 3. Dyfyniad yn CHD v, 56, ac yn llyfr Loth, op.cit., 321.
10. GB, 231.
11. Gweler ymhellach Roparz Hemon, *A Historical Morphology and Syntax of Breton* (Dublin, 1967), para. 190; Christian -J. Guyonvarc'h, 'Notes et remarques sur le système relatif du breton', EC xiii (1972), 249-54; Jules Gros, *Le trésor du breton parlé* iii (Lannion, 1974), 126; GB, 282.

12. CHD v, 55; cf. Loth, op.cit., 319-20.

13. CHD v, 56. Gweler hefyd IYK, 178-80.

14. Gwennolé Le Menn, 'Dialogue avec la Mort . . .', EC xv (1976-7), 635-7; CHD v, 59.

15. HPB, 828; Gwennolé Le Menn, 'Un sonnet en moyen-breton célébrant la naissance de Henri IV (1553)', EC xviii (1981), 257-8. Dyfynnwyd y soned ar dudalen 253 o'r erthygl.

16. *Nouveau dictionnaire ou colloque* . . . (Morlaix, 1740); Ad. Le Goaziou, 'La longue vie de deux "Colloques François et Breton"', NRB 1949, 296n.

17. Dyfyniad yn CHD v, 11.

18. Gwennolé Le Menn, 'Deux projets de dictionnaires bretons à la fin du XVIIe siècle', EC xvii (1980), 263-7; CHD v, 12-27.

19. Le Menn, 'Deux projets . . .', 263-7; CHD vi, 15-20.

20. Gweler sylwadau Pêr-Jakez Helias yn ei lyfr *Marh al lorh* (Plon, 1986), 142-5.

(b) *Paol Pezron*

Ganed Paol Pezron yn Henbont ym 1639, yn ugain oed ymunodd ag urdd y Sistersiaid, ac yn ddiweddarach aeth i'w Hathrofa yn Roazhon. Bu am gyfnod wedyn ym Mharis, ac ym 1697 daeth yn Abad Charmoye, ger Rheims. Gadawodd yr Abaty ym 1703 er mwyn ymroi i'w waith ysgolheigaidd, a bu farw yn Chassy ym 1706.[1] Daeth ei enw yn adnabyddus mewn cylchoedd dysgedig ym 1687 pan ymddangosodd ei lyfr ar gronoleg y Beibl, *L'antiquité des tems* (Hynafiaeth yr Amseroedd) (Paris). Dengys y gwaith hwnnw ei fod eisoes yn gyfarwydd ag ysgrifeniadau Josephus a'i fod yn ymddiddori yn nharddiad yr enw 'Babel',[2] diddordeb a ddatblygodd yn ei astudiaethau diweddarach. Gwaith Josephus (g. O.C. 37/8), yr *Hynafiaethau Iddewig*, yw'r ymdriniaeth hynafol bwysicaf sy'n rhoi sylw i'r Celtiaid, ac edrydd sut y meddiannwyd Ewrob gan deulu Jaffeth (mab Noa) a'r modd yr arweiniodd Samothes (mab Jaffeth) y garfan honno o ddisgynyddion Noa a elwid yn Geltiaid. Josephus hefyd a soniodd am Gomer fel sefydlydd y *Galati* neu'r Gomeriaid.[3] Mynegodd Pezron ei edmygedd o waith Josephus yn ei lyfr *Défense de l'antiquité des tems . . .* (Amddiffyniad o 'Hynafiaeth yr Amseroedd . . .') (Paris, 1691). Ym 1703 cyhoeddwyd ei astudiaeth ddysgedig ar hanes y Galiaid, sef *Antiquité de la nation, et da la langue des Celtes, autrement appelez Gaulois* (Hynafiaeth Cenedl ac Iaith y Celtiaid a elwir hefyd yn Aliaid) (Paris). Drwy'r llyfr hwn fe ddaeth yn fuan yn adnabyddus drwy Ewrob i gyd, ac ym marn llawer, ef oedd ysgolhaig Celtaidd mwyaf yr oes.

Hyd yn oed cyn 1703 'roedd Edward Lhuyd wedi clywed fod Pezron yn gweithio ar ryw 'Celtick Dictionary' a allai daflu goleuni ar hanes y Celtiaid drwy ddadansoddi eu hiaith. Gan fod eu diddordebau mor debyg 'roedd Lhuyd yn awyddus i ohebu â'r Llydawr os oedd modd, a gwyddys i Martin Lister gysylltu ag ef ar ei ran:

> He is now upon giving us the *Origin of Nations*, where he will shew, that *Greek* and *Latin* too came from the Celtique or *Bas-breton*; of which Country he is. He told me he had

800 *Greek* Words perfect *Celtique*. I settled a Corres-
pondence betwixt him and Mr. *Ed. Floid*; which he most
readily granted, and which he said he had long coveted.

(Mae bellach ar roi inni *Tarddiad y Cenhedloedd*, lle y
dengys fod Groeg a Lladin hefyd wedi deillio o'r Gelteg
neu'r Llydaweg. Brodor o Lydaw ydyw. Dywedodd
wrthyf fod ganddo 800 o eiriau Groeg sy'n Gelteg
diledryw. Trefnais iddo ohebu â Mr Edward Lhuyd.
Cytunodd yn llawen i hyn, a dywedodd ei fod yn
chwennych hynny ers meitin.)[4]

Portread o Pezron, o *The Rise and Fall of States and Empires* (London, 1809)

Ymddengys i Lhuyd anfon ei lythyr cyntaf at Pezron yng Ngorffennaf 1698, drwy law John Powel o Lincoln. Ysgrifennodd at Lister yn Awst y flwyddyn honno fod syniad Pezron am gydberthynas Groeg, Lladin a Chelteg yn cyd-fynd â'i eiddo ef ei hun. Er nad oedd ef wedi mynd mor bell â'r Llydawr a darganfod mai'r Gelteg oedd y famiaith, credai 'perhaps he may not want good grounds, at least plausible arguments, for such an assertion' (efallai fod ganddo resymau da, neu o leiaf ddadleuon teg, am haeru'r fath beth.)[5] Ni wyddys beth a aeth o'i le, ond er i Lhuyd ysgrifennu ato ddwywaith neu dair, cwynai ym Mawrth 1701 na chawsai'r un llinell o ateb ganddo.[6] Ymddengys yr edmygai Pezron yn bennaf am ei fod wedi hoelio sylw Ewrob ar yr ieithoedd Celtaidd. 'One Abbot PEZRON, an Armorique Britan, has lately published his *Antiquité de la Nation et de la Langue Gauloise*; wherein he has infinitely outdone all our Countreymen as to national zeal' (Mae rhyw Abad Pezron, Llydawr, wedi cyhoeddi yn ddiweddar ei *Antiquité de la nation . . .*, ac ynddo mae wedi rhagori ar ein cydwladwyr i gyd o ran eiddigedd cenedlaethol), ysgrifennodd at John Lloyd.[7] Nid oedd yn cyd-weld â dadl Pezron mai'r geiriau byrraf fel rheol oedd y rhai mwyaf hynafol, ond dengys y cyfeiriad hwn ato yn y 'Comparative Etymology', yn yr *Archaeologia Britannica*, fod Lhuyd yn bell o wfftio ei ddysg a'i ddamcaniaethau ieithyddol, hyd yn oed pan nad oedd yn cytuno ag ef:

V *Cons. chang'd into* G

. . . .

For we find that in such words the V *consonant is only chang'd to an* U *vowel, and the Initial* G *is a common Addition, amonst* [sic] *the* Italians, Spaniards, French *aud* [sic] Britans; *unless we should suppose with the Learned Father* Pezron, *that the* Greeks *and* Romans *omitted it in the words they borrow'd from the* Celtæ . . .

(V *Gytsain wedi ei newid yn* G
....

Oherwydd cawn mewn geiriau o'r fath na newidir y
V gytsain ond yn U lafariad, a bod yr G ddechreuol
yn ychwanegiad aml ymhlith yr Eidalwyr, y
Sbaenwyr, y Ffrancwyr a'r Brythoniaid; oni bai ein
bod yn tybio gyda'r Tad Pezron dysgedig, fod y
Groegiaid a'r Rhufeiniaid yn ei hepgor yn y geiriau a
fenthyciwyd ganddynt oddi wrth y Celtiaid . . .)[8]

'Roedd David Parry, yn ei 'British Etymologicon', yr un mor
barod i ystyried geirdarddiadau Pezron o ddifrif :

A Limit, Tervyn; L. *Terminus, which* Dr Pezron *derives very
naturally from* Tîrmaen, *a Land-stone.*

(*A Limit*, Tervyn; Lladin *Terminus*, a derddir yn naturiol
iawn o *Tirmaen* gan Dr Pezron.)[9]

Awgrymodd Lhuyd i'r bonheddwr o Sir Fflint, Richard Mostyn,
y byddai cyfieithiad Cymraeg o *Antiquité de la nation* yn sicr o
werthu'n dda ac y gallai gyfrannu i gadwraeth yr iaith ymhlith
y boneddigion.[10]

Rhoddwyd braslun o gynnwys a chynllun *Antiquité de la
nation* mewn llythyr oddi wrth yr awdur a gyhoeddwyd gan yr
athronydd Gottfried Wilhelm Leibniz (1646-1716) yn ei lyfr
Celtia (Hanoverae, 1699). Cyfieithwyd ef i'r Saesneg yn
ddiweddarach gan Lewis Morris.[11] Pum rhan sydd i'r gwaith,
sef: (i) hanes ymraniad y bobloedd wedi Babel; (ii) hanes
disgynyddion Sem; (iii) hanes disgynyddion Cham; (iv) hanes
disgynyddion Jaffeth; a (v) tarddiad yr hen Geltiaid neu'r
Galiaid. Gan bwyso ar dystiolaeth Josephus, mynnai Pezron ei
fod wedi llwyddo i ddangos fod modd cael hyd i
ddechreuadau'r Celtiaid yn Asia Leiaf, nid nepell o Fynydd
Ararat, a'u bod yn disgyn oddi wrth Gomer fab Jaffeth. Yn
ganolog i'w ddadleuon ynghylch pwysigrwydd y Llydaweg
oedd ei gred mai Celtiaid oedd y Titaniaid. Gwrthodai dderbyn

mai pobl fytholegol oedd y Titaniaid gorddynol, a dadleuai fod modd dehongli eu henw fel un Celteg:

Plusieurs ont cru, & croyent encore aujourd'hui, que ces Titans si renommez ne doîvent étre regardez, que comme des gens fabuleux & imaginaires; mais c'est une erreur, dont on les fera revenir. La vérité est, que ç'ont été des hommes puissans & guerriers, venus du haut de l'Asie, qui ont fait de grands exploits dans le monde dés les premiers siécles. C'est ce qu'on verra dans la suite par tant de preuves & d'autoritez, qu'il ne sera plus permis d'en douter. Je dirai par avance; que ce nom de *Titan* est encore tiré de la Langue des Celtes, & qu'il signifie proprement, *homme de la terre*, ou *né de la terre*.

(Bu llawer yn credu, a chredant o hyd heddiw, na ddylid synio am y Titaniaid enwog hyn namyn fel pobl chwedlonol neu ddychmygol; ond camgymeriad yw hyn a pharwn iddynt ailystyried. Y gwir amdani yw eu bod yn wŷr nerthol ac yn rhyfelwyr, yn hanfod o Asia uchaf, yn wŷr a wnaeth gampau mawr yn y byd yn yr oesoedd cyntaf. Dyma a ddangoswn yn yr hyn sy'n dilyn, gyda chymaint o brofion ac awdurdod fel na fydd yn bosibl bellach ei amau. Dywedaf, cyn cychwyn, fod yr enw *Titan* wedi ei dynnu o iaith y Celtiaid, a'i fod yn golygu yn llythrennol *dyn y tir* neu *wedi ei eni o'r tir*.)[12]

Eglurodd ar Pelleter mai camddehongli argraffiad Boxhorn o Eiriadur Dr John Davies a oedd wedi arwain Pezron ar gyfeiliorn yn y fan hon:

Le R. P. D. Paul Pezron a, je croi, fondé son systême de l'antiquité des Celtes sur le mot *Tit*, pour en faire venir les Titans, aiant lû dans Boxhorn *Tit* pour *Tir*, comme Davies l'a fort bien ecrit.

(Credaf i'r Tad Paul Pezron seilio ei ddull o astudio hynafiaeth y Celtiaid ar y gair *Tit*, ac o hwnnw y parodd i'r

Titaniaid ddod, ac yntau wedi darllen yng ngwaith Boxhorn *Tit* am *Tir*, fel yr ysgrifennodd Davies yn hollol gywir.)[13]

Gwyddys bellach, fodd bynnag, nad Pezron oedd y cyntaf i ddamcaniaethu ynghylch cyswllt y Celtiaid â'r Titaniaid, a bod y Tad Anastase o Naoned (b.f. 1642) yn sôn am berthynas y Llydaweg â'r Hebraeg ac am darddiad yr enw 'Titan' yn hanner cyntaf yr ail ganrif ar bymtheg.[14]

O safbwynt datblygiad astudiaethau Celtaidd, yr hyn sydd fwyaf diddorol yng ngwaith Pezron yw'r modd y defnyddiodd Lydaweg a Cymraeg i fesur dylanwad y Celtiaid ar bobloedd eraill. Yn y tablau a gynhwysodd mewn atodiad i *Antiquité de la nation*, amcanai brofi fod benthyciadau gan y Gelteg i'w darganfod mewn Groeg, Lladin ac Almaeneg, am fod y Groegiaid, y Rhufeiniad a'r Almaenwyr ar wahanol adegau wedi cael eu darostwng a'u rheoli gan feistri Celtaidd:

> Comme j'ay promis en quelques endroits de ce Livre, de mettre à la fin des Listes de mots *Grecs, Latins, & Allemans*, qui tirent leur origine de la Langue des *Celtes*; je suis par là engagé à tenir ma parole . . . La Langue de ces peuples fameux, j'entends les Celtes ou les Gaulois, qui ont fait autrefois tant de bruit dans le monde, ne s'est point perduë, comme on le pourroit croire, aprés le revolution de tant de siécles. Elle se conserve encore aujourd'huy dans l'*Armorique*, c'est-à-dire, dans la *Petite Bretagne*, Province de France: & deplus au païs de *Galles*, qui est dans l'Angleterre.

> (Gan imi addo mewn sawl man yn y llyfr hwn roi ar y diwedd restri o'r geiriau Groeg, Lladin ac Almaeneg sy'n tarddu o iaith y Celtiaid, rhaid felly gadw fy ngair . . . Nid yw iaith y bobloedd enwog hyn, hynny yw y Celtiaid neu'r Galiaid a barodd gymaint o gynnwrf yn y byd gynt, wedi ei cholli o gwbl, fel y gellid ei gredu ar ôl treigl cynifer o ganrifoedd. Mae i'w chael o hyd heddiw yn Llydaw, hynny yw Prydain Fechan, talaith yn Ffrainc, a hefyd yng Nghymru, sydd ym Mhrydain Fawr.)[15]

ANTIQUITÉ

DE LA NATION,
ET
DE LA LANGUE
DES CELTES,

Autrement appellez

GAULOIS

*Par le R. P. Dom P. PEZRON, Docteur
en Théologie de la Faculté de Paris,
& ancien Abbé de la Charmoye.*

A PARIS, RUE S. JACQUES,
Chez PROSPER MARCHAND,

ET

GABRIEL MARTIN, vis-à-vis la Fontaine
S. Severin, au Phenix.

M. DCC. III.
AVEC PRIVILEGE ET APPROBATIONS.

Wyneb-ddalen *L'Antiquité de la nation* (1703)

of Nations. 299

ûpon the Account of their great Power and Ch. II.
the Sovereign Authority they had in *Greece,*
Italy, and all the *West.*

CHAP. III.

A Table of the Teutonick, *or*
German *Words, that are taken*
from the Celtick *Language.*

A

A *Neker,* the Anchor of a Ship, comes
from the *Celtick, Angor,* importing
the same Thing.

Autear, an Altar, comes from the *Celtick,*
Altar.

Arm, signifies that Part of a Man that reaches
from the Shoulder to the VVrist, and
comes from *Arm* of the *Celtæ.*

Alb, Alf, and *Alp,* white, from the *Cel-*
tick, Alp.

Arcke, a little Chest, from the *Celtick,*
Arch.

Aerde and *Eerde,* Earth, from the *Celtick,*
Aer, and *Er.*

Abel, Skilful, Capable, from the *Celtick,*
Abl, and *Abel.*

Amme, a Nurse, good Mother, is taken
from the *Celtick, Mam,* a Mother.

Appel, and *Apfel,* an Apple, comes from
the *Celtick, Aval.*

Ackse,

'A Table of the Teutonick, or German Words, that are taken from the Celtick Language',
yn *The Rise and Fall of States and Empires* (1809)

Estyn y tablau hyn dros 108 o ddudalennau, gydag esboniad ar y gwreiddeiriau Celtaidd tybiedig ar ochr dde'r tudalen. Dyma dair enghraifft o bob tabl:

GROEG

A'λλοζ, alius, *un autre*: vient des Celtes, qui disent, *All*.

Εἴοζ, gramen, fœnum, du *foin*, de l'herbe; cela est pris du Celt. *Hei*.

Νότιζ, humor, seu succus arborum, l'*humeur*, & le suc des arbres & des plantes; il vient du Celt.*Nodd*.

LLADIN

Argentum, de l'argent: cela est pris sur le Celt. *Argant*.

Anchora, un ancre; a esté formé sur le Celt. *Angor*.

Aviditas, avidité, desir: est pris de Celt. *Avyd*.

ALMAENEG

Bloed, du sang, semble formé sur le Celt. *Goëd*.

Titte &
tuyte, la mamelle: vient du Celt. *Teth*.

Vorme, forme, figure: vient du Celt. *Form*, & *furm*.[16]

Ni welai Pezron fod angen bod yn gyson wrth ddyfynnu ffurfiau geiriau, a chan nad ystyriai fod y Llydaweg a'r Gymraeg yn ieithoedd annibynnol ar ei gilydd teimlai'n rhydd i ddewis o'r naill neu'r llall wrth sôn am 'y Gelteg'. Byddai weithiau hefyd yn ystumio'r geiriau a ddyfynnai, naill ai o anwybodaeth neu am fod y ffurf wedi ei llurgunio yn ategu ei ddamcaniaeth yn well. Fel y gwelir, ymhlith y ffurfiau 'Celtaidd' uchod ceir: (i) geiriau Llydaweg brodorol a benthyciadau i'r iaith: *all*, *furm*; (ii) ffurfiau tafodieithol ar eiriau Llydaweg *hei* (*heiz*, 'haidd'), *argant* (*arc'hant*, 'arian') a *goëd* (*gwad*, 'gwaed'); (iii) geiriau Cymraeg: *nodd*, *angor*, *teth*, a (iv) un gair Cymraeg wedi ei gamsillafu: *avyd* 'awydd'. Mewn man arall dyfynnwyd ganddo y gair Saesneg *arm* 'braich' fel ffurf Geltaidd. Yn ddiweddarach fe roddwyd rhai o'r cymariaethau â'r Groeg gan William Owen Pughe fel 'Examples of Greek and Welsh

122

Affinities' yn ei *Outline of the Characteristics of the Welsh* (Denbigh, 1832).[17]

Er ei bod yn amlwg i ni heddiw nad oes sail wyddonol i eirdarddiadau mympwyol Pezron, i'r rhan fwyaf o'i gyfoeswyr ymddangosai ei dablau dysgedig yn ddibynadwy. 'Roedd eu hapêl yn eang hefyd am eu bod yn llawer haws eu hamgyffred na'r ymdriniaethau technegol a gyhoeddwyd gan Lhuyd yn ei *Archaeologia Britannica*. Daeth hanes gwych a disglair y Celtiaid, fel yr adroddwyd ef gan Pezron, yn destun balchder ymhlith ysgolheigion a charedigion y Llydaweg ar adeg argyfyngus i'r iaith, pryd yr ystyriai bron pob Llydawr mai'r Ffrangeg oedd prif onid unig iaith diwylliant a gwareiddiad Ewropeaidd. Enynnwyd chwilfrydedd rhamantaidd newydd yn y Celtiaid, a diddordeb a ddaeth yn sylfaen i ddadeni'r Llydaweg yn y bedwaredd ganrif ar bymtheg. 'Roedd y syniad fod yr iaith wedi aros yn ddigyfnewid drwy ganrifoedd lawer yn atyniadol iawn i hynafiaethwyr y ddeunawfed ganrif, ond rhaid pwysleisio eto nad damcaniaeth newydd ydoedd. 'Roedd Dr John Davies, er enghraifft, wedi mynnu yn yr ail ganrif ar bymtheg nad oedd iaith y Brythoniaid wedi ymrannu'n fwy o ieithoedd, ond yn hytrach 'vna semper manet' (y mae wedi aros bob amser yr un).[18] Yr hyn a wnaeth Pezron oedd ailgyflwyno'r hen fyth mewn ffordd gyffrous ac addas i'w oes ei hun.

Haerai Pezron, a'r sawl a'i dilynodd, fod yr Hen Geltiaid yn siarad iaith debyg i'r Llydaweg, a bod honno wedi ei chyfan-soddi o wreiddeiriau unsillafog, cyntefig. 'Roedd y gred nad oedd namyn geiriau unsillafog mewn ieithoedd hynafol yn ddigon adnabyddus yn y cyfnod. Credai rhai na fyddai pobl gyntefig ond yn llunio geiriau drwy amrywio'r oslef wrth gynanu ebychiadau a chrïoedd naturiol, a bod ieithoedd annatblygedig yn llawn geiriau byrion ac yn gerddorol eu sŵn. Adwaenir hon fel y ddamcaniaeth synwyriadol ynghylch tarddiad iaith. Gellir olrhain y syniad fod llafariaid yn cynrychioli teimladau neu wrthrychau yn ôl i'r ail ganrif ar bymtheg, a mynegwyd ef, er enghraifft, yn *Harmonie universelle* i-ii (Paris, 1636-37) gan Marin Mersenne (1588-1648).[19] Yn y ddeunawfed ganrif datblygwyd y ddadl fod cysylltiad rhwng datblygiad iaith a 'les cris naturels' yn *Essai sur l'origine des conoissances humaines..* (Traethawd ar Darddiad Gwybodaeth Dyn) (Amsterdam, 1746) gan Étienne Bonnot de Condillac, yn *Traité de la formation méchanique des langues* . . . (Traethawd ar Ffurfiant Mecanyddol Ieithoedd) (Paris, 1765) gan Charles de Brosses (1709-77), ac yn *Le monde primitif* . . . (Y Byd Cyntefig) (Paris, 1773-82) gan Antoine Court de Gébelin (1725-84). Dadleuai de Brosses mai cynnyrch anymwybodol dyn oedd y geiriau unsillafog gwreiddiol, ac y gellid darganfod geirfa'r famiaith pe llwyddid i lunio rhestr gyflawn ohonynt. Defnyddiodd Court de Gébelin Roeg, Lladin, Cymraeg, Llydaweg ac ieithoedd eraill wrth ddadansoddi'r Ffrangeg.[20]

Gan fod bri'r Lladin fel iaith ryngwladol dysg wedi dechrau cilio, dewisodd Pezron ysgrifennu ei waith mawr ar y Celtiaid mewn Ffrangeg, ond ni fu'n rhaid aros yn hir cyn i drosiad Saesneg ohono gael ei gyhoeddi, sef *The Antiquities of Nations; more particularly of the Celtae or Gauls, taken to be originally the same People as our Ancient Britains* . . . (London, 1706). Y cyfieithydd oedd David Jones (1660-1724), brodor o blwyf Llanbadarn Odwyn, Ceredigion.[21] Daeth cyfieithiad diwygiedig ohono o'r wasg ym 1809, dan y teitl *The Rise and Fall of States and Empires; or the Antiquities of Nations, more particularly of the Celtae or Gauls* . . . (London). Ymserchodd llawer o'r Cymry yn y gwaith, ac yn eu plith Theophilus Evans (1694-1767), a ailddehonglodd syniadau Pezron am eirdarddiadau Celtaidd yn yr ail argraffiad o *Drych y Prif Oesoedd* (y Mwythig, 1740):

O hyn y mae fod cymmaint o Eiriau *cymraeg* yn y Iaith *Ladin*, o herwydd fod y *Lladinwyr* gymmaint o amser dan jau y Cymru; ac y mae'n naturiol i dybied, y bydd y *Gwanna'* yn benthyccio gan y *Trecha'*; a bod y *Gweision* yn dynwared Jaith y *Meistraid.*—Cam Synnied erchyll yw tybied i ni fenthyccio y fath Liaws o Eiriau oddiwrth y *Rhufeiniaid,* [*Vid Camd. Britan. Ed. Gibs. & Llwyd p.* 658, 659.] fel y mae *Pezron* ddyscedig wedi profi y tu hwnt i ammeu neb a fynn ymostwng i Reswm. [*Antiq. of Nations*]—Nid ydys yn gwadu, na fenthycciodd ein Henafiaid amryw Eiriau *Lladin* tra fu y *Rhufeiniaid* yn rheoli yma ym *Mhrydain,* a hynny oedd agos i bum cant o flynyddoedd, sef o amser *Jul-Caisar* hyd y Flwyddyn o Oed Christ 410. Ond nid yw hynny ond ambell air, ac etto heb lwyr golli yr *hen air priodol* i'i [sic] Jaith; megis i enwi mewn un neu ddau; *Yspeilio* sydd air *Lladin*, ond y mae'r hen air fyth ynghadw, sef yw hwnnw *Anrheithio*: Gair Lladin yw *Rhâd* [sic], ond y mae'r hen air heb fyned ar goll, sef yw hwnnw, *Olwyn*. [*Vid Dav. Praef ad Lexic.*][22]

Defnyddiwyd gwaith Pezron gan ysgolheigion niferus eraill, megis William Baxter (1650-1723)—brodor o Lanhigan, swydd Amwythig—yn ei lyfr *Glossarium antiquitatum britannicarum . . .* (Londini, 1719), a Henry Rowlands (1665-1723) a'i canmolodd am 'his extraordinary Pains and Industry, in tracing and shifting [sic] out from the best Historical Evidences the Age could afford, the first Rise and Progress of our *Nation* and *Language . . .*' (ei ofal a'i ddiwydrwydd wrth olrhain a dichlyn o'r profion hanesyddol gorau a allai'r oes eu darparu, gychwyn a chynnydd ein cenedl a'n hiaith . . .).[23]

Ni chytunai pawb fod casgliadau Pezron yn ddibynadwy ac yn oleuedig. Sylwyd eisoes i ar Pelleter weld bai ar y modd yr oedd wedi dehongli enw'r Titaniaid, ac ym 1719 daeth dan ei lach eto mewn llythyr ganddo at Bernard de Montfaucon:

Je n'avois garde de suivre le P. Pezron, n'ayant pas le même dessein que lui, et dont le systeme est presque uniquement fondé sur un mot Grec mal entendu, et sur un mot Breton mal ecrit ou mal lu. (. . .) Ce savant Abbé a commis d'autres fautes a l'égard du Breton, dont il semble qu'il n'avoît pas plus de connoissance que Furetiere [sic] et Ménage, qui sont excusables n'etant pas, comme lui, nez ni elevez en Basse-Bretagne.

(Gofelais beidio â dilyn y Tad Pezron gan nad yr un oedd fy mwriad i â'i un ef, a chan fod ei ddamcaniaeth wedi ei seilio bron yn llwyr ar air Groeg a gamddeallwyd ac ar air Llydaweg a gamysgrifennwyd neu a gamddarllenwyd. (. . .) Gwnaeth yr offeiriad dysgedig hwn gamgymeriadau eraill ynglŷn â'r Llydaweg, iaith yr ymddengys nad oedd yn ei medru'n fwy nag yr oedd Furetière a Ménage. Gellir eu hesgusodi hwy am nad oeddent, yn wahanol iddo ef, wedi eu geni a'u magu yng Ngorllewin Llydaw.)[24]

Symbylwyd ymchwil ieithyddol David Malcome (b.f. 1748) gan waith Pezron, ond penderfynodd yntau fod *Antiquité de la nation* yn 'Mixture of Truth and Fable' (gymysgedd o wirionedd a chwedl).[25] Tebyg oedd agwedd yr hanesydd Simon Pelloutier (1694-1753). Barnai ef nad oedd ond yn llyfr 'plein de chimeres & de visions' (llawn breuddwydion a dychmygion).[26]

NODIADAU

1. P T J Morgan, 'The Abbé Pezron and the Celts', *Trafodion y Cymmrodorion* 1965, 286; L G Michaud, *Biographie Universelle* (Paris-Leipzig, 1842-65), 'Pezron', s.n.; Pezron, *Rise and Fall of States and Empires . . .* (London, 1809) [yn cynnwys bywgraffiad byr],v.
2. Pezron, *L' antiquité des tems . . .* (Paris, 1691), 125-6.
3. Stuart Piggot, *Celts, Saxons, and the Early Antiquaries* (Edinburgh, 1967), 4-5, 8.
4. Martin Lister, *A Journey to Paris in the Year 1698*, gol. Raymond Phineas Stearns (Urbana, 1967), 98-9.
5. R T Gunther (gol.), *Early Science in Oxford* xiv, *Life and Letters of Edward Lhwyd* (Oxford, 1945), 400; gw. hefyd ibid., 377-9 a 412-3.
6. Ibid., 441.
7. Ibid., 489. Ym 1764, 'roedd ym meddiant Evan Evans grynodeb, a luniwyd gan Lhuyd, o gynnwys llyfr Pezron. Gweler Hugh Owen (gol.), *Additional Letters of the Morrises of Anglesey, Y Cymmrodor* xlix (ii) (London, 1949), 630.
8. Arch. Brit., 22.
9. Ibid., 280.
10. Gunther op.cit., 492.
11. G Bonfante, 'A Contribution to the History of Celtology', *Celtica* iii (1956), 24-5; Lewis Morris, 'Rhapsodia neu gynhulliad Anrhefnadwy' y Llyfrgell Brydeinig, llsgr. ychw. 14934.
12. Dyfyniad yn CHD vi, 10.

13. PE llsgr., 1278; CHD vii, 54. Ymddengys mai Pezron ac nid Boxhorn a wnaeth y camgymeriad. *Tir yw'r ffurf a ddyfynnwyd gan Boxhorn yn Originum gallicarum liber* . . . (Amstelodomi, 1654).

14. Llythyr dyddiedig 27/12/1636. Gw. CHD vi, 10-11. Sonnir yn y llythyr am Camden ac am 'un doctor Tatus, son intime amy' a oedd wedi gwneud 'une estude toute particuliere en sa langue maternelle de la principauté de Walles, dont il estoit natif'. Diau mai Francis Tate (1560-1616) oedd hwn. Dywedir yn *Dictionary of National Biography* (London 1885-1900) lv, 376, i Tate lunio amryw gasgliadau hynafiaethol a ddefnyddiwyd gan Camden ac eraill, ond a ddaliai heb eu cyhoeddi adeg ei farwolaeth.

15. *Antiquité de la nation* (Paris, 1703), 329.

16. Ibid., 332-439.

17. W Owen Pughe, *Outline of the Characteristics of the Welsh* (Denbigh, 1832), 40-52.

18. John Davies, *Antiquae Linguae Britannicae* . . . *Rudimenta* (Londini, 1621) 'Praefatio', s.n. Trosiad gan Ceri Davies, *Rhagymadroddion a Chyflwyniadau Lladin 1551-1632* (Caerdydd, 1980), 112.

19. James Knowlson, *Universal Language Schemes in England and France 1600-1800* (Toronto, 1975), 67.

20. Paul Kuehner, *Theories on the Origin and Formation of Language in the Eighteenth Century in France* (Philadelphia, 1944), 20-48; Ronald Grimsley, 'Court de Gébelin and *Le Monde Primitif*, yn *Enlightenment Studies in Honour of Lester G Crocker* (Oxford, 1979), 133-44.

21. *Y Bywgraffiadur Cymreig hyd 1940* (London, 1953), 417-18; cf. Glyn Lewis Jones, *Llyfryddiaeth Ceredigion 1600-1964* i (Aberystwyth, 1967), 541. Yn *The Antiquities of Nations* y cafwyd y gair *Celtae* gyntaf mewn testun Saesneg, yn ôl GPC, 458.

22. Theophilus Evans, *Drych y Prif Oesoedd* (y Mwythig, [1740]; ad. Bangor, 1902) 9-10. Ni cheir y sylwadau hyn yn yr argraffiad cyntaf (y Mwythig, 1716).

23. Henry Rowlands, *Mona Antiqua Restaurata* . . . (Dublin, 1723), 316.

24. Dyfyniad yn CHD vii, 54, a ix, 20.

25. [David Malcolme], *An Essay on the Antiquities of Great Britain & Ireland* (Edinburgh, 1738), 46.

26. Simon Pelloutier, *Histoire des Celtes* . . . viii (adarg. Paris, 1770-1), 419.

(c) *Edward Lhuyd, Moses Williams, David Parry a John Toland*

Ganwyd Edward Lhuyd ym 1660 ym mlwyf Lappington, yn blentyn siawns i Edward Lloyd o Lanforda, ger Croesoswallt, a Bridget Pryse o Lan-fred, ger Tal-y-bont, Ceredigion. Addysgwyd ef yng Nghroesoswallt ac yng Ngholeg Iesu, Rhydychen, ac ym 1690-1 penodwyd ef yn Geidwad Amgueddfa Ashmole yn y ddinas honno. Bu farw yn 49 oed, ym 1709, wedi iddo glafychu ar ôl cysgu mewn ystafell laith yn yr Amgueddfa.

Fel llysieuegydd a gwyddonydd y daeth Lhuyd yn adnabyddus gyntaf, ond o 1689 ymlaen ymddiddorai fwyfwy mewn hynafiaethau ac ieitheg. Efallai iddo weld llyfr Llydaweg am y tro cyntaf yn llyfrgell Edmund Wyld. Dywedodd ef ei hun mai Wyld a'i cyfeiriodd at lyfr Boxhorn ar y Galiaid a'u hiaith, ac at waith arfaethedig Pezron.[1] Ym 1690, dan y ffugenw Meredyth Owen, anfonodd Lhuyd lythyr hir o Nant Ffrancon. Disgrifiodd fywyd naturiol yr ardal, ac yna trodd i ateb haeriad Edward Bernard fod hanner y geiriau yng Ngeiriadur Cymraeg-Lladin Dr. John Davies (1632) yn tarddu o'r Lladin a chwarter ohonynt o'r Saesneg. Ceisiodd Lhuyd roi prawf ar wirionedd y fath osodiad drwy gymharu sampl o eiriau Cymraeg tebyg eu sŵn i rai Lladin, â geiriau cyffelyb mewn iaith nad oedd wedi ei heffeithio gan y Lladin i'r un graddau, sef yr Wyddeleg. Yna cymharodd ddetholiad arall o eiriau a ymddangosai yn Seisnigaidd â rhai Llydaweg, er mwyn ynysu'r cytrasau mewn iaith nad oedd wedi dod dan ddylanwad uniongyrchol y Saesneg.[2] Amlygwyd diddordeb Lhuyd mewn geiriau eto pan luniodd restr o eiriau a gynhwyswyd, ym 1691, yn yr ail argraffiad o *A Collection of English Words not Generally Used . . .* (London), gan John Ray.

Mor gynnar â 1695 'roedd Lhuyd wedi dechrau cynllunio gwaith mawr ar hynafiaethau Cymru ar ddelw *The Natural History of Staffordshire* (Oxford, 1686), gan Robert Plot. Er mwyn denu nawdd lluniodd lyfryn dan y teitl *A Design of a British Dictionary, Historical and Geographical; with an Essay entitl'd "Archaeologia Britannica"; and a Natural History of Wales.* Bwriedid i ran gyntaf y 'Geiriadur Brythonaidd' gynnwys cymhariaeth rhwng y Gymraeg ac ieithoedd Ewropeaidd eraill, a rhoddid

Portread o Edward Lhuyd, o Lyfr Rhoddion Hen Amgueddfa Ashmole

sylw arbennig i Roeg, Lladin, Gwyddeleg, Cernyweg a Llydaweg.[3] Golygai astudiaeth uchelgeisiol o'r fath waith paratoi manwl, yn enwedig gan na fodlonai ar ddefnyddio ffynonellau eilradd. Er mwyn casglu'r wybodaeth angenrheidiol, ym 1697 cychwynnodd ef a'i gynorthwywyr ar daith ymchwil drwy'r gwledydd Celtaidd.

Ar 29 Tachwedd 1699 'roedd Lhuyd yn Falmouth yn aros i groesi i Lydaw, ond am ryw reswm ni laniodd ef a Parry yn Sant-Maloù cyn ail wythnos Ionawr. Yn Llydaw, clywsant fod amryw fasnachwyr Seisnig wedi cael eu harestio fel sbïwyr yn ardal Brest, felly penderfynasant beidio â mynd yno, ond yn hytrach aros yng nghylch Montroulez. Beth bynnag am ddoethineb y penderfyniad hwnnw, yno, fel yng Nghernyw ac yng Nghymru, parodd dulliau Lhuyd o astudio i bobl ddrwgdybio ei amcanion,[4] ac anfonwyd adroddiadau at Oruchwyliwr y Llynges ym Mrest fod ysbïwyr yn y fro. Anfonodd y swyddog hwnnw 'a Provô' a dau swyddog i arestio Lhuyd a Parry, a oedd erbyn hynny yn Kastell-Paol. 'The Messenger', ysgrifennodd Lhuyd, 'found me busy in adding the Armoric words to Mr Ray's *Dictionariolum Trilingue*, with a great many Letters and small Manuscripts about the Table, which he immediately secured, and then proceeded to search our Pockets for more.' (Cafodd y negesydd fy mod yn brysur yn ychwanegu'r geiriau Llydaweg i *Dictionariolum Trilingue*, gan Ray, gyda llawer iawn o lythyrau a mân lawysgrifau ar hyd y bwrdd. Cymerodd ofal o'r rhain yn syth, ac yna aeth rhagddo i chwilio ein pocedi am ragor.)[5] Cynigiodd rhyw glerigwr fynd yn feichiau drostynt, ond ni ddymunai Lhuyd beri trafferth iddo:

> I return'd my Thanks to ye Gentlemen and told him I wd not have his name call'd in the least Question on my account, but was very ready to make my appearance and glad of the opportunity of seeing Brest.

> (Diolchais i'r gŵr bonheddig a dweud wrtho na ddymunwn i'w enw gael ei ddrwgdybio ar fy nghyfrif i, ond fy mod yn barod i ymddangos ac yn falch o'r cyfle i weld Brest.)[6]

Cafodd Lhuyd a Parry deithio eu hunain, ond ar gyrraedd Brest ymddangosasant gerbron y Goruchwyliwr, a heb eu croesholi anfonwyd hwy i'r Castell yn garcharorion. Cawsant wybod hefyd na chaent y gynhaliaeth ariannol a roid fel arfer i garcharorion, a bod yn rhaid iddynt eu cynnal eu hunain. Cawsant beth cynhaliaeth yn y pen draw, ac wedi deunaw niwrnod rhyddhawyd hwy. Dychwelwyd eu papurau gan na ellid darganfod dim ynddynt a awgrymai eu bod yn fradwyr nac yn ddrwgweithredwyr. Er hynny, gwrthodwyd yr hawl iddynt i fynd i Baris, a chawsant eu gorchymyn i adael y frenhiniaeth gan fod rhyfel eisoes wedi ei ddatgan 'yn erbyn yr Ymerawdwr, yr Iseldirwyr a'r Saeson'.

Er mai am fis neu ddau fan bellaf y bu Lhuyd a Parry yn Llydaw, ac er yr holl anawsterau a gawsant yno, fe roddodd yr ymweliad gyfle iddynt i ddysgu tipyn am yr iaith. Gwyddys, fodd bynnag, na chlywodd Lhuyd neb yn siarad tafodiaith Gwened:

. . . but they told me they had two dialects, yt of the Diocess of St Paul de Léon & Kemper Corentin; and that of Vennes called in their language Guenet. The former (like our N. Wales dialect) has got the upper hand in books, and I never conversed with any of the Guenet (Gwynedh) . . .

(. . . ond dywedasant wrthyf fod ganddynt ddwy dafodiaith, un a siaredid yn esgobaethau Leon & Kemper; ac un esgobaeth Gwened. Mae gan y gyntaf (fel tafodiaith Gogledd Cymru i ni) y llaw uchaf mewn llyfrau, ac nid ymgomiais â neb a siaradai dafodiaith Gwened . . .)[7]

Mewn llythyr at Richard Mostyn esboniodd fod y Llydaweg mor debyg i dafodiaith De Cymru fel y gallai Cymro ddeall yr iaith ysgrifenedig o fewn mis fan bellaf, ond 'as to the speaking part their affinity creates some confusion' (o ran ei siarad mae'r tebygrwydd rhyngddynt yn peri peth dryswch).[8] Mewn llythyr arall eglurodd ei fod o'r farn fod llai o wahaniaeth rhwng Llydaweg a Chernyweg nag a oedd rhwng Saesneg gogledd a gorllewin Lloegr.[9]

Dengys y ffurfiau Llydaweg a ddyfynnwyd ganddynt yn yr *Archaeologia Britannica* nad oedd Lhuyd a Parry wedi esgeuluso eu gwaith maes, ac iddynt gofnodi orau y gallent yr hyn a glywsant. Er ei bod yn amlwg i Lhuyd gamgymryd rhai o'r seiniau llafarog a glywodd ac a oedd yn anghyfarwydd i'w glust, ymddengys iddo nodi'r cytseiniaid yn gywir.[10] Mae llawer o'r ffurfiau a ddyfynnwyd ganddo ef yn y 'Comparative Etymology' ac yn y 'Comparative Vocabulary', a chan David Parry yn ei 'British Etymologicon', yn dangos nodweddion tafodiaith Leon, fel y disgwylid. Try *ae* yn *ea* a chollir *h* mewn sawl ffurf, er enghraifft: *Mêan, Leas, Trêas, Breac'h, êol, Igolan* ac *Aringk* (maen, llaeth, traeth, braich, haul, hogfaen, ysgadenyn), o'u cyferbynnu â *Maen, Lez, Trez, Brec'h, Heol, Higolin* ac *Harinc* yn fersiwn yr *Archaeologia Britannica* o Eirfa Maner.[11] Rhestrir hefyd amryw eiriau benthyg amlwg a glywyd ganddynt, er enghraifft: *Dôn, Zheant, Erryl, Aekl, Kressun* a *Blessa* (rhodd, cawr, camgymeriad, eryr, berwr ac anafu).[12] Dyfynnodd Parry y gair tafodieithol hynod *Hephruden* (he + froudenn) 'llawen'.[13] Mae yn amryw o ffurfiau eraill a gofnodwyd gan y Cymry yn dangos nodweddion diddorol. Ceir ar gyfer *latro* 'lleidr' y gwahanol gynaniadau *ladhr, ladhar, laer,* ac ar gyfer 'wybren' nodir *ôabr,* yn hytrach na'r ffurf safonol ddiweddar *oabl* (*ébr* yn nhafodiaith Gwened).[14]

Heblaw astudio'r iaith lafar, bu'r ymweliad yn fodd i Lhuyd gael gafael ar 'about twenty small printed Books in their Language, which are all (as well as ours) Books of Devotion, with two Folio's publish'd in *French*, the one containing the History of *Bretagne*, the other the Lives of the *Armoric* Saints' (tuag ugain o lyfrau print bychain yn eu hiaith, pob un ohonynt [fel y rhai sydd gennym ni] yn llyfrau defosiynol, gyda dwy ffolio wedi eu cyhoeddi yn Ffrangeg; y naill yn cynnwys hanes Llydaw, a'r llall fucheddau'r seintiau Llydewig).[15] Cafodd gopi o'r *Sacré collège* yn gyfnewid am gopi o'r *Dictionarium Duplex.* Nid ystyriai fod hynny'n fargen, fel y nododd ar yr wyneb-ddalen:

Y lhyvyr ymma a brynes yn rhy dhryd ynghastelh Pawl yn Lhydaw; yn y vlwydhyn 1700. Nid oedh ar werth yn unlhe; am hynny mi a adawes Eirlyuyr yr Athraw Davies yr hwn ai tâl ganwaeth yn i le ym mynachlog y brodyr lheia.[16]

Cyhoeddwyd cyfrol gyntaf yr *Archaeologia Britannica,* a'r unig un a gwblhawyd, yn Rhydychen ym 1707. Ei deitl yn llawn yw: *Archaeologia Britannica, giving some Account additional to what has been hitherto publish'd, of the Languages, Histories and Customs of the Original Inhabitants of Great Britain: from Collections and Observations in Travels through Wales, Cornwal, Bas-Bretagne, Ireland and Scotland. Vol. I Glossography.* Rhoddodd Lhuyd y gwaith o drosi gramadeg a geirfa'r *Sacré collège* i Moses Williams (1685-1742), brodor o'r Glaslyn, Llandysul, Ceredigion, a oedd ar y pryd yn is-lyfrgellydd yn Amgueddfa Ashmole.[17] At y trosiad o'r *Sacré collège* ychwanegodd Williams ddau ddarn a godwyd ganddo o'r llyfrau ymddiddanion, sef (i) 'Of the PRONUNCIATION of the LETTERS out of *G Kiker's French* and *British* Colloquies, Printed at *Morlais.* An. 1626', a (ii) 'The Verb

132

Me so taken out of G. Quiquer's Colloquies, Printed at *Quimper-Corentin*. An. 1671' a 'The Verb *Me a meus* taken out of the same Book', sef y nawfed argraffiad o'r Lyfr Ymddiddanion gan Kiger. Ymddengys mai'r newid pwysicaf yn nhestun Williams yw'r disgrifiad newydd o gynaniad yr iaith. Lluniodd hwn ar gyfer ei darllenwyr Saesneg a chynnwys dystiolaeth ddiddorol i barhad seiniau tebyg i *th* /θ/ ac *dd* /ð/ yn y cyfnod:

> Z was anciently pronounc'd both by the *Armoric Britans* and *Cornish* as the *Welch Dh*, and sometimes as *Th*, as I have observ'd by collating MSS. and diverse words are still so pronounc'd. Hence G. Kiker in his Armoric Colloquies will not allow z to agree either with the *Latin* or *French*.

> (Yn yr hen amser cynenid Z gan y Llydawiaid a chan y Cernywiaid fel *Dh* y Gymraeg, ac weithiau fel *Th*, fel yr wyf wedi sylwi wrth gymharu llawysgrifau, a chynenir rhai geiriau yn y modd hwn o hyd. Felly, nid yw G. Kiger yn ei Ymddiddanion Llydaweg yn caniatáu i *z* gytuno â'r Lladin nac â'r Ffrangeg.)[18]

Mewn llythyr at Henry Rowlands gwnaeth Lhuyd sylwadau tebyg:

> . . . a priest of Quemper Diocese in Bretagne taught me to read Brezonec [Linguâ Armoricanâ] Brethonæg; whereas those of the Diocese of St. Paul de Leon, who pretend to be the Refiners of the British, had directed me to read, as we should in England, Brezonek . . .

> (. . . dysgodd offeiriad o esgobaeth Kemper yn Llydaw imi ddarllen *Brezonec* 'Brethonæg'; tra oedd y rhai yn esgobaeth Leon sy'n ymhonni yn siaradwyr coethaf y Llydaweg, wedi fy nghyfarwyddo i ddarllen, fel y gwnaem yn Saesneg, 'Brezonek' . . .)[19]

Ym marn Kenneth Jackson, mae'n debyg mai [ʒ] yn hytrach nag /θ/ neu /ð/ oedd y sain a glywyd ganddo, ond nad

TIT. IV.

A N

ARMORIC-ENGLISH
VOCABULARY.

The Plural Termination of Nouns, and the Participle Paſſive of Verbs (the moſt difficult things to be found out in the *Armoric* Language) are here ſet down, the one with a *Pl.* before it, and the other with a *P.* only.

A B.

A *.This Particle hath va-*
rious Conſtructions, as appears by the follow-ing Examples : A barfe-tet, *Purpoſely.* A bell, *From far.* A ben queſ-fridi, *Deſignedly.* A bers mat, *In good part.* A bo-an cre, *With much adoe.* A boent da boent, *From tiue to time.* A breſantic, *Preſently* A bret, *In time.* A crec'h d' an traoûn, *From top to toe.* A deiz e deiz, *or,* A deiz d' eguile, *From day to day.* A devri, *In earneſt.* A di da di, *From houſe to houſe.* A diabel, *From far.* A didan, *From under.* A diſ-glao, *Out of the rain, un-der a dry ſhelter.* A doſt, *Near.* A drên, *Behind.* A dre, *As long as.* A dre-ux, *Sideways.* A dreux hag a het, *Lengthwiſe and a-croſs.* Sellet a dreux pe a gorn, *To leer.* A galon vat, *With a good heart.* A gren , *Altogether.* A nebeut e nebeut, *By lit-tle and little.* A neuez, *Not long ſince; Even now.* A neuez flam, *Anew.* A oudeuez , *Afterwards.* A oueliou diſpleguet , *With full ſayls.* A mar-dou pe A gourſadou , *Sometimes.* A vihanic , *From one's childhood.* A viziou , *Sometimes.* A zorn e zorn, *From hand to hand. 'Tis us'd inter-rogatively in the Begin-ning of a Sentence , and the Verb that follows it may be form'd after the firſt,third, or fourth Con-jugation ; as, A c'hui ſtudi ho quentel? Do you mind your Leſſon ? A ho quentel a ſtudit-u ? A ſtudia a rit-u ho quen-tel ? 'Tis alſo taken in the ſame ſenſe as if or whe-*

2

ther *in the Engliſh, and the Verb that comes after it muſt be of the firſt Con-jugation; as,* Sellit a Pezr ſo diegus, *See if (or whe-ther)* Peter be idle. Ne oun quet a c'hui ſo mat, *I know not whether you are good.* Aba, *Since, from,&c.* Aba gommençis da ſtudian , *Since I began to ſtudy* Pegueit ſo aba? *How long ſince ?* Aba oûe nemeur, *Not long agoe.* Aba oûe goulou deiz bete cuz *Heaul, From the break of day till Sun-ſet.* Abadés, *An Abbeſs.* Abaff, *Dizzineſs; raſh-neſs, &c.* Abaffi, *To be giddy, raſh.* Abalanour, *Becauſe.* A-balamour dîn me, dide, deza, dezi, deomp, de-oc'h , dezo , *Becauſe of me, thee, &c.* Abardaés, *In the evening.* Abardahé, *The evening.* Abat, *An Abbot.* Abati, *An Abby.* Abec, *A cauſe or occaſion.* Dre abec ma , *Becauſe* Dr' an abec-ſe, *Becauſe of that, upon that account.* Aboſtol, *An Apoſtle.* Pl. Ebeſtel. Abrant, *An eye-brow.* Pl. An niou abrant. Abſolvi, *To abſolve, for-give.* Abſolven, *Abſolution, for-giveneſs.*

A C.

Accés terzien, *A fit of the ague.* Achanta, *To inchant, de-ceive.* Achantour, *An inchanter, deceiver.* Achantourér, *A ſorcereſs or witch.* Achap, *To eſcape* Acheui , *To atchieve; to finiſh, &c.* Ac'hus, *To accuſe.*

Acr, *Vile, baſe.*

A D.

Ada, *To feed.* Adal, *From, ſince, &c.* A-dal ar peñ bete an troat, *From top to toe.* Adal an eil peñ bete eguile, *From one end to the other.* A-dal ma, *Since that.* Addeuli, *To worſhip.* Quill. Adori, *To worſhip.*

A E.

Æl, *An Angel.* Pl. Ælés. Ael, *An Angel.* Quill. Ael, *An axle tree.* Ær, *The air.* Æer, *A ſnake.* Aer, *A viper.* Æs, *Eaſy.* Æſa, *To eaſe.* Æſamant, *Eaſily.*

A F.

Aff, *A kiſs.* Affet, *To kiſs.* Affeill, *A relapſe.* Affeilla , *To return , fall back or again.* Affer, *Need.* Me meus af-fer, *I want.* Affo, *Swift, quick, &c.* Afon, *A river.* Quill.

A G.

Agroaſen, *A ſhrub.* Quill.

A H.

Ahel, *An axle-tree.* Quill. Ahet : Ahet an deziou man, *During that age, in thoſe days.*

A I.

Aiguilleten , *A point or thong.*

A L.

Alan, *Breath.* Alanat, *To breath or blow.* Alaouri, *To gild.* P. Ala-ouret. Alazn, *Breath.* Quill. Alaznaff, *To breath.* Quill. Albalaſtr , *A croſs-bow.* Quill. Alc'huez, *A key.* Alc'huezer, *A key-carrier.* Alc'hueza, *To lock or ſhut.* All ! Vnall, *Another.* Pl. Arre all. Alli, *Adviſe, counſel.*

Allia, *To incite or ſtirr up; to egg ; to encourage, &c.* Allumaich, *A candle, lamp.* Allumetes, *Matches.* Aluſen, *Alms.* Aluſuner, *An alms-giver.* Allwydd pe allwedd, *A Key.* Quill. Neb a doug allweddou , *A man that carrieth Keys.* Allwedderes, *A woman that carieth Keys.* Quill

A M.

Aman, *Here.* Amar, *A knot or tye.* Amarra, *To bind or tye.* Ambrouc, *To guide, con-duct, &c.* Amena, *To pull down ſails.* Ameſec, *A neighbour.* Pl. Ameſeien. Ameſegués, *A She-neigh-bour.* Ameſeguiez, *A neighbour-hood.* Amieguez, *A mid-wife.* Amintaich, *Amity.* Amman, *Butter.* Amorous, *Loving, kind, &c.* Amouroudet, *Fooliſh af-fection.* Ampart, *Corpulent.* Ampes, *Starch.* Ampeſi, *To ſtarch.* Amprevan , *A venemous beaſt.* Pl. Amprevanet. Amſent, *Diſobedient.* Amſer, *Time.* Neuez am-ſer, *The ſpring.*

A N.

Anaff, *A blind worm.* Ql. Anaoue, *An admonition.* Anaoûn, *The dead.* Et eo dan anaoûn, *He is dead.* Anat, *Plain, manifeſt, &c.* Anat, *Openly, plainly, &c.* Anclin, *Inclination.* Anclina, *To incline; to bend or bow, &c.* Ancou, *Death.* Ancouffhaad , *To forget.* Quill. Ancoûn, *Dead, forgetful.* Ancoûnhaat, *To forget.* Ancoûnhamant, *Forget-fulneſs.*

C c c 2

Andra,

ystyriai ei bod o bwys gwahaniaethu rhwng y rhain.[20] Yn y 'Comparative Etymology' rhoddodd sylw arbennig i'r modd y treiglid *g(w)* yn Llydaweg, ac i duedd morwyr Llydaw i regi:

G . . . *The* Armoric Britans *vary it also into* Gh *as* Gu̯rec, *A Woman;* Map ŷr ghu̯rec, *the Womans Son:* Velhy Gast, *Pytten;* Map yr ghâst, *Mâb y bytten,* &c. *Aræth rhŷ arverol, ŷm mhlîth morwyr Lhŷ̆dau̯.*[21]

Fel y gwelir, mae'r dyfyniad hwn wedi ei ysgrifennu yn yr wyddor seinegol arloesol a ddyfeisiwyd gan Lhuyd er mwyn goresgyn yr anawsterau a godai wrth geisio cymharu ieithoedd a chanddynt gonfensiynau orgraffyddol gwahanol.

Mae'r 'Armoric-English Vocabulary', sef trosiad Moses Williams o eirfa Maner, yn syndod o ddibynadwy, ond nid yw'n ddi-fai. Cymysgodd y cyfieithydd rhwng gwahanol ystyron y gair Ffrangeg *moisson*, er enghraifft, a throsi felly *trevat* fel 'aderyn y to' yn hytrach na 'cnwd, cynhaeaf'. Aeth ar gyfeiliorn eto oherwydd y tebygrwydd rhwng y geiriau Ffrangeg *poudre* 'llwch' a *poutre* 'trawst', gan drosi *treust* fel 'llwch' yn hytrach na 'trawst'.[22] Er gwaethaf rhyw fân frychau fel y rhain 'roedd yn waith dysgedig na welwyd ei debyg erioed o'r blaen, a daeth yn ffynhonnell eirfaol i genedlaethau lawer o ysgolheigion Cymraeg a fynnai wybod mwy am y Llydaweg.[23] Helaethwyd geirfa Maner ryw ychydig gan i Williams ychwanegu'r geiriau Llydaweg a gafodd yn y *Dictionarium Duplex*. Nododd 'Quill'. neu 'Ql' (am Quillévéré) wrth y rhain. Hepgorodd ambell air o Eirfa Maner, megis *duffen* 'erwydden' (at waith y cylchwr)—sef *douuelle*—yn y testun Ffrangeg—a *men-sclent* 'llechi',—sef *essencle* mewn Ffrangeg, efallai am nad oedd sicr ynghylch eu hystyr.[24]

Fel y sylwyd, bu David Parry o Aberteifi (1682?-1714) gyda Lhuyd ar ei daith yn Llydaw, a dyfynnodd yntau eiriau Llydaweg yn ei 'Essay towards a British Etymologicon' yn yr *Archaeologia Britannica.* Cafodd anhawster wrth geisio egluro tarddiad a chytrasau ambell air, megis *beleg* 'offeiriad':

135

A Priest, . . . but whence the Armoric Belec *comes, I must leave to their own Criticks, as having nothing to say, but that in the* Irish, Mayday *is called* Bealtine, *and interpreted by their Antiquaries (as you find in the following Irish Dictionary)* Ignis Beli.

(Offeiriad . . . ond mae'n rhaid imi adael i feirniaid Llydaw ddweud o ble y daw *Belec* y Llydaweg, gan nad oes dim gennyf i'w ddweud, ond mai *Bealtine* yw Calanmai mewn Gwyddeleg, ac y dehonglir hwn gan eu hynafiaethwyr [fel y gwelwch yn y Geiriadur Gwyddeleg canlynol] 'Ignis Beli'.)[25]

Camp fawr Lhuyd yn yr *Archaeologia Britannica* oedd darganfod amryw reolau ynglŷn â chyfnewidiadau seinegol a'u hegluro yn ofalus ac yn fanwl, yn ôl safonau'r oes. Eglurwyd y rheolau hyn yn yr adrannau 'Comparative Etymology' ac 'A Comparative Vocabulary of the Original Languages of Britain and Ireland', a thrwy eu dilyn daeth i ddeall yn well gydberthynas yr ieithoedd Celtaidd a'u perthynas ag ieithoedd eraill Ewrob. Er bod ysgolheigion fel Buchanan a Leibniz wedi sôn am yr Wyddeleg fel iaith Geltaidd, Lhuyd oedd y cyntaf i ddangos yn eglur natur y berthynas honno drwy ddisgrifio sut yn union yr oedd seiniau'r Wyddeleg yn cyfateb i rai'r ieithoedd Brythonaidd diweddar. Dyma ei sylwadau ar y modd y cyfetyb *k, c* neu *q* yn yr ieithoedd Brythonaidd i *p* yn yr Wyddeleg:

It's very Remarkable, that there are scarce any words in the Irish *(besides what are borrow'd from the* Latin *or some other language) that begin with* P. *in so much that in an Ancient Alphabetical* Vocabulary, *I have by me, that Letter is omitted; and no less observable that a considerable number of those words whose* Initial letter *it is, in the* British; *begin in that Language with a* K. *or (as they constantly write)* C . . .

(Mae'n dra hynod nad oes nemor ddim geiriau yn yr Wyddeleg [heblaw'r rhai sydd wedi eu benthyg gan y Lladin neu gan ryw iaith arall] sy'n dechrau â P, fel y mae'r

136

llythyren honno wedi ei hepgor o hen eirfa yn nhrefn yr wyddor sydd gennyf wrth law. Mae'r un mor amlwg fod cryn nifer o'r geiriau sy'n dechrau â P yn yr ieithoedd Brythonaidd yn dechrau yn yr iaith honno â K neu, fel y byddant bob amser yn ei hysgrifennu, C . . .)[26]

Defnyddiai Lhuyd ei wybodaeth o'r Llydaweg wrth fanylu ar eiriau Cymraeg tafodieithol ac wrth esbonio ystyron lleol i eiriau a chanddynt ddosbarthiad ehangach, fel y gwelir o'r enghreifftiau hyn:

(i) Guern *and*—nen, *An Alder tree*; Corn. *the Mast of a ship*. Guernen *is us'd in the same sense in* Glamorganshire *and* Low-Britain, *and in both Countries, it also signifies an Alder*.

(*Gwernen* . . . Cernyweg: hwylbren. Defnyddir *gwernen* â'r un ystyr ym Morgannwg ac yng Ngorllewin Llydaw, ac yn y ddwy wlad golyga hefyd y goeden 'gwernen'.)[27]

(ii) *In the Cornish and Armoric*, Bar *signifies the top or summit of any thing; and in the* Basque *or* Cantabrican, Burua *is a head*. Bar *signified formerly in the* Welsh *a bush, whether of haire or of sprigs or of branches, whence in Monmouthshire and Herefordshire, the Misseltoe-bush is yet call'd* yxel-var . . .

(Yn y Gernyweg a'r Llydaweg, golyga *bar* frig neu gopa rhywbeth; ac mewn Basgeg *burua* yw 'pen'. Gynt golygai *bar* 'trwch' yn Gymraeg, wrth sôn am wallt neu am frigau neu ganghennau, felly yn Sir Fynwy ac yn swydd Henffordd gelwir uchelwydd o hyd yn *uchelfar* . . .)[28]

Yn ei nodyn ar *calceus*, yn y 'Comparative Vocabulary', cyfeiriodd at y gair Llydaweg *arc'hen* 'esgid':

Calceus, Eʃʒid, . . .,† arxen, [*Hence in Monmouthshire*, &c. *Diarxen, Barefoot*]

(Calceus, esgid . . .,† [=gair ansathredig] archen, [felly yn sir Fynwy etc. *diarchen*, troednoeth].)[29]

Yn yr eirfa Lydaweg, tynnodd sylw at y gair *diarc'hen* yn y ddwy iaith.[30]

Er mor arloesol oedd sylwadau Lhuyd ar eirdarddiadau cymharol, bach fu eu dylanwad ar ei gyfoeswyr ac ar ddysgedigion Celtaidd y ddeunawfed ganrif yn gyffredinol. Tueddid i ddefnyddio'r *Glossography* fel ffynhonnell eirfaol yn hytrach na'i weld yn allwedd i ddeall ieitheg gymharol. Dilynodd Lewis Morris (1701-65) Lhuyd a chyfeirio at y Llydaweg wrth amcanu egluro enwau Galeg a Brythoneg yn ei *Celtic Remains* (gwaith a arhosodd yn anghyhoeddedig tan 1878), a chynhwysodd Thomas Richards (1710-90) y geiriau Llydaweg a ddarganfu yn y *Dictionarium Duplex*, a chyfran o'r rhai a gafodd yn yr *Archaeologia Britannica*, yn ei *Antiquae Linguae Britannicae Thesaurus* (Bristol, 1753). Ond ni ddilynodd y gwŷr hyn Lhuyd fel ieithydd cymharol. 'Roedd rhesymu yn null Pezron, ac ychydig yn ddiweddarach yn null William Owen Pughe, yn haws na dilyn canllawiau gwyddonol a ymddangosai yn gymhleth. O ganlyniad, fe arhosodd ieitheg gymharol yn ei hunfan am dros ganrif, hyd nes yr aethpwyd i'r afael â'r pwnc eto gan ieithegwyr yr Almaen. 'Yn wir, anffawd Edward Llwyd [sic] oedd ei fod yn byw fwy na chan mlynedd o flaen ei oes', ysgrifennodd John Morris-Jones,

Ni ddeallodd neb gymmaint ag ystyr ei waith; ar greigleoedd ac ymhlith y drain y syrthiodd yr had a heuasai. Pe amgen, gallasai fod yn sylfaenydd ieitheg gymmharol.[31]

Ysgolhaig cyfoes â Lhuyd ac a oedd hefyd yn ymddiddori yn y Llydaweg oedd John Toland (1670-1722). Siaradwr Gwyddeleg o Ogledd Iwerddon oedd Toland, ac addysgwyd ef yn

138

Oxoniae, 19 Decembris, Anno a Christo nato, 1693.

ARMORICE.	HIBERNICE.	LATINE.
Isel.	Iseal.	Humilis.
Iselhat.	Isealacht.	Humiliatio.
Oan.	Uan.	Agnus.
Oanic.	Uanin.	Agnellus.
Flem.	Flemh *.	Aculeus.
Den.	Duine.	Homo.
Denbihan.	Duinebuineach.	Homuncio.
Caret.	Caraid †.	Amicus.
Carantes.	Carrantas ‖.	Amicitia.
Guyr.	Coir.	Jus.
Hirrahat.	Direachagh.	Elongatio.
Bloaz.	Bliaghuin.	Annus.
Amser.	Amseir.	Tempus.
Gronan.	Gruan *.	Arena.
Asen.	Assil.	Asinus.
Dall.	Dall.	Caecus.
Dallaf.	Dallagh.	Caecitas.
Gonalen.	Gualun.	Humerus.
Querch.	Coire.	Avena.
Ives.	Ives.	Etiam.
Guile.	Oile.	Alius.
Pocq	Pog.	Osculum.
Scubellen.	Scuab.	Stopa.
Scubaf.	Scuabagh.	Verrere, Scopa.
Lezron.	Leasrach.	Femora.
Mat.	Maith.	Bonus.
Matgraet.	Maithghnioth.	Beneficium.
Madelez.	Maitheas.	Bonitas.
Cam.	Cam.	Curvus.
Ber.	Bear.	Veru.
Losq.	Loscath.	Ustio.
Quarrec.	Carric.	Rupes.
Gouris.	Cris.	Cingulum.
Ludu.	Luoth.	Cinis.
Codoer.	Caithir.	Cathedra.

* *Gath* etiam Hibernice.
† *Cara* Hibernis Australibus.
‡ *Cardis* etiam Hibernice.
* *Ganibh* etiam Hibernice.

Tudalen o *A Critical History of the Celtic Religion and Learning,* gan John Toland

139

Iwerddon, yr Alban, Leiden a Rhydychen. Yn Rhydychen, ym 1694, cwrddodd â Lhuyd. Mae tair rhan o'i lyfr *A Critical History of the Celtic Religion and Learning* (London, s.d.) yn berthnasol i'r iaith, sef dwy eirfa Lydaweg-Wyddeleg-Ladin (un ohonynt yn seiliedig ar eirfa un o'r llyfrau ymddiddanion a'r llall, 'Vocabularium Armorico-Hibernicum', yn cynnwys amryw eiriau Cymraeg— *aur, angor, bresych* etc.—yn gymysg â rhai Llydaweg ac o dan y pennawd 'Armorice'), a'i 'Specimen of the Armorican Language'. Cynnwys y darn hwn nodyn ar gynaniad yr iaith ac wyth testun byr (dau ohonynt yn rhestri geirfaol) ynghyd â chyfieithiad Saesneg. Mae ei fersiwn o Weddi'r Arglwydd yn wahanol i'r un a ddyfynnwyd gan Dr John Davies:

> Hon Tat pehiny so en euffou.
> Hoz hano bezet sanctifiet.
> Ho rouantelez devet demp.
> Ho volantez bezet graet en douar euel en euff
> Rait demp hizyan [sic] hon bara pemdizyec.
> Ha pardonet dem hon offancon [sic],
> euel ma pardonomp dan reen deves ny offancet.
> Ha na permettet quet ez coveze m'en tentation.
> Hoguen hon delivret a droue [sic].
> Ma Doue ho pet truez onziffervez [sic] ho trugarez bras.[32]

Cyhoeddodd un testun byr sy'n drosiad o ran o ymgom o un o'r llyfrau ymddiddanion:

Doue da roiff dez *mat dech.*	God give you a good day.
Ha dechhu Ivez.	And to you likewise.
Penaus a hanochhu?	How do you do?
Yach ouf a tiugarez [sic] *Doue.*	I am well by God's mercy.
Pea lech ez *it-hu?*	Whither go you?
Me govezo *an* guiryonez.	I shall know the truth.[33]

Cafodd y darnau Llydaweg a ddyfynnwyd ganddo oddi wrth J Mill yn Rhydychen ym 1693, a dichon iddo ddefnyddio'r un llyfr (neu lyfrau) ymddiddanion â Moses Williams. Fel Lhuyd, cydnabu Toland undod yr ieithoedd Celtaidd:

. . . the Celtic dialects, which are now principally six; namely *Welsh* or the insular British, *Cornish* almost extinct, *Armorican* or French British, *Irish* the least corrupted, *Manks* or the language of the Isle of Man; and *Earse* or Highland Irish, spoken also in the Western Ilands [sic] of Scotland.

(. . . mae yn awr chwe phrif dafodiaith Geltaidd, sef Cymraeg neu Frythoneg yr Ynys, Cernyweg sydd bron â marw, Llydaweg neu Frythoneg Ffrainc, Gwyddeleg nad yw wedi ei llygru cymaint â'r lleill, Manaweg neu iaith Ynys Manaw; a Gaeleg neu Wyddeleg yr Ucheldiroedd, a siaredir hefyd yn Ynysoedd Gorllewinol yr Alban.)[34]

NODIADAU

1 R T Gunther (gol.), *Early Science in Oxford* xiv, *Life and Letters of Edward Lhwyd* (Oxford, 1945), 133-4; Frank Emery, *Edward Lhuyd F.R.S. 1660-1709* (Caerdydd, 1971), 72; Thomas Jones, *Y Bywgraffiadur Cymreig hyd 1940* (Llundain, 1953), 529-31.

2 Brynley F. Roberts, *Edward Lhuyd/The Making of a Scientist* (Cardiff, 1980), 19-20.

3 Bod. Ashm. 1820 a, fol. 228.

4 Richard Ellis, 'Some Incidents in the Life of Edward Lhuyd', yn Gunther, op.cit., 30-7. Cymharer y sylwadau ar Lhuyd yn *Archaeologia: or Miscellaneous Tracts relating to Antiquity* v (London, 1779), 85: 'In other parts of this MS it appears, that Lhuyd being a naturalist as well as linguist, travelled about with a knapsack, and being found in ditches, as well as other odd places, was apprehended in Cornwall for being a house-breaker, as he was afterwards in Britanny [sic] by the intendant of that province . . .'

5 Dyfyniad gan Ellis, op.cit., 36.

6 Dyfyniad gan Ellis, ibid., 36.

7 Gunther op.cit., 505. Ar y Llydaweg a glywodd Lhuyd, gweler L Fleuriot, 'Edward Lhuyd et l'histoire du breton', EC xx (1983), 104-8.

8 Gunther op.cit., 444.

9 Ibid., 441.

10 Fleuriot, op.cit., 105.

11 Arch. Brit., 'Comparative Vocabulary', 14-15; 'British Etymologicon', 278.

12 Ibid., 'Comparative Vocabulary' 15; 'Comparative Etymology', 25, 31, 33, 'British Etymologicon', 279.

13 Ibid., 'British Etymologicon', 281.

14 Fleuriot, op.cit., 106-7. Gweler hefyd Kenneth Hurlstone Jackson, *A Historical Phonology of Breton* (Dublin, 1967), § 702. Nodir *oabr* [wabr] fel ffurf lafar heddiw gan F. Favereau yn ei *Dictionnaire du Breton Contemporain* (Morlaix/Montroules, 1992), 555.

15 Fe'i dyfynnwyd gan Henry Rowlands yn ei lyfr *Mona antiqua restaurata* . . . (Dublin, 1723), 341.

16 Copi Lhuyd o'r *Sacré collège* yn y Llyfrgell Brydeinig. Gweler hefyd ei lythyr at John Anstis, yng ngwaith Edward Owen, *A Catalogue of the Manuscripts Relating to Wales in the British Museum* . . . iv (London, 1922), 834-5.

17 J E Lloyd, 'Moses Williams', *Dictionary of National Biography* (London, 1885-1900) lxi, 435; Geraint Bowen, 'Moses Williams', *Y Bywgraffiadur Cymreig hyd 1940* (Llundain, 1953), 996-7; John Davies, *Bywyd a Gwaith Moses Williams (1685-1742)* (Caerdydd, 1937), 8-9.

18 Arch. Brit., III, 180.

19 Henry Rowlands, op.cit., 335. ·

20 Kenneth Hurlstone Jackson, op. cit., § 961. Roparz Hemon, 'La spirante dentale en breton', *Zeistchrift für Celtische Philologie* xxv (1956), 77-8.

21 Arch. Brit., I, 25.

22 Émile Ernault, *Glossaire moyen-breton* ii (Paris, 1895), xviii.

23 Yn LlGC (llsgr. 12462 D., Wigfair 62) mae llawysgrif geirfa Lydaweg-Ladin seiliedig ar argraffiad Killevere o'r *Catholicon*. Yn ôl y Catalog, perthyn i'r ddeunawfed ganrif, a sylwais fod cyfeiriad at Pezron ar gefn tudalen 28. Ymddengys ei fod wedi ei lunio gan Gymro, gan fod ychydig eiriau Cymraeg, ac o leiaf un gair Saesneg, wedi eu hychwanegu, ee: '[B]ran an dour. *Cormorant'*; 'Dihuzaff. *Dyhuddo*'; 'Tremen . . . tramwy'; 'Tronos . . . treñydd'. Ni ddyfynnwyd ffurf Ladin ar gyfer *[B]ran an dour* na *Dihuzaff*

24 Yng nghopi Lhuyd o'r *Sacré collège*, a gedwir yn y Llyfrgell Brydeinig, mae nodiadau llawysgrif yn yr eirfa Ffrangeg-Lydaweg a throsiad Cymraeg o'r eirfa. Y mae'r trosiad hwn yn weddol gyflawn hyd y gair *bastard*, ond nid oes ond nodiadau gwasgarog wedyn.

25 Arch. Brit., 283. Ymddengys for *balog* yn cyfateb i'r Cym. *baglog* 'un a chanddo hawl i ddwyn croes', GPC, 252.

142

26 Ibid., I, 20.

27 Ibid., I, 3.

28 Ibid., I, 5. cf. II, 175 a V, 220.

29 Ibid., II, 45.

30 Ibid., IV, 200.

31 [John Morris-Jones], 'Cymraeg', *Y Gwyddoniadur Cymreig* iii (ail arg. Dinbych, 1891), 74.

32 John Toland, *A Critical History of the Celtic Religion and Learning* (London, s.d.), 250.

33 Ibid., 251.

34 Ibid., 46. Er na chyfeirir at yr Wyddeleg yn llyfrau Pezron, mae geirfa Ladin-Wyddeleg ymhlith ei bapurau, a chymhara *mac* yr Wyddeleg â *mab* y Llydaweg. Bibliothèque Nationale, llsgr. Ladin 17940.

(ch) *Loeiz ar Pelleter, Roperzh Harinkin, Gwilherm Rousel a Pierre de Châlons*

Ganed Loeiz ar Pelleter (Louis Le Pelletier) yn Le Mans ym 1663. Ymunodd â Benedictiaid Saint-Maur, ac yn rhyw 25 oed anfonwyd ef i esgobaeth Gwened, yn gyntaf i Fynachdy Sant Salver, Redon, ac yna i Fynachdy Lokentaz. Bu yno am bedair blynedd, a threuliodd yr wyth mlynedd canlynol yn Abaty Lokmazhe, Konk-Leon. Ymsefydlodd yn Abaty Landevenneg tua 1700, a bu farw yno ym 1733.[1] Ac yntau wedi ymdrwytho yn iaith ei fro fabwysiedig, ymroddodd yn arbennig i astudio ei pherthynas ag ieithoedd eraill Ewrob. Dichon fod ei fagwraeth estron o gymorth iddo wrth edrych yn wrthrychol a diragfarn ar y Llydaweg ac wrth ddod i werthfawrogi ei harbenigrwydd. Credai ei bod yn hynafol, yn urddasol, ac yn haeddu sylw dysgedigion Ewrob:

> Je l'ai trouvée si respectable par son antiquité, si belle par sa simplicité, si douce à l'oreille, et si sonnante par l'accent et la delicatesse de la prononciation, et surtout si noble par son origine et ses alliances que j'ai continué mon travail avec plaisir, autant pour assurer à notre France une mere langue si ancienne et si etendüe, que pour répondre aux voeux des savans, leur fraier le chemin aux découvertes, et leur en faciliter le travail . . .

> (Cefais ei bod mor barchus o ran ei hynafiaeth, mor hardd o ran ei symlder, mor bêr i'r glust, ac mor drawiadol o ran ei haceniad a choethder ei chynaniad, ac yn anad dim mor urddasol o ran ei tharddiad a'i chysylltiadau, fel y parheais fy ngwaith yn llawen, yn gymaint i gadw i'n Ffrainc famiaith mor hen ac mor helaeth, ag i ateb dymuniadau'r ysgolheigion, i agor y ffordd iddynt i ddarganfod mwy, ac i hwyluso eu gwaith . . .)[2]

Gwyddai fod termau technegol ar gyfer trafod dyfeisiadau diweddar a syniadau soffistigedig yn brin yn yr iaith, ond teimlai yn sicr ei bod hefyd yn ymlygru ac yn colli tir:

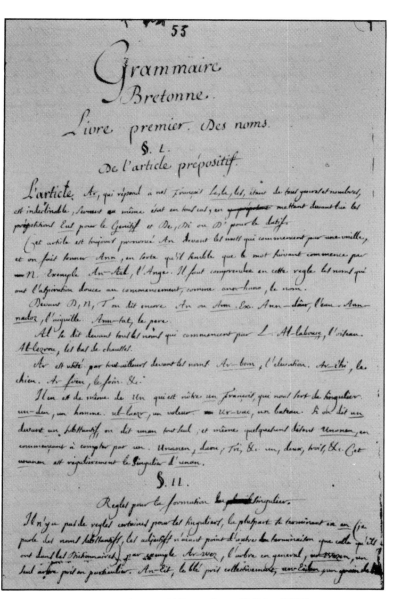

Tudalen o lawysgrif Gramadeg ar Pelleter (1716)

Une langue ainsi dépourvüe de tout ce qui peut la faire passer à la posterité, ne peut manquer de perir pour toujours, si on vient à cesser de la parler. Et cela ne peut beaucoup tarder. Le François etant déja la langue vulgaire nonseulement dans les villes, mais aussi dans les bourgs, bourgades, passages et auberges, de sorte que l'on n'entend presque plus le Breton que dans les villages et aux foires où les païsans portent leurs denrées.

(Ni fedr iaith sydd wedi ei hamddifadu fel hyn o bob dim a all beri iddi gael ei throsglwyddo i genedlaethau'r dyfodol beidio â chael ei chyfrgolli, os peidir â'i siarad. Ac ni all fod yn hir cyn y digwydd hynny. Eisoes Ffrangeg yw'r iaith gyffredin nid yn unig yn y trefi mawr ond hefyd yn y trefi marchnad a'r trefi bychain, ar y ffyrdd ac yn y tafarnau, fel o'r braidd y clywir Llydaweg bellach namyn yn y pentrefi a'r ffeiriau lle y daw'r werin â'u bwydydd.)[3]

Gan fod y tlodion yn anfon eu plant at siaradwyr Ffrangeg i weini, a'r bobl fwyaf cefnog yn gyrru eu rhai hwy i sefydliadau addysgiadol a chrefyddol lle y dysgent Ffrangeg, sylweddolai fod yr iaith fawr yn ymyrryd â'r Llydaweg ym mhob cylch cymdeithasol.

Beirniadwyd ar Pelleter gan rai am iddo dreulio cymaint o'i amser yn astudio'r Llydaweg, a mynnid hefyd na allai dysgwr byth feistroli'r iaith:

Par ces versions on pourra juger si ceux là ont raison qui m'ont reproché que je suis temeraire, n'etant pas Breton, de composer un Dictionaire de la langue des Bretons. Outre cette epreuve et tout le Dictionaire même, j'ai répondu à ce reproche, que les Roberts Etiennes, les Munsters, les Pagnius, les Buxhorfs, etoient bien plus blamables; puisque etant plus eloignez de la Palestine et de la terre de Canaan que je ne suis de la Bretagne, quant au lieu de ma naissance et de mon education, ils devroient à ce compte passer pour plus temeraires que moi, qui au reste ai demeuré environ 25. ans en Leon et Cornwaille.

146

(Yn ôl y testunau [Llydaweg Canol] hyn, gellir barnu ai iawn oedd y rheiny a edliwiodd imi fy mod yn fyrbwyll, gan nad Llydawr mohonof, yn cyfansoddi geiriadur ar gyfer iaith y Llydawiaid. Heblaw hyn o brawf a'r Geiriadur ei hun, 'rwyf wedi ateb y cerydd hwn drwy ddweud fod llawer mwy o fai ar rai megis Robert Estienne, Munster [J A Dante], Pagnius, a Buxtorf, gan eu bod hwy'n byw'n bellach o Balesteina ac o wlad Canaan nag yr wyf i o Lydaw, o ran man fy ngeni a'm haddysg. Dylid felly eu cyfrif hwy'n fwy byrbwyll na mi, a minnau hefyd wedi byw am tua 25 mlynedd yn Leon a Kernev.)[4]

Heblaw ymchwilio i'r Llydaweg, dywedir iddo dreulio cyfnod ym 1721 yn Saint-Germain-des-Prés yn gweithio dan Nicolas Toustain ar adargraffiad o Eirfa Ladin Du Cange, gwaith a gyhoeddwyd mewn chwe chyfrol rhwng 1733 a 1736.[5]

Dangoswyd i ar Pelleter lunio tri fersiwn o'i Eiriadur, sef: (i) fersiwn llawysgrif a gwblhawyd cyn 1707 ond sydd bellach wedi ei golli. Dichon nad oedd hwn ond yn gopi anodedig o Eiriadur Maner. (ii) Y fersiwn llawysgrif a ddechreuodd ym 1707 ac y nodwyd arno'r dyddiad 1716, gyda'i Ramadeg ar y dechrau. Darganfuwyd y llawysgrif hon gan Gourvil ym 1924. (iii) Fersiwn llawysgrif a luniwyd rhwng 1725 a 1728, a'r testun yn fyrrach na'r un a gwblhawyd ym 1716. Nid oes namyn ychydig ddalennau o hwn wedi goroesi, ond dyma sylfaen y Geiriadur printiedig a ddaeth o'r wasg ym 1752, bedair blynedd ar bymtheg wedi marw'r awdur.[6]

Dengys yr ohebiaeth a fu rhwng ar Pelleter a Bernard de Montfaucon mai'r gŵr hwnnw a'i cynghorodd i lunio'r ail fersiwn. Eglurwyd hyn gan ar Pelleter ei hun mewn copi llawysgrif o'i ragymadrodd:

> Je m'etois fait un plan de Dictionaire Etymologique dans ma premiére composition, où j'ai bien sué à chercher dans l'Hebreu et dans le Grec les *Etymes* de cette langue Bretonne, à l'imitation des savants que je viens de nommer; mais j'ai été conseillé, exhorté comme forcé par les bonnes raisons et instances de D. Bernard de Montfaucon, de

147

changer ce plan: et de ne prendre de cette langue S^{te} que cequi est clairement pour mon dessein, sans rien forcer.

(Cynlluniais Eiriadur Geirdarddol pan wneuthum fy ngwaith cyntaf ac ymboenais i chwilio yn yr Hebraeg a'r Groeg am darddiadau'r Llydaweg, yn null y dynion dysgedig yr wyf newydd eu henwi; ond cefais fy nghynghori, f'annog ac fel petai fy ngorfodi gan resymu call ac erfyniadau Bernard de Montfaucon i newid y cynllun hwn ac i beidio â chymryd gan yr iaith santaidd hon ond yr hyn sy'n amlwg yn berthnasol i'm cynllun, heb orwneud dim.)[7]

Ofer fu ymdrechion ar Pelleter a de Montfaucon i sicrhau cyhoeddwr i'r fersiwn diwygiedig. Gellir credu fod cyhoeddi Geiriadur Gregor o Rostrenenn ym 1732 wedi gwneud y gorchwyl o chwilio am rywun a fyddai'n fodlon i fentro ei arian ar gyhoeddiad o'r fath yn anos, gan fod y ddau waith yn yr un maes a'r galw amdanynt yn fach.

Cedwir llawysgrif yr ail fersiwn (1716) yn Llyfrgell y Ddinas, Roazhon, a chynnwys 1,634 o dudalennau mewn dwy gyfrol. Ymestyn y Geiriadur dros 1,332 o dudalennau, ac yn y gweddill ceir copïau o destunau llenyddol, gramadeg Llydaweg mewn Ffrangeg, rhagymadrodd a sylwadau eraill. Dengys ei deitl llawn ei fod yn waith uchelgeisiol a amcanai egluro geirdarddiadau a pherthynas y Llydaweg ag ieithoedd eraill: *Dictionaire étymologique de la langue bretonne, ou l'on voit son antiquité, son affinité avec les autres langues, tant anciennes que modernes. Et quantité d'endroits de l'ecriture sainte et des auteurs profanes expliquez plus clairement, qu'ils ne le sont ailleurs, avec les étymologies de plusieurs mots des autres langues* (Geiriadur etimolegol Llydaweg, lle y gwelir ei hynafiaeth, ei thebygrwydd i ieithoedd eraill, hen a modern, ynghyd â nifer mawr o ddarnau o'r Ysgrythurau, ac o waith awduron nad ydynt yn gysegredig, wedi eu hegluro'n well nag mewn mannau eraill, gyda tharddiad llawer o eiriau o ieithoedd eraill.)

Yn wahanol i Gymru, lle yr oedd y dyneiddwyr wedi pwysleisio gwerth y llawysgrifau Cymraeg ac wedi copïo nifer da ohonynt, ymddengys nad oedd neb yn Llydaw cyn ar Pelleter wedi sylweddoli gwir bwysigrwydd yr hen ddogfennau ysgrifenedig Llydaweg. Copïodd ef yr holl lawysgrifau canoloesol y cafodd afael arnynt, sef: (i) 'Buhez Sant Gwenôlé Abat', (ii) copi o'r gerdd 'Dinistr Caersalem' yn nhafodiaith Leon, a drosglwyddwyd iddo gan ei gyfaill Rousel, a (iii) 'Darogan Gwenc'hlan'.[8] Copïodd hefyd rai darnau o *Amouroustet eun den coz pêvar huguent bloaz/Pehini so orguet à vez à eur plac'h jaoanc hen oad a c'hwezecq bloaz &c* (Cariad hen ŵr pedwar ugain oed sydd wedi ymserchu mewn merch ifanc un ar bymtheg oed) (Morlaix, 1647), llyfr nad oes yr un copi ohono wedi goroesi. Disgrifiodd hwn fel gwaith digrif ac ynddo rannau anweddus yr oedd wedi ymatal rhag eu copïo. Ychwanegodd mai ei unig fwriad wrth ddyfynnu o'r gerdd fwrlesg hon oedd cofnodi geiriau anghyfarwydd iddo.[9] Gan mai llunio geirfa oedd ei brif amcan, ceir bod ei waith copïo weithiau yn ddiffygiol ac yn ddi-drefn, ond erys, serch hynny, yn arloeswr yn hanes ysgolheictod Llydaweg.

Amcan ysgolheigaidd oedd i Eiriadur ac i Ramadeg ar Pelleter, ac nid nod ymarferol neu genhadol fel yn achos gwaith ieithyddol Maner. Gan ei fod yn ymwybodol fod yr iaith yn dirywio 'roedd yn awyddus i gofnodi cymaint o'i geirfa ag y gallai cyn y byddai'n rhy hwyr. Odid nad hwn oedd ei brif gymhelliad wrth lunio'r Geiriadur:

C'est ce déclin sensible de cette ancienne langue qui m'a fait entreprendre le travail que je donne au public.

(Y dirywiad amlwg hwn yn yr hen iaith hon a barodd imi ymgymryd â'r gwaith a gyflwynaf i'r cyhoedd.)[10]

Tebyg oedd amcan William Owen Pughe yn ei Eiriadur Cymraeg-Saesneg (1803), er bod ei ddull o fynegi ei fwriad dipyn yn fwy blodeuog:

DICTIONNAIRE

DE LA

LANGUE BRETONNE,

OU L'ON VOIT SON ANTIQUITÉ,

SON AFFINITÉ AVEC LES ANCIENNES LANGUES,

L'EXPLICATION DE PLUSIEURS PASSAGES

DE L'ÉCRITURE SAINTE,

ET DES AUTEURS PROFANES,

AVEC L'ETYMOLOGIE

DE PLUSIEURS MOTS DES AUTRES LANGUES.

Par DOM LOUIS LE PELLETIER, *Religieux Bénédictin de la Congrégation de S. Maur.*

A PARIS,

Chez FRANÇOIS DELAGUETTE, Imprimeur-Libraire, rue S. Jacques, à l'Olivier.

M. DCC. LII.

AVEC APPROBATION ET PRIVILEGE DU ROY.

Wyneb-ddalen Geiriadur ar Pelleter (1752)

150

Gaulois. *Awret* eft régulierement le poffeffif d'*Awr*, maintenant inconnu, dont on feroit *Awri*, qui fignifieroit *faire du gueret*, d'où vient *Awriat*, travail de gueret. On peut cependant dire que *Awret* eft compofé de ces deux dictions *Aᵈ* iterative, & *Gwryek*, dont on a fait dans le Breton d'Angl. felon Davies, *Gwrychin*, devenir fertile. Ainfi *Aᵈgwryek*, qui dans la prononciation eft *Aᵈwreich* ou *Awreich*, fignifieroit *redevenu fertile*.

Aᵈ, particule itérative, augmentative, & quelquefois diminutive, felon les noms ou verbes auxquels elle eft jointe. Davies écrit *Ad*, præpofitio in compofitione eft idem quod I atinis *Re* in compofitis. Et un peu après, *Add* eft præpofitio in compofitione ; fans rien dire de fa fignification, fi ce n'eft qu'il rapporte plufieurs mots qui en font compofés, & ont véritablement celle d'augmenter, & même de diminuer, étant liés avec ceux qui fignifient *peu* ou *menu*. Il y a de l'apparence qu'en Breton *Ad* & *Add*, *Aᵈ* & *As* font une feule & même prépofition ou particule, qui eft plus ou moins altérée dans la prononciation. M. Rouffel reconnoiffoit qu'elle augmente & double, & diminue quelquefois.

ALADUEᵈ, Azoüe & Azöe, Bonheur, heureufe rencontre. Selon M. Rouffel, ce n'eft qu'une penfée obligeante, & il donne pour exemple cette phrafe : *Biffouᵈ n'en derde an açaoueᵈ d'a m'pidi d'a çafraf e vara*. Jamais il n'a eu la penfée obligeante de me prier de goûter à fon pain. Mais on peut donner à cette phrafe un autre tour, favoir : Jamais il n'y eut d'occafion affez heureufe, pour qu'il me priât de, &c. Davies met bien *Addedd*, qui fe prononce *Aᵈeᵈ*, mais il lui donne la fignification d'*Aech*, Ivit, & le marque d'une étoile comme inufité. *Açaoueᵈ* feroit peut-être pour *Açöe*, qui veut dire de *Dieu*; & marqueroit la protection & les bienfaits de Dieu. Ou bien *Açaoueᵈ* feroit pour une fimple rencontre, qui fe fait au moins de deux, & feroit compofé d'*A*, & de *Daoü*, deux.

AᵈBLEW, que l'on prononce communément *Aᵈblew*, de deux fyll. le menu poil, qui croît fur les joues & au menton, avant la barbe, le poil follet. Davies n'a point ce mot, qui eft compofé de la particule vraiment diminutive *Aᵈ* & de *Blew*, poil, cheveux.

AᵈCOAN ,"Réveillon, petit repas que l'on fait après fouper, lorfque l'on veille tard. Ce mot eft compofé de la particule itérative ou diminutive *Aᵈ* & de *Coan*, fouper. C'eft auffi un petit fouper, ou un fouper réitéré. Plufieurs donnent ce nom à-la collation que font ceux qui doivent fouper tard : & alors *Aᵈ* n'eft que diminutif.

AᵈEULI, adorer. *Adori* eft le feul qui foit en ufage aujourd'hui. Davies met *Addoli*, Adorare. Ab *Add*, & *Joli*. Armor. *Addeuli*. dd vaut 2. Je crois cependant que *Addoli* vient encore d'*Adorare*. Nous verrons *Joli* en fon rang.

AᵈIOCH, Au deffus. [Vennetois] *Aᵈialhié*, d'en haut. Cet adverbe eft formé de la præpof *A*, Lat. *Ad*, de *Di*, de, & de *Uch*, *Ouc'h*, Sur, & vaut autant que fi nous difions *A - de - Sus*. On ne dit pas aujourd'hui *Oc'h* ni *Ouc'h* pour *deffus*, mais bien *Uch*, haut, *Uchoc'h*, plus haut. Davies écrit *Uwch*, præpof. fuprà. Et *Ucho*, fuprà adverb. On dit auffi *Aᵈiouᵈ*, qui trouvera fa place dans *Ouc'h*.

AᵈNAT, Connu, manifefte, évident. Davies met *Hynad*, notabilia, benè notus. Armor. *Hadⁱnad*. C'eft notre *Aᵈnat*, qui eft écrit, *Haᵈnat* dans

la Deftruction de Jérufalem, & autres anciens livres. Mais *Hynad* eft un autre nom fait de *Hy*, qui vaut l'*Iω* des Grecs, & de *Nad*, Nota ; *Nôdi*, notare, &c. felon le même Davies. *Aᵈnat* eft compofé, fi je ne me trompe, de la particule augmentative ou iterative *Aᵈ*, & de *Gnawd*, qui fera expliqué en *Gnou*, qui eft pour *Gnou*.

AᵈNAW, & par corruption *Amᵈaw*, reconnoitre, avouer, contefter. Participe paffif *Aᵈnawet* & *Amᵈawet*. Davies n'a rien de ce verbe que les deux parties qui le compofent chacune féparée ,"favoir : *Add*, Iterative, & *Gnawd*, qui eft expliqué en *Aᵈnaw*, ci deffous. G. fe perd en prononçant.

AᵈNAWT ou *Aᵈnôut*, Connoitre, reconnoitre, Participe paffif *Aᵈnawet*, ou *Aᵈnaweᵈet*, connu, reconnu. Davies écrit *Adnabot*, cognofcere. Armor, *Aᵈnaout*. Et ailleurs : Agnofco, *Cyanabod*, *Adnabot*; & encore Fateri, *Cyanabod*, &c. *Aᵈnawt* me femble compofé d'*Aᵈ* & de *Gnawd*, que Davies explique par *Affuetum*, ce que l'on a coutume de voir, & eft proprement un nom fervant de verbe.

AᵈNAWDEC, connoiffant, connoiffeur, reconnoiffant, celui qui a connoiffance. *Aᵈnawdegheᵈ*, connoiffance. C'eft ici un poffeffif, & fon dérivé d'*Aᵈnawt*, & cela montre que ce primitif eft un nom de deux ufages, comme en François, favoir, pouvoir, vouloir, &c.

AᵈNAWE, Monitoire. Le P. Maunoir ne l'a pas bien écrit *Anaüie* & *Athaoüe*. Ce mot eft devenu rare, parce que les Eccléfiaftiques, qui publient les Monitoires, en corrompent la pureté. C'eft ici un compofé du nom *Aᵈnawt*, pour *Aᵈnawe*, connu, & de *Ve*, foit ; & exprime affez le Latin *Notum fit*.

AᵈNOASA, offenfer, choquer. C'eft un compofé de l'itérative ou augmentative *Aᵈ*, & de *Noaᵈa*, nuire. Voyez *Noaᵈrout* en fon rang.

AᵈOURN, [Venet.] poignet.

AᵈREC'H, Trifteffe, affliction, chagrin. Le P. Maunoir écrit *Aᵈreo*, *trifteffe* ; mais je le crois mal écrit. Ce nom eft affez commun en Cornwaille. M. Rouffel ne le connoiffoit pas en fon pays de Leon. C'eft un compofé de *Aᵈ*, & de *Rec'h*, qui a prefque la même fignification. Davies n'a rien de femblable, ni qui en approche.

AᵈROUE, felon la mauvaife prononciation que le P. Maunoir a fuivie, eft pour *Arwoeᵈ* ou *Arweᵈ*. Voyez *Argoeᵈ* cidevant.

AᵈTO, Œuf que l'on met dans le nid d'une poule, pour la faire pondre. Ce nom, fi j'en juge bien, eft compofé de l'itérative *Aᵈ*, & de *To*, couverture, couvert, parce que cet œuf eft couvert ou couvé plufieurs fois. Ou felon la prononciation de quelques-uns *Aᵈo*, toujours.

B.

BABOUE, Bave, falive, qui découle de la bouche. *Baboufer*, baveux & bavard. *Dibabous* en Leon, eft une bavette de petit enfant, qui empêche la bave de tomber fur leur habits. On dit *Ghenou baboufec*, bouche baveufe. *Babous* & *Bave* ont une grande affinité avec l'autre mot Breton *Buor* expliqué ci-après en fon rang. *Babous* pourroit cependant venir de *Pafs*, qui eft la bouillie dont on nourrit les petits enfans, de laquelle une partie découle de leur bouche avec la bave.

BAC'H, Croc ; grand hameçon, qui fert à prendre les gros poiffons, Comme les laboureurs donnent

. . . I presumed that it might be the means of preserving the remains of a language of an ancient nation, whose fate, probably, is to become indiscriminately blended with their more powerful neighbours; and whose place may be overwhelmed in the vortex of human fluctuations.

(. . . Bernais efallai y byddai'n fodd i gadw gweddillion iaith hen genedl, sydd wedi ei thynghedu, yn ôl pob tebyg, i gael ei chydgymysgu blith draphlith â'i chymdogion mwy grymus; ac y mae'n bosibl y cyll ei lle yn llwyr yn nhrobwll ansefydlogrwydd dynolryw.)[11]

Teimlai ar Pelleter fod orgraff estron y Llydaweg yn gwbl anghydnaws â'i chymeriad a'i hanes, ac yn afresymegol o safbwynt seinegol. O'r herwydd, mynnodd ddiwygio'r dull sillafu drwy fabwysiadu'r symbol *gw* yn lle *gu* am /gu/, defnyddio *k* am /k/ yn lle amrywio rhwng *k*, *c*, *cq* a *qu*, ac ysgrifennu *gh* yn hytrach na *gu* am /g/ o flaen *e* ac *i*. Ymddengys mai ef oedd y cyntaf i ddefnyddio *w* yn y Llydaweg, a dichon iddo wneud hynny gan fod *w* mor amlwg yn orgraff y Gymraeg. Er na fabwysiadwyd y diwygiadau hyn gan ei gyfoeswyr, daethant yn gynsail i argymhellion ar Gonideg ynghylch sillafu'r iaith yn ei Ramadeg ym 1807. Ystyriai Yeann Marion (Jean Marion, 1759-1824) hefyd y byddai'n bosibl arfer *gh* yn hytrach na *gu* a *k* yn lle *qu*, ond penderfynodd ef na oddefai'r rhan fwyaf o ddarllenwyr gwerinol y fath drefn anghyfarwydd yn ei *Vocabulaire Nouveau* ac y mynnent 'quênt peèll vanjance, pe uélehènt amen ur guir scrihuét dihaval doh er péh meint acourcét da uélèt el livreu coh' (cyn hir ddial, wrth weld gair wedi ei ysgrifennu yma mewn dull gwahanol i'r hyn y maent wedi arfer ag ef yn yr hen lyfrau.)[12]

Copïo gramadeg Maner at ei ddefnydd ei hun a symbylodd ar Pelleter i ymgymryd â chyfansoddi ei Ramadeg Llydaweg. Wrth wneud hynny daeth o hyd i gynifer o 'fautes considerables' (gwallau o bwys) nes penderfynu fod angen ailedrych ar y maes a llanw'r bylchau a adawyd gan ei ragflaenydd.[13] Mewn gwirionedd, nid aeth yn llawer pellach na Maner, a'i ymdriniaethau â'r enwau torfol a'r rhagenwau dangosol yw ei brif ychwanegiadau at gynllun Gramadeg y *Sacré collège*. Eglurodd fod gair megis *stêr* yn enw torfol y gellid ychwanegu ato derfyniad unigol *-en*, terfyniad lluosog *-ed*, ail derfyniad unigol *-edenn*, neu ail un lluosog *-edennou*.[14] Ystyriai fod disgrifiad Maner o rediadau'r berfau yn gamarweiniol, a'i bod yn gywirach sôn am un neu ddau batrwm rhediadol ac nid am bedwar:

Il compte aussi 4 conjugaisons pour une ou deux. C'est à dire une reguliere et l'autre tres imparfaite. Il marque des préterits qui ne sont point connus dans le Breton non plus que dans les trois langues Romanses. Il commet encore beaucoup d'autres fautes que je tacherai d'eviter, sans en faire d'autres.

(Hefyd cyfrifa bedwar rhediad yn lle un neu ddau, hynny yw, y naill yn un rheolaidd a'r llall yn un amherffaith iawn. Noda ffurfiau gorffennol pendant nad ydynt i'w cael yn y Llydaweg nac ychwaith yn y tair iaith Romawns. Gwna lawer o gamgymeriadau eraill y ceisiaf eu hosgoi, heb wneud rhai eraill.)[15]

Fel gyda'i Ramadeg, dechreuodd ar ei waith geiriadurol drwy gopïo gwaith Maner at ei ddibenion ei hun. Wrth sylwi ar ei ddiffygion, ac wedi ei annog gan y Tadau Passavant a Mabillon, a chan Lobineau, Briant ac eraill, aeth ati wedyn i gyfansoddi geiriadur helaethach a mwy ysgolheigaidd.[16] Nid ymgyfyngodd i ffynonellau ysgrifenedig. Fel y gweddai i ysgolhaig a roddai bwyslais ar gyfoeth yr iaith lafar, chwiliai am siaradwyr a roddai iddo'r ffurfiau mwyaf hynafol ac anllygredig. Soniodd amdano ei hun yn ymgynghori â 'les vivans, mais vieilles gens de la campagne' (pobl heini ond oedrannus cefn gwlad),[17] ac am y cymorth arbennig a gafodd gan Youenn ar Gareg (Yvon Le Garrec), llifiwr coed a oedd wedi treulio rhan helaeth o'i fywyd wrth ei waith yn y goedwig ac mewn cyswllt beunyddiol â llawer o'r gwerinwyr mwyaf gwledig. Cyfeiriodd at ambell unigolyn arall a oedd wedi ei gynorthwyo, megis 'un fort brave gentilhomme' (gŵr bonheddig clodwiw) a feddai ar diriogaeth 'Coatelio' ym mhlwyf Plouziri, nid nepell o Landerne. 'Roedd y gŵr hwn yn hyddysg iawn yn ei famiaith, ac yn barod i rannu ei wybodaeth hyd y gallai. Mewn modd tebyg, ymddengys i ar Pelleter ddysgu am yr Wyddeleg gyda chymorth Gwyddel neu Wyddelod a oedd yn byw yn Llydaw. Hyn sy'n egluro paham y mae geiriau Gwyddeleg tafodieithol i'w cael yn ei Eiriadur.[18] Nid tafodieithegydd ydoedd, fodd bynnag, a'i brif ddiddordeb oedd olrhain tarddiad geiriau a chael hyd i gytrasau. O'n safbwynt ni heddiw, golyga hyn nad yw ei Eiriadur gyfwerth ag un Gregor, ysgolhaig a ganolbwyntiodd ar ddisgrifio'r iaith lafar yn ogystal â phwysleisio fod astudio'r Llydaweg yn ffordd i ddarganfod mwy am hanes. Heblaw manteisio ar y *Diction-arium Duplex*, ac ar y dyfyniadau o'r *Catholicon* ynddo, ymddengys fod ar Pelleter hefyd yn dyfynnu o'r *Catholicon* yn uniongyrchol mewn mannau.[19] Ymgynghorodd ag amryw lyfrau eraill, gan gynnwys 'tous les petits Dictionaires de cette langue que j'ai pû avoir, les quels sont tous peu de chose pris separement, mais un peu plus utiles prennant d'un chacun ce qui manquoit dans les autres' (holl eiriaduron bychain yr iaith hon y gallwn eu cael, gweithiau nad ydynt fawr o beth o'u cymryd fesul un, ond sydd ychydig yn fwy defnyddiol o gymryd gan bob un yr hyn sy'n ddiffygiol yn y lleill).[20] Mewn copi o'r *Sacré collège* a oedd yn ei feddiant 'roedd Llydawr anhysbys wedi ychwanegu nodiadau llawysgrif, a defnyddiwyd y rhain ganddo hefyd.[21]

Wedi iddo gwblhau'r llawysgrif gyntaf (1716) daeth llawysgrif Geiriadur Roperzh Harinkin (Robert Harinquin), a luniwyd ym 1699, i'w ddwylo. Collwyd y gwaith hwnnw erbyn hyn, ond mae'r dyfyniadau ohono yng Ngeiriadur printiedig ar Pelleter yn taflu peth goleuni ar ei natur a'i gynnwys, fel y mae'r disgrifiad ohono ar ddiwedd llawysgrif 1716. Cesglir mai Llydawr Llydaweg ac offeiriad yn Motrev, yn nwyrain Kernev, oedd Harinkin. Dywedir iddo gyfansoddi gramadeg Llydaweg, caneuon ysbrydol, pregethau a llyfrau eraill, ond nid oes dim o'r rhain wedi goroesi, hyd y gwyddys.[22] Condemniodd ar Pelleter ei Eiriadur am ei fod yn llawn 'Breton Bourgeois' (Llydaweg parchus, h.y. Llydaweg siprys),[23] a gellir casglu mai llawlyfr poblogaidd ac ymarferol ydoedd.

Cynorthwywyd ar Pelleter yn uniongrychol gan ddau eiriadurwr cyfoes, sef Gwilherm Rousel (Guillaume Roussel,

154

c.1647-1707), gŵr yr ystyriai ei fod yn ddysgedig ac yn gyfaill da, a Gregor o Rostrenenn. Cyfansoddodd Rousel ei Eiriadur Llydaweg tua'r flwyddyn 1700, ac mae tri chopi ohono wedi goroesi: (i) copi anghyflawn mewn chwe chyfrol a gedwir bellach yn Llyfrgell Prifysgol Poitiers; (ii) copi o lawysgrif Poitiers (gan Gabriel Yann-Vari Milin, 1822-95) mewn tair cyfrol ac yng nghasgliad Llyfrgell Prifysgol Roazhon, a (iii) copi o'r fersiwn hwnnw (gan Frañsez Mari Vallée, 1860-1949) ac ynddo nodiadau ychwanegol.[24] Brodor o fro Rosko ac offeiriad yn Gwineventer oedd Rousel (bf. 1707), ac yn ôl ar Pelleter, Esgob Leon a ofynnodd iddo ymgymryd â llunio geiriadur. Ystyriai ar Pelleter fod Rousel yn chwilotwr dyfal ac yn hynafiaethydd diwyd:

> Il etoit devenu si expert en cette langue par les soins qu'il prennoit de tous ses paroissiens, même des plus sauvages de qui il apprennoit des mots rares dans le commerce des bourgs et des villes: et comme il aimoit l'antiquité, il recherchoit ce qui restoit de vieilles expressions parmi les vieilles gens.

> ('Roedd wedi dod mor fedrus yn yr iaith hon wrth iddo ofalu am ei holl blwyfolion, hyd yn oed y mwyaf anniwylliedig, rhai y dysgai ganddynt eiriau sy'n brin ym masnach y pentrefi a'r trefi: a chan ei fod yn caru hynafiaeth, chwiliai am yr hen ymadroddion a oedd yn dal ar gof gan yr henoed.)[25]

Ymddengys i Gregor o Rostrenenn fwrw i'w waith geiriadurol yn ddiweddarach nag ar Pelleter, ond ei Eiriadur ef a gyhoeddwyd gyntaf. Ni wyddys i ba raddau yr oedd y ddau'n cyfnewid eu darganfyddiadau â'i gilydd, ond tra cydnabu ar Pelleter ei ddyled i Gregor ni chyfeiriodd hwnnw at ei gyd-eiriadurwr yn ei ragair i'w Eiriadur ef. Erys y tawelwch annisgwyl hwn yn ddirgelwch. Ystyriai ar Pelleter fod Gregor yn feistr ar yr iaith:

> Je n'ai gueres moins été aidé par le R. P. Gregoire de Rostrenen Religieux Capucin d'un merite distingué non seulement dans son ordre par sa vertu, mais dans tous le

païs de Basse-Bretagne par ses predications et sa sage conduite. Il possede si parfaitement la langue Bretonne et ses differentes dialectes, qu'on le croit être né et elevé dans chaque diocese où il prêche.

(O'r braidd imi gael lai o gymorth gan y Tad Gregor o Rostrenenn o Urdd Sant Ffransis, gŵr nodedig o deilwng nid yn unig yn ei Urdd oherwydd ei rinweddau, ond yn holl fröydd Gorllewin Llydaw oherwydd ei bregethau a'i ymddygiad da. Mae ef mor rhugl yn y Llydaweg a'i thafodieithoedd fel y gellir credu iddo gael ei eni a'i fagu ym mhob esgobaeth lle y pregetha.)[26]

Diau mai hyd a maint y llawysgrif a gwblhawyd ym 1716 a rwystrodd ei awdur rhag ei chyhoeddi. Gan gymaint fyddai'r costau argraffu, bodlonodd ar gwtogi a chrynhoi ei waith a chynhyrchu, yn y pen draw, lawysgrif ei ail Eiriadur. Wrth ei adolygu, manteisiodd ar *Dictionnaire breton-françois du diocèse de Vannes . . .* (1723) gan Pierre de Châlons, gwaith ac ynddo tua 5,000 o ddangoseiriau ac wedi ei fwriadu i ddiwallu'r angen am eiriadur ymarferol ar gyfer esgobaeth Gwened.

Ffrancwr a aned ym mhlwyf Saint-Dizier, Lyons, ym 1641 oedd Pierre de Châlons. 'Roedd yn ganon yn Eglwys Gadeiriol Gwened yn 1679, ac yn brifgantor yno o 1696 hyd 1709. Cafodd fywoliaeth Sarzhav ym 1709, ac arhosodd yno hyd ei farwolaeth yn 77 oed ym 1718.[27] Gofalodd ymgynghori â nifer o siaradwyr brodorol wrth gyfansoddi ei eiriaduron, a cheir yn llawysgrif ei Eiriadur Ffrangeg-Llydaweg (*Dictionnaire françois-breton du diocèse de Vannes*) gyfeiriadau at wybodaeth a gawsai gan Frañsez ar Mogn (François Le Moing, rheithor yn Noal-Pondivi ac wedyn yn Pondivi), a chan offeiriaid an Ignel a Kervignag. Credir mai Pêr Barizi (Pierre Barisy, 1659-1719) oedd y naill o'r rhain ac mai Jakez Davi (Jacques Davy), offeiriad Kervignag rhwng 1695 a 1739, oedd y llall. Ymddengys mai Cillard de Kerampoul oedd yr offeiriad a sicrhaodd gyhoeddi'r Geiriadur Llydaweg-Ffrangeg ym 1723, ac mai ato ef y cyfeirir yn y rhagair:

. . . le Recteur qui l'a éxaminé avant de le confier à l'Impression n'a pu ny n'a du le changer. Il y a donc fait peu de corrections, & y a aussi ajouté peu de chose: chacun dans sa Paroisse pourra aisément suppléer à la difference qu'il remarquèra de son Breton à celuy de ce Dictionnaire, en corrigeant & ajoutant sans scrupule sur celuy qu'il aura pour son usage.

(. . . ni allai'r offeiriad a'i harchwiliodd cyn ei drosglwyddo i'r wasg ei newid, ac ni fu'n rhaid iddo. Ni wnaethpwyd ond ychydig gywiriadau, ac nid ychwanegwyd namyn ychydig: gall pob un yn ei blwyf wneud iawn yn hawdd am y gwahaniaeth a gaiff rhwng ei Lydaweg ef ac iaith y Geiriadur hwn, drwy gywiro'r copi a fydd at ei ddefnydd ac wrth ychwanegu ato heb boeni am dramgwyddo neb.)[28]

Ni chyhoeddwyd Geiriadur Ffrangeg-Llydaweg de Châlons.[29]

Ar 12 Rhagfyr 1750 pleidleisiodd Senedd Llydaw o blaid cyfrannu 7,200 o *livres* at gyhoeddi dri chant o gopïau o'r Geiriadur Llydaweg gan ar Pelleter y bwriadai Charles-Louis Taillandier (g.?1706), un o Fenedictiaid Saint-Maur, ei gyhoeddi. Yn y prosbectws, a gyhoeddwyd ar ei gyfer ym 1751, cyfeiriwyd at y Gymraeg a'r Llydaweg fel chwaerieithoedd nad oedd nemor ddim gwahaniaeth rhyngddynt. Er bod cyddealltwriaeth rhwng siaradwyr y ddwy iaith wedi hen beidio erbyn y ddeunawfed ganrif, delid i goleddu'r gred eu bod wedi aros bron yn gwbl ddigyfnewid:

Ainsi c'est dans la Basse-Bretagne & dans le Païs de Galles qu'il faut chercher les restes de la Langue Celtique: elle est la même dans ces deux Provinces; la différence n'est que dans les Dialectes; & cette différence est si légére que nos Prisonniers Bretons pendant la derniere Guerre entendoient facilement la Langue des Gallois.

(Felly, yng Ngorllewin Llydaw ac yng Nghymru mae'n rhaid chwilio am weddillion yr Iaith Geltaidd: yr un ydyw yn y ddwy dalaith hyn; gwahaniaeth rhwng tafodieithoedd yn unig sydd; ac mae'r gwahaniaeth hwn mor fach fel bod ein carcharorion Llydewig yn ystod y rhyfel diwethaf yn deall iaith y Cymry yn rhwydd.)[30]

Ac ar Pelleter yn ei fedd ers pedair blynedd ar bymtheg, cyhoeddwyd y Geiriadur ym Mharis dan y teitl *Dictionnaire de la langue bretonne* . . . (1752). Fe'i cyflwynwyd i Senedd Llydaw. Yn y rhagymadrodd beirniadodd Taillandier Gregor o Rostrenenn am nad oedd wedi ymgyfyngu i restru geiriau Celtaidd dilediw yn ei Eiriadur ef ac am nad oedd wedi ymdrin yn foddhaol â tharddiad geiriau:

> Cet ouvrage est estimable à bien des égards; mais il n'a pas distingué les mots vraiment Celtiques, d'avec les mots Etrangers que l'usage, ou plûtôt l'abus a introduit dans cette Langue. Il nefait [sic] sentir d'ailleurs en aucune façon l'origine des mots dont cette Langue est composée & c'est là cependant ce qui doit piquer la curiosité d'un Lecteur éclairé.

> (Mae'r gwaith hwnnw yn haeddu parch ar sawl cyfrif; ond nid yw wedi gwahaniaethu rhwng y geiriau gwir Geltaidd a'r rhai estron sydd wedi dod i'r iaith drwy arfer, neu'n hytrach drwy gamarfer. Ni ddengys ychwaith, mewn unrhyw ffordd, darddiad geiriau'r iaith hon, er mai dyna'r peth sy'n sicr o ennyn chwilfrydedd y darllenydd goleuedig.)[31]

Fel y dywedwyd wrth ymdrin ag ymagweddiadau at yr iaith yn y cyfnod 1659-1807, ym mhuryddiaeth ar Pelleter mae egin y mudiad gwladgarol a dyfodd yn y bedwaredd ganrif ar bymtheg, ac ymdrechion y rhai a geisiai y pryd hynny sicrhau fod y Llydaweg yn lân ac yn rhydd oddi wrth eiriau benthyg dianghenraid. Heblaw cydnabod ei fod yn ysgolhaig o'r rheng flaenaf yn ei oes ei hun, gallwn ddweud i'w ddylanwad barhau, yng ngwaith y sawl sy'n ymdrechu i ysgrifennu Llydaweg dilediw, hyd ein dyddiau ni.[32]

Eglwys Sarzhav (1979), lle y bu Pierre de Châlons yn offeiriad rhwng 1709 a 1718

159

1 GB, 233n; CHD vii, 1-5; Lukian Raoul, *Geriadur ar Skrivagnerien ha Yezhourien* (Al Liamm, 1992), 262-3. Nodir gan Raoul iddo fynd i fynachdy 'Lokeltaz', enw yr argymhellir bellach ei gadw ar gyfer *Locqueltas* (yn hytrach nag ar gyfer Saint-Gildas-de-Rhuys [= *Lokentaz*]).

2 PE llsgr. iv, 2.

3 Ibid., iv, 3.

4 Ibid., iv 16; cf. CHD vii, 26.

5 Tassin, *Histoire littéraire de la congrégation de Saint-Maur* . . . (Bruxelles, 1770; ad. New Jersey, 1965), 511; CHD vii, 13.

6 Ibid., viii, 2-3.

7 Cedwir y llsgr. hon yng Nghastell Lesquiffiou. Gw. CHD viii, 3 a 6.

8 (i) E Ernault, 'Sur le mystère de Saint Guénolé', RC xx (1899), 213-47 et seq.; idem., 'L'ancien mystère de Saint Guénolé', AB xl (1932-3), 1-35; (ii) Roparz Hemon a Gwennole [sic] Le Menn, *Les fragments de la Destruction de Jerusalem* (Dublin, 1969), x-xiv; a (iii) Largillière, 'Gwenc'hlan', AB xxxvii (1925-6), 288-308; idem., 'Le dialogue entre Arthur et Guinclaff', AB xxxviii (1928-9), 627-74. Ar ddyddiad 'Dinistr Caersalem', gw. Christian-J Guyonvarc'h, *Le Catholicon de Jehan Lagadeuc* ii (Rennes, 1975), lxxxiv.

9 PE llsgr. iv, 1460. Gweler hefyd Yann-Berr Piriou, 'Notes de lecture: 'Les Amours d'un Vieillard', *La Bretagne Linguistique* ii, 1985-6 (Brest), 88-96, a 'Les Amours du Vieillard' yn Hemon a Le Menn, op.cit., xv-xxiii, 206-307, 410-37.

10 PE llsgr., iv, 3.

11 W. Owen Pughe, *A Dictionary of the Welsh Language* i (Denbigh, 1832), 'The Introduction to the First Edition . . .1803', v.

12 *Vocabulaire Nouveau, ou dialogues français et bretons* . . . (Vannes, s.d.), s.n. Marion yw awdur y gyfrol ddi-enw hon, yn ôl Lukian Raoul yn ei *Geriadur ar skrivagnerien ha yezhourien vrezhonek* (Al Liamm, 1992), 297. Awgrymir yno iddo gael ei gyhoeddi rhwng 1809 a 1813, ond gw. tudalen 210, a 223 (n2) isod.

13 PE llsgr. iv, 52.

14 Ibid., iv, 54.

15 Ibid., iv, 52; cf. ibid., iv, 68.

16 CHD vii, 50-1; ibid., viii, 4.

17 PE llsgr. iv, 4.

18 G Dottin, 'Les mots irlandais dans le dictionnaire de Le Pelletier', AB xvii (1901-2), 45-57; Éamon Ó Ciosáin, 'La Langue Irlandaise et les Irlandais dans le "Dictionnaire de la Langue Bretonne" de Dom Le Pelletier', *Bretagne et Pays Celtiques*, gol. G. Le Menn (Rennes, 1992), 51-62.

19 CHD vii, 35-49; Christian -J. Guyonvarc'h, *Le Catholicon de Jehan Lagadeuc* ii (Rennes, 1975), xxiii, sy'n ychwanegu: 'Il y aura là matière à une ample recherche.'

20 PE llsgr. iv, 4.

21 Bernard Tanguy, 'Gloses et corrections anonymes du XVIIe siècle dans un exemplaire du Sacré Collège de Jésus du Père Maunoir', EC xx (1983), 207-42.

22 Nodai 'ND' am 'Nouveau Dictionnaire' wrth ddyfynnu o waith Harinkin. Arno, gweler Gwennole ar Menn, 'Le dictionnaire breton de Harinquin / Geriadur Harinkin [1699]', *Hor Yezh* 125 (1979), 8-10.

23 Dyfyniad yn ibid., 8.

24 E Ernault, 'Le dictionnaire breton de Roussel', RC iv (1879-80), 104-5; Émile Ginot, 'Les révélations d'un filigrane', AB xxxi (1915-16), 529-30; E Ernault, 'Sur le "vieux casuiste" breton', AB (vol. hors série: Rennes, 1927), 328; CHD vi, 51-2.

25 PE llsgr. iv, 4-5.

26 PE llsgr., iv, 5.

27 J Loth (gol.), *Dictionnaire breton-français . . . de Pierre de Châlons* (Rennes, 1895), Préface, s.n.; CHD x, 3.

28 Dyfyniad yn ibid., x, 7.

29 Mae dwy lawysgrif o'i Eiriadur Ffrangeg-Llydaweg wedi goroesi. Ibid., x, 28-41.

30 Ibid., viii, 50.

31 Ibid., viii, 65; PE, vii.

32 Lluniwyd crynodeb o Eiriadur ar Pelleter gan Étienne de Barbazan (1696-1770) tua 1760, ac fe'i cedwir yn Llyfrgell Arsenal, Paris, llsgr. 3538 (355 BF). Seiliodd Hugh Roberts (1841-1916) ei Eiriadur Llydaweg-Saesneg (llsgr. LLGC, 5372D), a gyflawnodd hyd at y gair *Bouc'hal*, ar waith ar Pelleter.

(d) *Gregor o Rostrenenn*

Gellir dweud yn ddibetrus mai'r Geiriadur gan Gregor o Rostrenenn, a gyhoeddwyd yn Roazhon ym 1732, yw llyfr pwysicaf y ddeunawfed ganrif o safbwynt y Llydaweg. Ei deitl yn llawn yw *Dictionnaire François-Celtique ou François-Breton necessaire à tous ceux qui veulent apprendre à traduire le François en Celtique, ou en langage Breton, pour Prêcher, Catechiser, et Confesser, selon les differens Dialectes de chaque Diocese, utile et curieux pour s'instruire à fond de la Langue Bretonne, pour trouver l'éthymologie de plusieurs mots François et Bretons de noms propres de Villes, et de Maisons.* (Geiriadur Ffrangeg-Celteg neu Ffrangeg-Llydaweg angenrheidiol i bawb sy'n dymuno dysgu cyfieithu o'r Ffrangeg i'r Gelteg, neu'r Llydaweg, er mwyn pregethu, dysgu'r holwyddoreg, a chyffesu, yn ôl gwahanol dafodieithoedd pob esgobaeth. Gwaith diddorol a defnyddiol i lwyr feistroli'r Llydaweg, i gael hyd i darddiad llawer o eiriau Ffrangeg a Llydaweg, ac enwau trefi a theuluoedd.) Mae gan y gwaith hwn le canolog yn hanes ysgolheictod Llydaweg, a defnyddiwyd ef gan bron pob geiriadurwr Llydaweg hyd yr ugeinfed ganrif.[1] Gan i ieithwyr diweddarach ddibynnu arno, tueddwyd hefyd i atgynhyrchu'r camgymeriadau ynddo. Hyn sy'n egluro sut daeth y gair geiriadur *hobregon* 'dwyfronneg', er enghraifft, i gael lle mewn geiriaduron diweddar.[2]

Er mai Gregor yw prif ysgolhaig Llydaweg y ddeunawfed ganrif, ychydig sy'n hysbys am ei fywyd. Credir efallai mai Tangi oedd ei enw bedydd ac iddo gael ei eni rhwng 1670 a 1675 mewn lle o'r enw Keranna. Gan iddo ddweud mai yn esgobaeth Gwened y magwyd ef, tybir ei fod yn frodor o Keranna yn Perred, a oedd gynt yn yr esgobaeth honno. Cyfeiriodd yn benodol at ei fro enedigol yn ei 'Liste de la plûpart des Auteurs, des Livres, ou Manuscrits, dont je me suis servis pour composer ce Dictionnaire' (Rhestr o'r rhan fwyaf o'r awduron y defnyddiais eu gwaith, ac o'r llyfrau a'r llawysgrifau a ddefnyddiwyd gennyf wrth gyfansoddi'r Geiriadur hwn.) Ymhlith y gweithiau 'roedd wedi dyfynnu geiriau ohonynt, meddai, 'roedd:

DICTIONNAIRE

FRANÇOIS CELTIQUE,

OU

FRANÇOIS-BRETON

NECESSAIRE A TOUS CEUX QUI VEULENT
apprendre à traduire le François en Celtique, ou en langage Breton,
pour Prêcher, Catechiser, & Confesser, selon les differens Dialectes de
chaque Diocese, utile, & curieux pour s'instruire à fond de la Langue
Bretonne, & pour trouver l'ethymologie, de plusieurs mots François
& Bretons, de noms propres de Villes, & de Maisons.

Par le P. F. GREGOIRE DE ROSTRENEN, *Prêtre*
& Predicateur Capucin.

A RENNES,

Chez JULIEN VATAR, Imprimeur & Libraire, au coin des Rues Roïale St.
d'Estrées

M. DCC. XXXII.

AVEC APPROBATION ET PRIVILEGE DU ROY.

Wyneb-ddalen Geiriadur Gregor (1732)

Un recueil de mots bretons des differens quartiers de tous les Diocéses où l'on parle la Langue de nos Ancêtres, que je faisois depuis l'an 1700. [sic] m'y trouvant en Station, en Mission, ou de Communauté, mais par la seule raison que mon breton naturel étoit fort mauvais, & peu intelligible sinon dans l'Evêché de Vannes, où j'avois passé mes premieres années.

(Casgliad o'r geiriau Llydaweg o wahanol ardaloedd pob un o'r esgobaethau lle y siaredir iaith ein hynafiaid, casgliad y bûm yn ei lunio er y flwyddyn 1700 o'm cael fy hun wedi f'anfon i bregethu, i genhadu neu i aros mewn cymuned grefyddol. Yr unig reswm imi ei lunio oedd fod fy Llydaweg cynhwynol yn wael iawn ac yn anodd ei ddeall, heblaw yn esgobaeth Gwened, lle y treuliais fy mlynyddoedd cyntaf.)[3]

Credir iddo ymuno yn ddyn ifanc ag Urdd Sant Ffransis a mynd wedyn i'r mynachdy yn ar Groazig. Gwyddys iddo bregethu yn Kastell-Paol ym 1705, a chredir ei fod yn byw yn Kemperle ym 1723 ac ym Montroulez ym 1730. Bu farw ym 1750 mewn mynachlog yn Rosko.[4] Ymdrwythodd yn y gwahanol dafodieithoedd, ond gwyddai'n well na neb nad oedd ei gasgliad o eiriau yn gyflawn nac yn orffenedig:

J'ajoûterai à tout cela que par tout où j'ai demeuré peu ou beaucoup, j'ai eu soin de consulter les plus habiles dans la Langue Bretonne, tant pour les mots, & pour les tours de phrases, que pour la prononciation; afin de pouvoir prêcher la parole de Dieu d'une maniere intelligible en tous lieux, de trouver ma Patrie par tout, & de n'être barbare nulle part: car nous le sommes souvent les uns à l'égard des autres; & les Egyptiens ne sont pas les seuls qui apellent barbares tous ceux dont ils n'entendent pas le langage.
Toutes ces precautions n'empêchent pas que je n'ignore une infinité de mots bretons: mais quelque savant dans la Langue qui voudra se donner la peine de joindre ce qu'il

sait à ce qu'il trouvera ici digeré, sera en état de faire un autre Dictionnaire beaucoup plus ample, plus recherché, & plus utile au Public.

(Ychwanegaf at hynny fy mod, ble bynnag yr wyf wedi aros am fyr amser neu am gyfnod hir, wedi ceisio barn y rhai sy'n medru'r Llydaweg orau, ar eiriau, troeon ymadrodd a chynaniad; fel y gallwn bregethu gair Duw mewn modd dealladwy ym mhob man, teimlo'n gartrefol ym mhob lle, a pheidio â bod yn farbaraidd yn unman: oherwydd 'rydym yn aml felly yng ngolwg eraill; ac nid yr Eifftiaid yw'r unig rai sy'n galw barbariaid ar bawb na ddeallant eu hiaith.

Nid yw'r holl ofal hwn yn golygu nad oes geiriau Llydaweg dirifedi nad wyf yn eu gwybod: ond gall rhyw ysgolhaig yn yr iaith sy'n dymuno trafferthu i ychwanegu'r hyn a ŵyr ef at yr hyn a gaiff wedi ei drefnu yma, wneud geiriadur arall, llawer helaethach, wedi ei seilio ar fwy o ymchwil ac yn fwy defnyddiol i'r cyhoedd.)[5]

'Roedd ei gefndir yn dra gwahanol i eiddo Maner, Pierre de Châlons ac ar Pelleter, ysgolheigion a ddysgodd y Llydaweg yn gymharol hwyr yn eu bywydau, a manteisiodd i'r eithaf ar ei afael gadarn ar ei famiaith yn ei Eiriadur ac yn ei Ramadeg (Rennes, 1738).[6]

Erys disgrifiad Gregor o ddosbarthiad siaradwyr yr iaith yn werthfawr i'r sawl sy'n ymddiddori yn hanes ffiniau demograffig y Llydaweg:

Cette Langue *Celtique*, ou *Bretonne*, sur laquelle je me suis beaucoup étendu en cette Préface, en faveur uniquement de ceux qui ne sont pas suffisâment fournis de Livres, se parle peu, ou beaucoup dans sept des neufs Dioceses de Bretagne; & il n'y a que les seuls Evêchez de Rennes & de Saint Malo, où on ne la parle point de tout. C'est le langage de tout le Diocese de Treguier, de celui de Leon, de celui de Quimper, hormis quatre Paroisses, de celui de Vannes, si vous exceptez quatorze on quinze Paroisses. On parle cette

165

Langue dans treize on quatorze Paroisses du Diocese de Saint Brieuc; dans un quartier de celui de Nantes, & dans plusieurs Paroisses de Dol, situées dans les enclaves des autres Dioceses.

(Siaredir yr iaith Geltaidd neu Frythonaidd hon, yr wyf wedi ymhelaethu llawer arni yn y rhagymadrodd hwn yn unswydd er mwyn y sawl nad oes ganddo ddigon o lyfrau wrth law, i wahanol raddau yn saith o naw esgobaeth Llydaw; ac nid oes ond esgobaethau Roazhon a Sant-Maloù lle nas siaredir o gwbl. Hon yw iaith y cyfan o esgobaethau Treger a Leon, a hefyd un Kemper ac eithrio pedwar plwyf, ac un Gwened ac eithrio 14 neu 15 o blwyfi. Siaredir hi mewn 13 neu 14 o blwyfi yn esgobaeth Sant-Brieg; mewn chwarter o rai Naoned, ac yn llawer o blwyfi Dol, mewn mannau wedi eu hamgylchynu gan yr esgobaethau eraill.)[7]

Ceir ganddo ddisgrifiad o brif nodweddion y tafodieithoedd, a sylwadau ar eu rhinweddau. Gellid canmol trefnusrwydd a mwynder iaith Leon ar y naill law, meddai, neu grynoder iaith Gwened ar y llaw arall. Ym marn y rhan fwyaf o'i gydwladwyr, Llydaweg ardal Montroulez a Taole oedd y coethaf, a chrynhoid y farn hon mewn hen ddihareb:

Er Barrès a Daulè éñtre an daou dreiz,
Ez ma ar bravâ brezoñnecg a so eñBréyz.

(Ym mhlwyf Taole, rhwng y ddau draeth,
Mae'r Llydaweg coethaf sydd yn Llydaw.)[8]

Eglurodd mewn man arall fod prinder y sain z yn nhafodiaith Gwened, yn ei farn ef, yn ei hanharddu:

Les Vannetois loin d'aimer la lettre Z, semblent en être les ennemis déclarez, puisque presque par tout ils lui substituent une H, tant à la fin qu'au milieu des mots; ce qui rend leur Dialecte plus rude que celui des autres.

(Mae pobl Gwened ymhell o garu'r llythyren Z, fel pe
baent yn elynion glas iddi, oherwydd byddant yn rhoi H
yn ei lle, bron ym mhob man, ar ddiwedd geiriau ac yn eu
canol. Pair hyn i'w tafodiaith hwy fod yn fwy garw na'r
lleill.)[9]

Mae'n amlwg y dymunai Gregor lunio gwaith a fyddai'n
ddefnyddiol yn y lle cyntaf i grefyddwyr tebyg iddo ef ei hun,
gwŷr ac arnynt angen cymorth cyfeirlyfr safonol wrth drosi
pregethau a chyfansoddi rhai newydd:

> Pour moi j'estimerai les peines que je me sais donné
> jusqu'ici, bien païées, le tems de douze années entieres que
> j'ai emploïé à cet Ouvrage, & les désagrémens que j'y ai eu,
> suffisâment rêcompensez, s'il est utile, comme j'ose me le
> promettre, à tous ceux qui voudront s'apliquer à la
> Prédication Bretonne & à la Confession, pour convertir à
> Jesus-Christ les ames qui ont été rachetées par son précieux
> Sang; puisque telle a été ma premiere intention, pour ne
> pas dire, mon unique dessein, & le seul but que je me suis
> proposé en cet Ouvrage.

(O'm rhan i, ystyriaf i'r ymdrechion a wneuthum hyd yn
hyn—a'r cyfnod o ddeuddeng mlynedd a dreuliais wrth y
gwaith hwn—yn werth-chweil ac imi gael iawn digonol
am y trafferthion a gefais, os yw'n ddefnyddiol, fel y
mentraf ei fod, i bawb a ddymuno ymroi i bregethu ac i
gyffesu mewn Llydaweg, er mwyn troi at Iesu Grist yr
eneidiau a brynwyd gan ei waed gwerthfawr; gan mai
dyna fu f'amcan cyntaf, yn bendifaddau, f'unig fwriad, a'r
unig nod a osodais i mi fy hun yn y gwaith hwn.)[10]

Y Tad François-Marie o Sant-Maloù, meddai, a ofynnodd
gyntaf iddo ymgymryd â'r gwaith, er mwyn darparu canllaw i
bregethwyr, ond gallwn ddweud i Gregor lwyddo i lunio
gwaith o bwys arhosol ac un a fu'n werthfawr i genedlaethau
lawer o fasnachwyr, teithwyr, ieithegwyr a haneswyr, yn ogystal
ag i glerigwyr.

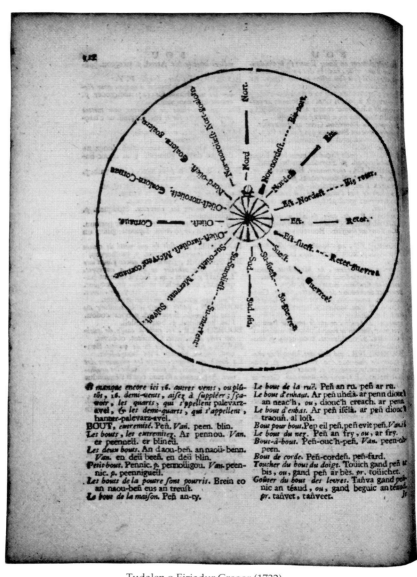

Il manque encore ici 16. autres vents, ou plû-   Le bout de la ruë. Peñ an ru, peñ ar ru.
tôt, 16. demi-vents, aisez à suppléer; sça-   Le bout d'enhaut. Ar peñ uhelâ, ar penn dioucl
voir, les quarts, qui s'appellent palevarz-   an neac'h, ou, diouc'h creach, ar peñ
avel, & les demi-quarts, qui s'appellent,   Le bout d'enbas. Ar peñ iselâ, ar peñ dioucl
hanter-palevarz-avel.   traouñ, al lost.
BOUT, extremité. Peñ, Van. peen. blin.   Bout pour bout. Pep eil peñ, peñ evit peñ. Van.
Les bouts, les extremitez, Ar pennou. Van.   Le bout du nez. Peñ ar fry, ou, ar fry.
er peenneü. er blineü.   Bout-à-bout. Peñ-ouc'h-peñ, Van. peen-oh-
Les deux bouts. An daou-beñ, an naoü-benn.   peen.
Van. en deü beeñ, en deü blin.   Bout de corde. Peñ-cordeñ, peñ-fard.
Petit bout. Pennic, p. pennoüigou, Van. peen-   Toucher du bout du doigt. Touich gand peñ u
nic. p. peenniguëü.   bis, ou, gand peñ ar bès, pr. toüichet.
Les bouts de la poutre sont pourris. Brein eo   Goûter du bout des levres. Tañva gand peñ
an naou-beñ eus añ treust.   nic an téaud, ou, gand beguic an téaud
Le bout de la maison. Peñ an-ty.   pr. tañvet, tañveet.

Er mwyn sicrhau na thwyllid y darllenydd, gofalodd Gregor nodi *als*. (byrfodd am *alias*) o flaen y geiriau ansathredig a restrwyd ganddo, amryw ohonynt yn ffurfiau ffug yr oedd wedi eu codi o lyfr Pezron. Dengys y geiriau 'hynafol' hyn, a sylwadau'r awdur ar hynafiaeth yr iaith yn ei ragymadrodd, nad fel cyfrwng cenhadu yn unig yr ymddiddorai yn y Llydaweg. 'Toutes les Nations ont tant de zèle pour conserver leur ancien Idiome,' ysgrifennodd yn ei 'Lythyr at Seneddwyr Llydaw' ar ddechrau'r Geiriadur,[11] 'la nôtre en auroit-elle moins pour perpetuer sa premiere & si ancienne langue?' (Mae pob cenedl mor eiddigeddus i gadw ei hen iaith; a ddylai ein cenedl ni beidio â bod yr un mor selog i sicrhau parhad ei hiaith gysefin ac iaith sydd mor hen?) Fel y dywedodd 'yr iaith Gymraeg' wrth annerch y darllenydd ar ddechrau Gramadeg Gruffydd Robert (1567):

> Rhaid ymy ddamuno ar bob cymro bonheddig, a rhowiog, na bo mwy annaturiol i mi, nog yw pobl eraill i iaith i mammau.[12]

Nid bratiaith oedd y Llydaweg ym marn Gregor, ond mamiaith gyntefig a haeddai fwy o barch na'r rhan fwyaf o ieithoedd Ewrob:

> Al langaich brezounecq eo an hiny a gompse güeachall ar c'hallaoued ancyen . . . Ar Brezounecq ne deo qet ul langaich péñcelyet ha marellet, pe, great eus a veur a hiny-all, Ec'hiz ar Gallec, ar Sausnecq etc. hoguen bez' ez eo al langaich-vam̃, pehiny èn deus anezâ e-unan an darn-vuyâ eus e c'heryou, ha ne'n deus qemeret nemed bihan dra digand al langaichou all.

> (Y Llydaweg yw'r iaith a siaradai'r hen Aliaid gynt . . . Nid yw'r Llydaweg yn iaith glytiog a bratiog nac yn gyfansawdd o sawl iaith arall, fel y mae Ffrangeg, Saesneg etc., ond yn hytrach mae'n famiaith. Mae ganddi ohoni ei hun y rhan fwyaf o'i geiriau, ac nid yw wedi cymryd namyn ychydig oddi wrth ieithoedd eraill.)[13]

169

Gyda'r Ffrangeg a'r Fasgeg, cyfrifai'r Llydaweg yn un o dair 'iaith' Ffrainc, ac nid yn un o'r 'lledieithoedd':

Ne deus evit lavaret guïr, ne med try seurd langaich dishêvel ê Françz, pere a so ar Gallecq, ar Brezounecq, hac ar Basnecq: hoguen beza ez eus èr-vat un niver hep fin a yezou, *ou*, a langaichou trefoëd, *ou*, a langaichou troët, *ou* cals a c'hallecq troët.

(Nid oes, mewn gwirionedd, namyn tair iaith wahanol yn Ffrainc, sef Ffrangeg, Llydaweg a Basgeg; ond mae, er hynny, nifer di-ben-draw o dafodieithoedd, *neu* ledieithoedd, *neu* fratieithoedd, *neu* lawer o Ffrangeg sathredig.)[14]

Wrth ganmol hynafiaeth yr iaith 'roedd Gregor yn dilyn Maner a Pezron, ond 'roedd hefyd yn gyfarwydd â gwaith Dr John Davies o Fallwyd, ac â'i sylwadau ef ar y Gymraeg yn ei *Antiquae Linguae Britannicae . . . Rudimenta* (1621). 'Roedd Davies yn ei dro, yn dilyn Camden wrth sôn am barhad 'y Frythoneg' yn ddigyfnewid ac yn bur dros ganrifoedd lawer:

Addo quòd duratione etiam, plaerasque, si non omnes, saltem vulgares, haec lingua superat. Mirandum enim quod in angulo tam angusto, per tot annorum centena, non obstante Saxonum Normannorumue tyrannide, [*Camd. Brit.*] *non auitum tantùm nomen, sed & linguaram suam Primigenitam*, sine vlla aut insigni mutatione, aut alterius linguae admixtione, in haec vsque tempora, *sartam tectam*, illaesam propemodum & incorruptam conseruarit reliquiarum Britannicarum manipulus.

(At hynny, mae'r iaith hon, o ran ei pharhad, yn maeddu'r rhan fwyaf, os nad y cyfan, o ieithoedd— ieithoedd brodorol, beth bynnag. Mae'n beth i ryfeddu ato fod dyrnaid o Frytaniaid a oedd yn weddill wedi gallu diogelu hyd yr amseroedd diwethaf hyn 'nid yn unig eu hen enw, ond hefyd eu hiaith gynhwynol', a hynny mewn congl fach mor gyfyng, a thros gynifer o ganrifoedd heb i ormes y Sacsoniaid na'r Normaniaid eu rhwystro; nid yw'r iaith wedi newid mewn unrhyw ffordd arwyddocaol, nid yw unrhyw iaith arall wedi ymgymysgu â hi, mae'n 'gwbl iach ei chyflwr', bron yn hollol ddianaf a dilwgr.)[15]

Cafodd Gregor gymorth gan Bignon, Llyfrgellydd y Brenin, wrth geisio sicrhau nawdd i'w alluogi i gyhoeddi ei Eiriadur. Addawodd Bignon iddo y byddai'n pwyso ar y Senedd i roi 3,000 o *livres* o gymorthdal, ond ni chafwyd ond 1,200 o *livres*, a hynny ar yr amod y cyflwynid i'r Senedd 200 o gopïau ohono. Wrth geisio cymorth gan y Senedd 'roedd Vatar, y cyhoeddwr, wedi cwyno am yr ymateb siomedig a fu wrth chwilio am danysgrifwyr:

> Mais soit que la Haute-Bretagne veuille toujours ignorer le Breton, ou que la Basse tâche à l'oublier, l'auteur en la parcourant toute entière n'a recueilli que 38 souscriptions (celles des P.P. Capucins non comprises), qui ont été acceptées sous les quittances du supliant avec promesse de rendre, si quelque obstacle en empêchoit l'impression.

> (Ond un ai am fod Dwyrain Llydaw bob amser yn dymuno anwybyddu'r Llydaweg, neu oherwydd fod y Gorllewin yn ceisio ei hanghofio, ni dderbyniodd yr awdur wrth deithio'r wlad i gyd namyn 38 o danysgrifiadau (heb gyfrif rhai'r Ffransisganiaid). Derbyniwyd hwy ar ôl erfyn amdanynt, ar yr amod y caent eu dychwelyd pe bai rhywbeth yn rhwystro'r argraffiad.)[16]

Er bod hon yn un o'r enghreifftiau prin o estyn nawdd swyddogol i'r iaith, teimlai Gregor mai crintach oedd y cynnig, a'i fod yn adlewyrchu rhagfarn yn erbyn y Llydaweg:

> . . . malheureusement, je n'en ai eu que la moitié de ce qu'il m'en falloit, c'est-à-dire 1200 l. à la charge de donner 200 exemplaires aux prochains Etats qui badina beaucoup sur le bas-breton, et qui, croïant que la chose ne passeroit point, n'exerça au lieu de 3000 l. que 1000, ou 1200 l.

(. . . gwaetha'r modd, ni chefais ond hanner yr hyn a oedd ei eisiau arnaf, h.y. 1,200 o *livres* a gorchymyn i roi 200 o gopïau i'r Senedd nesaf, sy'n gwneud y Llydaweg yn ddigon o gyff gwawd. Gan y credai'r Senedd na ddôi dim ohono, ni chynigiodd ond 1,000 neu 1,200 o *livres* yn lle 3,000.)[17]

Gofidiai na chyhoeddid mwy nag oddeutu rhwng 700 ac 800 o gopïau tra credai ef y dylid cynhyrchu cynifer â 1,500 neu 2,000. Mynnai fod galw am y Geiriadur yn Avignon, Llundain, Amsterdam a Pharis.

Cynhwysodd Gregor restr weddol gyflawn o'i ffynonellau ysgrifenedig ar ddechrau ei Eiriadur, ond mae rhai o'r cyfeiriadau braidd yn foel ac anfoddhaol o safbwynt yr ymchwilydd heddiw. Mae'n amlwg mai Beibl Cymraeg oedd y 'Bible Bretonne . . . imprimée à Londres au commencement du seiziéme siécle' (Beibl Brythonaidd . . . a argraffwyd yn Llundain ar ddechrau'r ail ganrif ar bymtheg) a restrwyd ganddo.[18] Soniodd am dri gwaith coll na fyddid yn gwybod fel arall am eu bodolaeth, sef:

(i)   Les Statuts Synodaux du Diocese de Leon du 13. du 14. & du 15. siécle, écrits à la main sur vêlin, en latin, mais dont une partie étoit traduite en breton en faveur de ceux qui n'entendoient pas bien le latin.

(Ystadudau cymanfaoedd esgobaeth Leon o'r XIIIeg ganrif hyd y XVfed ganrif, wedi eu hysgrifennu â llaw ar felwm mewn Lladin, ond wedi eu cyfieithu yn rhannol i Lydaweg er mwyn y rhai na ddeallent Ladin yn dda.)

(ii)   Une Traduction Bretonne manuscrite de l'Evangile selon Saint Mathieu, Saint Marc, & Saint Luc, & de trois, ou quatre Epîtres de Saint Paul, faite par un Ecclesiastique de Leon, au commencement du dix-septiéme siécle.

(Trosiad Llydaweg mewn llawysgrif o'r Efengyl yn ôl Sant Mathew, Sant Marc a Sant Luc, ynghyd â thri neu bedwar o lythyrau Sant Paul, wedi ei wneud gan glerigwr o Leon ar ddechrau'r ail ganrif ar bymtheg.)

(iii)   Deux petits Dictionnaires Manuscrits faits depuis peu d'années, l'un par R.P. Cristophle Huchet Recolet natif de Quimper, . . .

Dau eiriadur llawysgrif bychain a luniwyd ychydig o flynyddoedd yn ôl, y naill gan y Tad Christophe Huchet [1653-1732], mynach, brodor o Kemper . . .)[19]

Ceir bod copi o argraffiad 1499 o'r *Catholicon* hefyd ymhlith ei ffynonellau.

Ym 1738 daeth chwaergyfrol i'r Geiriadur o'r wasg, sef *Grammaire Françoise-Celtique, ou Françoise-Bretonne, qui contient Tout ce qui est nécessaire pour apprendre par les Règles la Langue Celtique ou Bretonne* (Gramadeg Ffrangeg-Celteg, neu Ffrangeg-Llydaweg, ac ynddo bopeth angenrheidiol er mwyn dysgu rheolau'r Gelteg neu'r Llydaweg) (Rennes). Noddwyd ei chyhoeddi gan Senedd Llydaw, ac eglurodd yr awdur mai'r corff hwnnw a oedd wedi ei annog i'w gyfansoddi:

Lorsqu'à St-Brieuc 1730, nos Seig[rs] des Etats delibérènt de me donner 1200 $ pour l'impression du dictionnaire, ils m'ordonnèrent aussi de faire une grammaire et une syntaxe françoise-bretonne, ce que j'ai fait avec beaucoup de peine, personne n'y aïant travaillé avant moi . . .

(Pan oeddent yn Sant-Brieg ym 1730, penderfynodd boneddigion y Senedd roddi imi 1,200 o *livres* at argraffu'r Geiriadur. Gwnaethant hefyd fy ngorchymyn i lunio gramadeg ac ymdriniaeth â chystrawen y Llydaweg mewn Ffrangeg, yr hyn a wneuthum gyda llawer o anhawster, gan nad oedd neb wedi gweithio yn y maes o'm blaen . . .)[20]

173

Yn Rhagfyr 1736 penderfynwyd y byddai'r Senedd yn cyfrannu 1,000 o *livres* at gyhoeddi'r Gramadeg.[21] Argraffwyd 1,200 o gopïau ohono.

Fel Maner, dymunai Gregor i'w Ramadeg fod o gymorth i genhadon ac i'r sawl a ddefnyddiai'r iaith i ledaenu'r ffydd, ond yn debyg i ar Pelleter 'roedd ganddo ddiddordeb ysgolheigaidd yn y Llydaweg, a bwriadai gyfansoddi rhywbeth amgenach na llawlyfr ymarferol. Er bod yr iaith yn ddiymgeledd ac yn edwino, mynnai y dylai gael ei meithrin a'i chywreinio fel y gellid ei defnyddio er budd y gymdeithas a'r eglwys:

Il faudra donc que dans la suite, comme ci-devant, chaque Nation parle & conserve sa Langue maternelle, ou bien la société cesseroit entre les Compatriotes, les ames des Fidéles périroient, faute d'etre sustentées de la parole de Dieu, & de recevoir les Sacremens de l'Eglise. Ces raisons suffisent pour conserver & pour cultiver les Langues vulgaires, & elles font en même tems toucher au [sic] doigt, & l'utilite, & la nécessité de la Langue Bretonne.

(Bydd yn rhaid yn y dyfodol, fel yn y gorffennol, i bob cenedl siarad a chadw ei mamiaith, neu bydd y gymdeithas rhwng cydwladwyr yn peidio, ac fe bydra eneidiau'r ffyddloniaid o eisiau cael eu cynnal gan air Duw a derbyn sagrafennau'r eglwys. Dyma ddigon o resymau paham y dylid cadw a diwyllio'r ieithoedd cyffredin, a rhai sy'n profi gwerth y Llydaweg a'r angen amdani.)[22]

Gan ei fod yn ysgrifennu ar gyfer y sawl a oedd yn ceisio trosi pregethau i'r Llydaweg fe seiliodd ei ddisgrifiad o'r iaith yn rhannol ar gyferbyniad rhyngddi hi a'r Ffrangeg. Eglurodd, er enghraifft, fod modd cyfleu ffurfiau Ffrangeg ar y fannod heb eu cyfieithu'n llythrennol (e.e. *des hommes*, ond *goazed* yn unig yn Llydaweg). Cytunai â'r rhan fwyaf o ramadegwyr yr oes wrth briodoli cenedl i ryw, ac wrth fynnu fod tair cenedl ac nid dwy yn ei iaith.

Mae cynllun y Gramadeg yn seiliedig ar un *Antiquae Linguae Britannicae . . .Rudimenta*. Er mai fel 'un petit Rudiment plein de

GRAMMAIRE
FRANÇOISE-CELTIQUE,
O U
FRANÇOISE-BRETONNE;
QUI CONTIENT

Tout ce qui eſt néceſſaire pour apprendre
par les Regles la Langue Celtique, ou
Bretonne.

Par le P. F. GREGOIRE DE ROSTRENEN,
Prêtre & Prédicateur Capucin.

PREMIERE ÉDITION.

A RENNES,

Chez JULIEN VATAR, Imprimeur - Libraire;
au coin des ruës Royale & d'Eſtrées.

M. DCC. XXXVIII.

Avec Aprobation & Permiſſion:

Wyneb-ddalen Gramadeg Gregor (1738)

175

poësie' (llyfr elfennol bychan yn llawn barddoniaeth) y disgrifiodd y llyfr hwnnw,[23] mae'n amlwg iddo fod o gymorth mawr i Gregor. Drwy ei ddilyn fe lwyddodd i ymryddhau, i ryw raddau, oddi wrth ddylanwad dehongliadau Lladinaidd traddodiadol o ramadeg. Credai Davies, fel Camden a Humphrey Llwyd, fod y Gymraeg yn perthyn i'r Hebraeg, a daeth Gregor i edrych ar ramadeg Llydaweg o safbwynt yr Hebraeg, yn ogystal ag fel Lladinydd. Ceir enghraifft o ddylanwad Davies arno yn y darn hwn lle y disgrifia'r modd y gellir cryfhau grym ansoddair drwy ei ailadrodd:

Davies (1621)	*Gregor 1738*
Est praeterea Britannis quoddam superlatiui genus cum Hebræis commune, & fit duplicato positiuo, quod Hebræi factum dicunt ad excellentiam superlatiui signifiandam, [ceir yma yr Hebraeg am 'drwg, drwg'] malus, malus, i. pessimus omnium, *drwg, drwg. . .*	Il y a encore une autre sorte de superlatifs chez les Bretons, qui leur est commune avec les Hébreux, & qui consiste à redoubler le positif . . . *Exp.* Uhel uhel, *haut haut, grandement haut ... fall fall, très-mauvais, le pire de tous . . .*[24]

Ymdriniodd Gregor â naw o rannau ymadrodd, sef y fannod, yr enw, y rhagenw, y ferf, y rhangymeriad, yr adferf, yr arddodiad, y cysylltair, a'r ebychair (yr unig un ohonynt nas trafodwyd ar ei ben ei hun gan Davies a oedd, fel yr hen ramadegwyr Groegaidd, yn trafod ebycheiriau wrth ymdrin ag adferfau).[25] Mae dylanwad Pezron i'w weld yn amlwg wrth ddarllen ei ymdriniaeth â'r ebycheiriau, lle y ceir sôn am *Ahi!*, *ah,y!*, *ah, yaou!* ac *ah, -you!* fel ffurfiau ar enw'r duw Iau, 'à qui dans sa peine, on s'adresse comme au maître, ou au plus puissant des Dieux' (yr ydys, mewn poen, yn ei gyfarch fel y meistr neu'r grymusaf o'r duwiau).[26] Gwelir ôl asio cynlluniau Maner a Davies yn y modd y ceir sylwadau ar y berfenwau mewn dau le gwahanol yn y Gramadeg, sef yn yr adran ar ferfau (erthygl 5, § 2), ac yn y bennod fer ar y rhangymeriad, pennod sy'n cyfateb i un Davies ar yr un rhan ymadrodd. Dyfynnir yno y term Cymraeg wedi ei sillafu *Rhan Guymeryad*. Dengys nodiadau Gregor ar y ffurfiau deuol a'r rhagenwau perthynol ei fod hefyd yn gyfarwydd â gwaith gramadegol ar Pelleter, ac mae'n ei ddilyn i raddau.[27]

Fel eraill o'i gyfoeswyr, trafodai Gregor y gwahaniaethau rhwng y Gymraeg a'r Llydaweg ar yr un lefel ag amrywiadau oddi mewn i'r Llydaweg. Heblaw rhestru'r rhifolion Cymraeg yn ei orgraff ei hun a dyfynnu berfenwau Cymraeg, megis *bod*, *carou* 'caru', *myned* neu *mynd*, *divod* 'dyfod', *adnabod* neu *adnavod* a'r bathiad hynod *Bodd carodd*—cyfuniad y credai ei fod yn cyfateb i *Beza caret* mewn Llydaweg—benthyciodd amryw dermau gramadegol Cymraeg. Er iddo gydnabod tarddiad rhai o'r rhain, priodolodd eraill i'r 'Grammariens bretons', 'nos Grammairiens', neu'n syml i 'nous'.[28] Rhoddodd i'r cytseiniaid treigladwy yr enw *Lizerennou an goasqed* 'llythrennau'r gwasgod' gan eu bod, meddai, fel pe baent yn mynd i'r gwasgod (=cysgod). Cafodd y term hwn, fel y sylw fod treigladau i'w cael yn yr Hebraeg, yn *Rudimenta* Davies, lle y galwyd y cytseiniaid treigladwy yn 'Gwascawd-lythr [sic], literas vmbratiles'.[29] Ar gyfer yr 'enw' a'r 'ansoddair' defnyddiodd y termau traddod-iadol Cymraeg, sef 'enw cadarn', wedi ei drosi i'r Llydaweg fel *hanff stabyl* ac wedi ei drawslythrennu yn *enou cadarn*, ac 'enw gwan', a droswyd gan *enou goüan* a *hano goan*. Benthyciodd hefyd y termau *rhag-hanv*, *rhag-hanf* neu *rhag-hano* am 'rhagenw'; *verv*, *berff* neu *berv* am 'berf'; a *rag-verb*, *rhag-verv*, neu *rhag-verb* am 'rhagferf' (neu 'adferf', fel y gelwir ef bellach gennym). Seiliodd ei dermau i ddisgrifio graddau cymhariaeth yr ansoddair ar rai'r Gymraeg hefyd, sef: (i) *derez qentâ*, *Quentâ derez* ac *an hano qentâ* (Davies: *Enw gwan gwastad*, *Isel radd* ac *Y gyssefin radd*), (ii) *derez, [sic] creiz*, *An hano creiz* a *comparatiff* (Davies: *y berfedd-radd* ac *y ganol-radd*), a (iii) *derez uhel* ac *An uhelâ derez* (Davies: *y radd uchaf* ac *vhel-radd*). Mae tri therm arall a ddefnyddiwyd ganddo, sef *araugen* 'arddodiad', *staguell* 'cysylltair' a *lammèr* 'ebychair', yn unigryw i'r Llydaweg, ac yn ôl pob tebyg wedi eu bathu gan Gregor.[30] Yn ei Eiriadur, cyflwynodd dermau disgrifiadol ar gyfer amserau'r ferf, sef: (i) *An amser bresant*, *an amser a-vremañ*, *ar c'hours-mâ* ac *an pred-mañ* ar gyfer 'y presennol', (ii) *An amser da zonnet* ac *ar c'hours a zeu* ar gyfer 'y dyfodol', a (iii) *ar c'hours trémenet* ar gyfer 'y gorffennol'.[31]

Fel eraill o'i gyfoeswyr, ystyriai mai'r gelfyddyd o ddysgu orgraff a chynaniad da a mynegiant cywir ar lafar ac yn ysgrifenedig oedd gramadeg, a rhoddodd sylw cymharol fanwl i broblemau orgraffyddol ac i'r gyfatebiaeth rhwng yr hyn a ysgrifennid a'r hyn a glywid ar lafar. Yn debyg i Maner, ymhyfrydai nad oedd yng ngwyddor y Llydaweg yr un llythyren 'superfluë, ou inutile' (ormodol neu ddi-werth),[32] ond dadleuai ei bod yn briodol ysgrifennu 'quelques mots particuliers' (rhai geiriau neilltuol) mewn orgraff draddodiadol, anseinegol, lle yr oedd hynny'n amlygu eu tarddiad. Megis ar Pelleter, ystyriai ei bod felly'n ddymunol osgoi 'l'abregé que la corruption de la langue a introduite' (y cwtogi a ddaeth i'r iaith wrth iddi gael ei llygru).[33] Nid oedd yr agwedd amwys hon at sillafu yn anarferol yn y ddeunawfed ganrif, ac fe gofir i Voltaire fynnu y dylai orgraff y Ffrangeg ddarlunio cynaniad yr iaith 'pourvu qu'on conserve les lettres qui font sentir l'étymologie et la vraie signification des mots' (cyhyd ag y cedwir y llythrennau sy'n gwneud tarddiad a gwir ystyr y geiriau yn amlwg).[34]

Mae confensiynau orgraffyddol Gregor bron i gyd yn draddodiadol. Defnyddiai *çz* yn lle *ss* y Ffrangeg a'r Lladin, yn unol â'r arfer mewn gweithiau Llydaweg a gynhyrchwyd cyn 1650. Ysgrifennai *q* (nid *qu*) i ddynodi'r sain /k/, a'r graffiad dwbl *lh* i ddynodi /l'/, h.y. l-daflodol. Ysgrifennai *gu* am /g/ ac am /gu̯/, a dynodai drwynoliad drwy gyfrwng *ñ* yn dilyn llafariad drwynol. Yn ei Ramadeg, eglurodd fod 23 o lythrennau yng ngwyddor yr iaith a bod modd talfyrru *ker* (rhagddodiad cyffredin mewn enwau personol ac enwau lleoedd) drwy arfer *k* wedi ei chroesi, Ҟ, symbol traddodiadol a arferir o hyd, er iddo gael ei wahardd bellach gan y gyfraith.[35] Arferai *y* ar ddiwedd gair i ddynodi /i/, a chadwai'r arwydd hwn am /i̯/ wrth ychwanegu sillaf arall (e.e. *dimizy, dimizyou* 'priodas, priodasau').

Er iddo ganmol gwahanol rinweddau'r tafodieithoedd yn ei Eiriadur, yn ei Ramadeg ceir bod ei agwedd weithiau yn fwy normadol. Sylwer sut y cyfarwydda'r darllenydd ynghylch cynanu'r ddeusain a ddynodai gan *au*, er enghraifft:

Au/au se prononce beaucoup plus legerement que *aou*, & même que *ao*: ainsi on dit en une syllabe, *caul, paul, taul, &c.* & non *caoul, paoul, taoul*, ni même *caol, paol, taol*: non-plus [sic] que *col, pol, tol*, si on veut bien parler.

(Cynenir *Au/au* yn llawer ysgafnach nag *aou*, a hyd yn oed nag *ao*: felly dywedir mewn un sillaf *caul, paul, taul*, &c. ac nid *caoul, paoul, taoul*, nac ychwaith *caol, paol, taol*: nac ychwaith *col, pol, tol*, os dymunir siarad yn gywir.)[36]

Ceir ei fod yn argymell eto wrth fynnu ei bod yn well ateb cwestiwn cadarnhaol drwy ailadrodd y ferf na thrwy ddweud 'ya' yn unig:

Aux interrogations du tems present des verbes, du tems passé, & du futur, on répond par les mêmes tems . . . *Exemp*: Ha c'houy a vell an nê? *Voyez-vous le Ciel?* Güellañ, *ou*, e vellet a rañ; je le vois: clévet oc'h eus-hu ar c'hloc'h? *Avez-vous entendu la cloche?* Clévet am eus-ê, *ou*, Clêvet eo guenê; *je l'ai entendu*: ha c'houy a garo Douë? *Aimerez-vous Dieu?* Cariñ, *ou*, qirin,*ou*, e garet a rayn; je l'aimerai. A tous ces tems on peut aussi répondre, ya, *ou*, [sic] si, oüi: mais la réponse par le verbe est plus élegante.

(I gwestiynau lle y bo'r ferf yn yr amser presennol, y gorffennol neu'r dyfodol, atebir yn yr un amser . . . e.e. *Ha c'hwi a wel an neñv?* A welwch chi'r nef? *Gwelan*, neu *e welet a ran*; 'gwelaf' neu 'fe'i gwelaf': *klevet hoc'h eus-hu ar c'hloc'h?* A glywsoch y gloch? *Klevet em eus-eñ*, neu, *Klevet eo ganin*; 'fe'i clywais': *ha c'hwi a garo Doue?* A gerwch Dduw? *Karin*, neu *kirin*, neu *e garet a rain*; 'caraf' neu 'fe'i caraf'. Ym mhob amser gellir ateb *ya*, 'ie', ond mae ateb â'r ferf yn fwy cywrain.)[37]

Mae'r Gramadeg yn ffynhonnell o bwys i'r sawl a fyn ddeall yn well gyflwr y Llydaweg yn y ddeunawfed ganrif, a chynnwys sylwadau diddorol ar amryw nodweddion tafodieithol, yn eu plith: (i) parhad *an* fel yr unig ffurf ar y

179

nao uguent.
*00e. An dau chantved
150e. An degved ha
dauzeg uguent.
300e. An try chantved.
350e. An degved ha fei-
teg uguent.
400e. Ar pévar chant-
ved.

500e. Ar pemp cant-
ved.
1000e. An decg cant-
ved. ar milved , &c.
*Les Gallois ajoûtent
auffi cette particule* ved,
*aux Noms numeraux ,
pour former leurs Noms
ordinaux.*

❦❦❦❦❦❦❦❦❦.❦❦ ❦❦.❦❦❦❦❦❦❦❦

CHAPITRE CINQUIE'ME.

Des Pronoms.

L E Pronom que nos Grammairiens Bretons
ont apellé *rhag-hanf* , ou *rhag-hano* , eft la
partie du difcours qui fe met à la place du nom ,
ou , fi vous voulez , c'eft un nom qui tient la
place d'un autre. Les pronoms fe déclinent ,
mais ils n'ont proprement que trois cas , parce
que le nominatif , l'accufatif & le vocatif font
femblables , & que le genitif & l'ablatif font
les mêmes.
Il y a fix fortes de pronoms: les *perfonnels* ,
les *poffeffifs* , les *démonftratifs* , les *interrogatifs* ,
les *relatifs* & les *impropres.*

ARTICLE PREMIER.

Des Pronoms Perfonnels.

L ES Pronoms perfonnels marquent les per-
fonnes : la première eft celle qui parle : la
feconde , celle à qui on parle : la troifiéme ,
celle de qui on parle. On le verra dans les pa-
ragraphes fuivans.

Tudalen o Ramadeg Gregor (1738)

fannod bendant yng nghyffiniau Kemper ac yng Ngorllewin Leon; (ii) defnyddio *eur* fel ffurf ar y fannod amhendant, ac amrywiadau tafodiaith Gwened ar y fannod honno; (iii) y ffurfiau berfenwol *en devezout, en devout*, a restrwyd ganddo ochr yn ochr â *cahout* 'cael'; a (iv) bodolaeth y terfyniad gradd gymharol *-ac'h* mewn rhan o Orllewin Kernev:

> Dans la Basse Cornoüaille, *c'est-à-dire*, depuis Château-Neuf jusqu'à Penmarh, Audierne, & Camaret, les comparatifs sont plus ordinairement en *ac'h, comme chez les Gallois*; ainsi ils disent: braçzac'h, bihanc'h [sic]; caërac'h, vilac'h; isélac'h, uhelac'h, &c.

> (Yng Ngorllewin Kernev, hynny yw, o Kastell-Nevez-ar-Faou hyd Penmarc'h, Gwaien a Kameled, mae'n fwy arferol ffurfio'r radd gymharol gydag *-ac'h*, fel y gwna'r Cymry; felly dywedant: *brasac'h, bihanac'h, kaerac'h, vilac'h, iselac'h, uhelac'h*, etc.)[38]

Adargraffwyd Gramadeg Gregor ym Mrest yn nhrydedd flwyddyn y Weriniaeth (1794-5), ond ni ddiwygiwyd ond manion yn y testun ac yng ngeiriad y cyfeiriadau at Dduw ac at yr eglwys yn y rhagymadrodd. Cyhoeddwyd trydydd argraffiad yn Gwengamp ym 1833, ond unwaith eto heb newid dim o bwys. Parhaodd yn ramadeg safonol yr iaith i lawer o Lydawiaid hyd yn oed yn ail hanner y bedwaredd ganrif ar bymtheg, pryd yr oedd dylanwad ymdriniaethau gramadegol ar Gonideg a Kervarker yn cynyddu, a phuryddiaeth eirfaol ac orgraffyddol yn cryfhau ei gafael. Ar y llaw arall, ni chafodd gwaith Gregor ddylanwad mawr y tu allan i Lydaw, lle yr oedd enwau Maner, ar Pelleter, ac yn ddiweddarach un ar Gonideg, yn llawer mwy adnabyddus.[39]

1 cf. Roparz Hemon, 'Geriadurioù', *Ar Bed Keltiek* 147 (1971), 94.

2 Ceir *hobregon* (o'r Ffrangeg *haubergeon*) yn y *Catholicon*, ond ni ddeallodd Gregor nad *g* 'galed' oedd y sain yn y gair. Awgrymwyd gan Ch.-J. Guyonvarc'h, yn ei *Dictionnaire Etymologique du Breton* (Rennes, 1973), 25-26, fod *c'hwengl* 'chwynnogl' yn gamgymeriad arall gan Gregor, ac i Gregor dybio fod y ffurf Llydaweg Canol *huenglou* yn un luosog ac yna gymryd y bôn fel ffurf unigol. Dangoswyd gan F. Favereau, yn ei *Dictionnaire du Breton Contemporain / Geriadur ar Brezhoneg a-vremañ* (Morlaix/Montroules, 1992), 111, fod *c'hwengl* mewn gwirionedd yn amrywiad dilys ar *c'hwennglaou* yn yr iaith lafar, o leiaf yn yr iaith lafar gyfoes.

3 GR, Liste . . .', s.n.

4 [Marsel Mari Klerg], 'Gregor a Rostren', *Barr-Heol* 95 (1977), 13-14; Bernard Tanguy, *Aux origines du nationalisme breton* ii (Paris, 1977), 216; nodyn yng nghopi Taldir o'r Geiriadur yn LlGC; yn llyfr Lukian Raoul, *Geriadur ar Skrivagnerien ha Yezhourien* (Al Liamm, 1992), 121, awgrymir efallai mai ym 1667 y'i ganed.

5 GR, 'Liste . . .', s.n.

6 Sylwer, er hynny, na nodir cenedl enwau yn ei Eiriadur. Priodolir un llyfr defosiynol i Gregor, sef *An exerciçou spirituel eus ar vues Christen evit ar Mission* (Brest, 1767). Yn ôl de Kerdanet, yn *Biographie Bretonne* ii, gol. P Levot, (Vannes, 1857) 781b, fe'i cyhoeddwyd gyntaf ym 1709.

7 GR, 'Préface', s.n.

8 Ibid., 'Préface', s.n.

9 Ibid., 978.

10 Ibid., 'Liste . . .', s.n.

11 Ibid., 'À nosseigneurs des états de Bretagne', s.n.

12 Gruffydd Robert, *Dosbarth Byrr Ar y Rhann Gyntaf i Ramadeg Cymraeg*, yn ôl Garfield H Hughes (gol.), *Rhagymadroddion 1547-1659* (Caerdydd, 1967), 47.

13 GR, 117-18.

14 Ibid., 562.

15 *Antiquae Linguae Britannicae . . . Rudimenta*, 'Praefatio', s.n.; trosiad Ceri Davies, *Rhagymadroddion a Chyflwyniadau Lladin 1551-1632* (Caerdydd, 1980), 109-10.

16 D Bernard, 'Contribution à la bibliographie bretonne. I. Documents relatifs à l'impression du dictionnaire et de la grammaire de Grégoire de Rostrenen', AB xxxii (1917), 493.

17 Emmanuel de Lanmodez, 'Le père Grégoire de Rostrenen et l'abbé Bignon, Bibliothécaire du Roi', *Revue Historique de l'Ouest*, Janvier 1895 (Vannes) 279. Dyfynnwyd penderfyniad y Senedd gan Bernard, op.cit., 489-90.

18 GR, 'Liste', s.n.

19 Gan nad oes cyfeiriadau manylach at Eiriadur Huchet ni ellir casglu beth oedd natur ei gynnwys. Ganwyd Huchet ym 1653, bu ar un adeg yn Rheithor Sant-Vig ger Kastellin, a bu farw yn Lesneven ym 1732. Yn ei 'Liste . . .' rhestrodd Gregor argraffiad o lyfr ymddiddanion 'Quiquier' a argraffwyd yn Llundain. Dichon mai *A Critical History of the Celtic Religion and Learning*, gan Toland, oedd hwn. Gw. t. 140 uchod. 'Roedd Gregor hefyd wedi defnyddio *Commentarioli Britannicae descriptionis fragmentum* (1572), gan Humphrey Llwyd.

20 Bernard, op.cit., 492.

21 Ibid., 496.

22 Gramm. GR, x-xi.

23 Ibid., vi.

24 *Antiquae Linguae Britannicae . . . Rudimenta*, 63; Gramm. GR, 52.

25 *Antiquae Linguae Britannicae . . . Rudimenta*, 148.

26 Gramm. GR, 168; cf. Pezron, *The Rise and Fall of States and Empires . . .* (London, 1809), 96-100.

27 GB, 236.

28 Gramm. GR, 87, 123, 138, 143, 148 a 131.

29 *Antiquae Linguae Britannicae . . .Rudimenta*, 22. Mae'r term 'gwasgawd-lythr' i'w gael gyntaf mewn copïau o ramadegau'r penceirddiaid sy'n dyddio o hanner olaf y unfed ganrif ar bymtheg.

30 Yn GB, 236, awgrymir bod y ddau gyntaf yn draddodiadol a'r trydydd yn fathiad gan Gregor.

31 GR 197, 619, a 911-12.

32 Gramm. GR i, 7.

33 Ibid., 24.

34 Jesse Levitt, *The 'Grammaire des Grammaires' of Girault-Duvivier* (The Hague, 1968), 80.

35 Gwennole [sic] Le Menn, *Les noms de famille les plus portés en Bretagne* (Spezet, 1993), 31-2, 145.

36 Gramm. GR, 5.

37 Ibid., 181.

38 Ibid., 51. Yn ôl Roparz Hemon, mae enghreifftiau o'r terfyniad hwn yn brin. Gweler ei lyfr *A Historical Morphology and Syntax of Breton* (Dublin, 1967), 53, §35n. Gweler hefyd Favereau, op.cit., 5.

39 Lluniwyd crynodeb o Eiriadur Gregor yn ail hanner y ddeunawfed ganrif ac fe'i cedwir bellach yng Nghasgliad P Diverres yn LlGC, rhif 45 (MS. 69A). Ceir yr enw 'De Kervasegan' y tu fewn i'r clawr, ond ni wyddys gan bwy yr ysgrifennwyd y llawysgrif hon. Dwg y nod llyfrgell 'LA ou AILLEURS', arwyddair a ddefnyddid gan Iarll Kergariou. Gweler E. Ernault, 'Le Breton de Gilles de Keranpuil', RC xlv (1928), 203.

(dd) *Cillard o Kerampoul*

Er i Eiriadur Llydaweg-Ffrangeg de Châlons ddod o'r wasg ym 1723, bu'n rhaid aros tan 1744 i weld cyhoeddi geiriadur Ffrangeg-Llydaweg ar gyfer tafodiaith Gwened. Hwn oedd y *Dictionnaire françois-breton ou françois-celtique du dialecte de Vannes* . . . (Leide), ac fe'i priodolir i 'Monsieur L'A[rmerye]', sef Glaoda Visant Cillard (Claude-Vincent Cillart).[1] Yn wahanol i gampwaith Gregor o Rostrenenn, llyfr bychan (yr honnid y gellid ei gario'n hwylus mewn poced) yw hwn, a phrofodd yn ddigon poblogaidd i beri ei adargraffu ym 1756.

Ganed Glaoda Visant Cillard yn Sarzhav ym 1686, yn fab i Frañsez Cillard, 'sieur (bonheddwr) de Kerampoul' a Synysgal Rewiz. Ar ddiwedd 1710, neu yn gynnar ym 1711, cymerodd le ei ewythr yr offeiriad Aradon, ac ym 1721 cafodd reithoriaeth Noal-Pondivi, plwyf mwyaf esgobaeth Gwened. Yn Rhagfyr 1732 gorfodwyd ef i roi'r gorau i'r fywoliaeth honno am iddo wrthod anrhydeddu Duges Roc'han yn eglwys Noal. Daeth felly'n offeiriad yn Gregam ac yn arweinydd cenadaethau'r esgobaeth. Bu farw ym 1749, yn 63 oed. Heblaw cyfansoddi geiriadur, lluniodd ddisgrifiad o fywoliaethau ei esgobaeth, a llyfr ar hynafiaethau, *Réflexions critiques sur les observations de l'abbé D[ordelu de Fays]* (Myfyrdodau Beirniadol ar Sylwadau'r Tad D . . .) (Paris, 1747). Cyfieithodd lyfr defosiynol, *Stationneu hur salvér Jesuss Crouist* (Gorsafoedd ein Hiachawdwr Iesu Grist) (Guinétt, 1766), ac ymddengys ei fod hefyd yn gweithio ar eiriadur Llydaweg-Ffrangeg ac ar ramadeg Llydaweg nad ydynt wedi goroesi.[2]

Gŵr ystyfnig a chanddo syniadau pendant am fywyd yr eglwys oedd Cillard, a chan iddo feirniadu agweddau ar y bywyd hwnnw yn y brawddegau enghreifftiol yn ei Eiriadur bu'n rhaid iddo ddiwygio'r testun mewn sawl man, er mwyn rhyngu bodd yr awdurdodau eglwysig. Mewn un fersiwn, er enghraifft, ceir y frawddeg hon:

> La science, la bonne conduite et la très-grande douceur, rendent les Jésuites très-puissans.

ſquir at intampi er Verionnênn.

Zélé, ée, Intampyuſs : Berhuidand eitt glœrr Doué ha ſalvédiguiah enn Næſlan. m.

Zénit Poennd ag enn Aibre, enn ihuélan zou dréſs honn peenn.

Zéphir ou **Zéphire,** Ahuélig cloar doh er groeſs ag enn An. m.

Zéro O à chiffre, péhani é huénan n'enn talc nétra. m.

Zeſt Clorênn calon queneu. f. *De Ci-tron ou,* &c. Chugon clorr Ci-tron pé, &c. m.

Z Igzac Bann-crœſs. m. **Zizanie,** *ne ſe dit qu'au figuré, des diviſions,* &c. V.y & Yvroye.

Z Ocle Baſſe l'image ou pilért. m. **Zodiaque** Jodiacq. m : Grouiſs lédan, à béhani enn hiaule hag er Stairétt-ritt, né lamantt jaméſs; é péhani é troantt berpétt dré unan ag enn euzéc lod é péré unn-éſs ranéd er grouiſs lédan-hontt, ûn--éſs haunhuétt, ſigneu, étvé er feurme ag er yohic ſtairéd é péré é reſcondantt pep miſs hag a latamb éhué, Cambreu enn Hiaule. Chétu ou hannhueu., ou figure, er miſs ha pé-doſte enn dé ag er miſs ma ya enn hiaule énn ai :

1. Squilleu	🦂 Guênnvérr		Enn 19.
2. Piſqueu	)(Huavrérr		Enn 18.
3. Meutt	♈ Maith		Enn 20.
4. Cohlé	♉ E'mbtil		Enn 20.
5. Guévélétt	♊ Maye		Enn 21.
6. Legueſte	♋ Méhéhuein		Enn 21.
7. Lion	♌ Gourhélin		Enn 21.
8. Gûriéſs	♍ Æſte		Enn 23.
9. Balanceu	♎ Guénolon		Enn 23.
10. Huill-Crug	♏ Gouill-Miquéle		Enn 23.
11. Birrêc	♐ Calan-Gouyan		Enn 22.
12. Bouhic	♑ Enn Aveentt		Enn 21.

Zone Grouiſs ag er béd, a b'err tannér é puemp lod, ag er Hreinoſs béd er Hreiſté.

Er Grouiſs creiſs, juſte édan enn Hiaule, Han ha Gouyan, a han-nhuérr hag a zou ; Grouiſs-Ber-huidantt. Enn ihue à bep tu ; Grouiſs-Dambonnairr. Enn ihue peellan ; Grouiſs-Yein ; Grouiſs ou Bro. (ihue, n'eſt qu'unc ſillabe.)

Zoophite Plandeenn, a ziſco énn unn

dra-bénac, boud unn énévale. f. *Mieux adjeſtif,* A ziſco énn unn dra-bénac, &c.

Zopiſſa Coh gouiltron, a ziſtaguérr doh ul Læſtre, a vé bétt peell ér mor hemp boutt bétt galſaitétt. m

Zybelline ou **Zebelline ;** *nous prononçons,* Zibeline, Crohênn précius ur ſor-te maltre ag er vro à Voſcovi, a chervige, pendé meguinétt, d'er Brincéd ha d'er Roanné. m. ou f.

Tudalen o Eiriadur Cillard (1744)

Er siance, er vuhé-vad hag unn doustérr brass murbéd, a laquaer Juistrétt devoutt forh-puissantt.

(Mae dysg, buchedd dda a mawr addfwynder yn gwneud y Jeswitiaid yn rymus iawn.)

Cwtogwyd ar y sylwadau hyn yn y pen draw a thynnu'r colyn ohonynt:

La science & la bonne conduite rendent les Jésuites recommandables.
Er siance, er vuhé-vad a laqua er Juistrétt devoutt puissantt.

(Mae dysg a buchedd dda yn gwneud y Jeswitiaid yn glodwiw.)[3]

Deil y gair *puissantt* 'grymus' heb ei newid yn y trosiad Llydaweg, fel pe na bai ei feirniaid mor debyg o sylwi arno yn y fan honno.
'Roedd yn drwm ei lach ar offeiriaid a oedd yn meddwi, a gwnaeth hwyl am ben y Brodyr Llwydion.[4] Yn ei erthygl ar *Yvrognerie / Meaouereah* (meddwdod) mae'r pennill hwn, nas cyfieithiwyd i'r Ffrangeg:

Rime qui fait voir l'effronterie d'un yvronge caractérisé qui ose dire:
Bailêc taulétt d'er meaouereah
E'nn é vro a chomou é peah.
Ha lausquétt vou énn é Barræss
De dorimællad énn é æss.

(Pennill sy'n amlygu haerllugrwydd meddwyn i'r carn sy'n mentro dweud: Bydd offeiriad sy'n ymroi i feddwdod / yn cael llonydd yn ei fro. / A chaiff aros yn ei blwyf / i ymdrybaeddu yn gysurus.)[5]

Cwynai am ddawnsio, am gyfeddach ac am gerddorion bydol, gan fynnu:

Er Missionnérett hag er Bersonnétt matt, a zou anemisétt touyétt d'er Sonnerion.

(Mae'r cenhadon a'r offeiriaid da yn elynion glas i'r rhai sy'n seinio offerynnau cerdd.) 6

'Roedd y Protestaniaid yn gocyn hitio arall:

[Deiste . . .]
Enn Huguenaudéd, eell er-ré oll enn-dess heigétt diar ou disscoai er yau ag er Fé, a zou tud enn donne à halon hemp Religion, Lézéeenn [sic] na Fé, nameid er simple crédéenn à Zoué; Dictionnére enn infam Baile a zou unn teste mad à guemencé.

(Mae'r Protestaniaid, fel pawb sydd wedi ysgwyd iau'r Ffydd oddi ar eu hysgwyddau, yn bobl sydd yng ngwaleod eu calon heb grefydd, na chyfraith na ffydd, ar wahân i'r gred seml yn Nuw. Tystia Geiriadur Bayle cywilyddus i hynny.)7

Mae'n amlwg mai ei ddiddordeb ysgolheigaidd yn yr iaith a symbylodd Cillard i lunio ei Eiriadur. Gobeithiai weld diddordeb mewn ysgolheictod Llydaweg yn cynyddu ac yn ffynnu, a theimlai'n siŵr fod agwedd ei gyfoeswyr at yr iaith yn newid er gwell:

Le Dixionnaire François-Breton a déja mérité l'approbacion de Monsieur l'Abbé Bignon: On regarde par-tout la Langue Bretonne comme une Langue Mére, sans vouloir prononcér sur le rang qü'Ëlle doit ténir parmi lès autres; ét chacun avèc êmprèssemênt, placë au-jour-d'hui lès Livres Classiques de cètte très-anciènne Langue, dans sa Bibliotéque.

(Mae'r Geiriadur Ffrangeg-Llydaweg eisoes wedi teilyngu cymeradwyaeth y Tad Bignon. Ym mhob man ystyrir y Llydaweg yn famiaith, heb honni barnu ar ba reng y dylai fod ymhlith y lleill. A heddiw mae pawb yn awyddus i roi llyfrau clasurol yr hen iaith hon yn ei lyfrgell.)[8]

Wrth ddarllen y Geiriadur daw balchder yr awdur o'i famiaith yn amlwg. Yn yr erthygl ar *manger* (bwyta), er enghraifft, nodir:

L'endroît où il paroît qu'on a mangé
Daibradurr . . . reu. m. N'est-ce pas-là une périphrase Françoise, pour rendre un seul mot Breton?

("Y man lle yr ymddengys fod rhywun wedi bwyta [darn o fara etc.]" *Daibradurr* . . . Onid oes yma gylchymadrodd Ffrangeg i gyfleu un gair Llydaweg?) [9]

Yn y nodiadau ar *manipule* (manipl) a *sacrilége* (halogiad) cydnabu fod elfen Ladin arwyddocaol yn y Llydaweg. Credai, fodd bynnag, nad oedd yn glir p'un ai oddi wrth y Gelteg ynteu gan y Lladin y cawsai'r Ffrangeg rai o'i geiriau:

Manipule Manipul.. lieu. m. . . .
Quistion-é a outt mar enn-déss er Berhonêc quemérd [sic] er guirieu-zé ag el Latin pé ag er Gallêc. Ni a zissco é héss um chervigéd ag er Manipule, *&c.* é Bréh, heil-leih à gantt vlayeu quennd el Langage Gall *ou* Gallêc.
. . . .
Sacrilége, Sacrilége . . . geu. m. . . .
Er Berhonêg enn-déss queméréd ag el Latin é irieu à Gricheinneah: er Gallêc né ouairr reih à béhani ag enn eu é teênn é ré.

(*Manipule* Manipl . . .
Y cwestiwn yw gwybod a gymerodd y Llydaweg y geiriau hynny gan y Lladin neu oddi wrth y Ffrangeg. Dangoswn i'r *Manipl* etc. gael ei ddefnyddio yn Llydaw lawer o ganrifoedd cyn y Ffrangeg.
. . . .

Sacrilége, Halogiad . . . .
Mae'r Llydaweg wedi cymryd ei geiriau am
Gristionogaeth oddi wrth y Lladin; ni ŵyr y Ffrangeg yn
iawn oddi wrth ba un o'r ddwy y daw ei geiriau hi.)[10]

Wrth ymdrin â'r enw *seigle* (rhyg), ymosododd ar Gilles
Ménage (1613-92), awdur *Origines de la langve françoise* (Paris,
1650) ac *Observations* . . . *sur la langue françoise* (Paris, 1672), a
bychanodd ei ymgais i fynnu fod gan y Ffrangeg dras urddasol:

Seigle Ségall . . . leu : Ségale. m . . .
Ménage enn-déss crédétt rantein er Gallêc noploh, é cuhein
é zonediguiah Berhonêc hag énn ur forgein dehou unan
Latin pé Grêcq.

(Mentrodd Ménage godi urddas y Ffrangeg drwy guddio
ei bod yn deillio oddi wrth y Llydaweg a thrwy ffugio iddi
darddiad Lladinaidd neu Roegaidd.)[11]

Credai Cillard mai tafodiaith Gwened oedd yr harddaf o'r
tafodieithoedd, yr un yr oedd y Ffrangeg wedi benthyg
helaethaf o'i geirfa, a'r un a oedd wedi cadw aceniad y famiaith
gysefin. Fel Maner, ar Pelleter a Gregor o Rostrenenn, edmygai
hynafiaeth y Llydaweg, ond gellir credu mai dylanwad gwaith
Pezron arno a barodd iddo fod mor eithafol o ganmoliaethus:

Er Gallec a zou, quasi toutt, composéd à irieu à Verhonêc
Guénétt; hag é faeçon caire de gomz hemp ton, a zou er
même.

(Mae'r Ffrangeg bron yn gyfan gwbl wedi ei chyfansoddi o
eiriau a gymerwyd gan dafodiaith Lydaweg Gwened; a'r
un yw ei dull hardd o lefaru heb acen.)[12]

Ymddengys mai ef oedd y cyntaf i ddyrchafu'r dafodiaith hon
yn uwch na'r lleill. 'Roedd, er hynny, yn burydd, ac argymhellai
ffurfiau hyd yn oed wrth drafod geiriau ac ymadroddion a oedd

189

ar lafar yn ardal Gwened. Dyfynnodd enghreifftiau o amrywiadau lleol na ellid, yn ei farn ef, eu hystyried yn Llydaweg da:

Llydaweg Da	Llydaweg Gwael
Scoeid-é dihue ærr (Mae hi wedi taro dau o'r gloch)	*Fichéd-é deu ærr*
Menn Deiñ-Matt (Fy ngŵr bonheddig, fy ngwas i)	*Martautt*
Compaire (Tad bedydd)	*Compadre*
Annaiein (Diflasu)	*Divrédein*
Azé (Yna)	*Azènn*
Heennteu (Ffyrdd)	*Heinchau*
Lisidandaitt (Diogi)	*Luré*
Ind a lar (Dywedant)	*I a lar*
Hùidér (Ehedydd)	*Groah-Doar*
Ind a ouai deitt ('Roeddent wedi dod)	*I e yo deitt*

Doh ein (Oddi wrthyf)	*Doh onn*
Jaquêtte (Côt laes)	*Jiquêtte*
Nonpass (Nid)	*Pazann*
Luhèrne (Llwynog)	*Perodic*
Quére (Crydd)	*Cordannérr*
Bleye (Blaidd)	*Guillleu* [sic]
Iia trugairé Doué (Ie, diolch i Dduw)	*Iia, mar-plige-gúett-Doué* [13]

Brithir ei Eiriadur gan ddiarhebion, a diau fod modd cymryd y diddordeb hwn mewn traddodiadau llafar fel rhagargoel o'r awydd a ddaeth yn amlwg yn y bedwaredd ganrif ar bymtheg, i gasglu diarhebion a'u cyhoeddi. Troswyd casgliad o ddiarhebion Sbaeneg i Lydaweg tua chanol y ddeunawfed ganrif, efallai gan Marigo, a'u cyhoeddi dan y teitl *Proverbou spagnol, troet e verzou brezonnec gant M**** (Diarhebion Sbaeneg, wedi eu trosi i benillion Llydaweg gan M***) (?1760).

1 CHD x, 44-50; P Le Goff, *Petite histoire littéraire du dialecte breton de Vannes* (Vannes, 1924), 7-8. Credir i'r gwaith hwn gael ei gyhoeddi yn Gwened. Nid yw'n glir paham y nodwyd 'Leide' fel y man cyhoeddi. Rhennir y gwaith fel hyn: (i) tudalennau i-xx, rhagymadrodd etc., (ii) 1-410, corff y geiriadur, (iii) 411-67 'Supplément Considérable aux Dictionnaires François-Bretons.'

2 CHD x, 44-50; GB, 236.

3 Monsieur L'A***, *Dictionnaire françois-breton* . . . (Leide, 1744), 190; CHD x, 60.

4 Monsieur L'A***, op.cit., x, 66. Gweler hefyd Gaston Esnault, 'Les épreuves de Cillart de Kerampoul', *Mélanges bretons et celtiques offerts à M J Loth* (AB. vol. hors série; Rennes, 1927), 258.

5 Monsieur L'A***, op.cit., 409.

6 Ibid., 361.

7 Ibid., 97. Codwyd yr anturiaethwr a'r ysgolhaig Pierre Bayle (1647-1706) yn Brotestant, cafodd dröedigaeth i Gatholigiaeth ond dychwelodd at ei hen ffydd ymhen blwyddyn. Cyhoeddwyd cyfrol gyntaf ei *Dictionnaire historique et critique* ym 1695.

8 Ibid., 'A Monseigneur de la Briffe . . .' , s.m.

9 Ibid., 228.

10 Ibid., 229 a 345.

11 Ibid., 354. Dywedir mai a'r Ménage y sylfaenwyd y cymeriad pedantig, hurt Vadius yng nghomedi Molière, 'Les Femmes Savantes'.

12 Ibid., 37.

13 Ibid., vi-vii.

(e) *Jean-Baptiste Bullet, 'Vocabularia . . . comparativa', Rowland Jones, Jakez ar Brigant, La Tour d'Auvergne a Thévenard.*

'Roedd astudiaethau Celtaidd yn denu mwyfwy o ysgolheigion yn y ddeunawfed ganrif. Un o'r gweithiau helaethaf a mwyaf cynhwysfawr a luniwyd yn y cyfnod oedd *Mémoires sur la langue celtique* . . . (Besançon, 1754-60), mewn tair cyfrol, gan Jean Baptiste Bullet (1699-1775), Deon Prifysgol Besançon ac aelod gohebol o'r Académie des Inscriptions.[1] Yn y gyfrol gyntaf ymdriniodd â hanes y Celtiaid a tharddiad enwau lleoedd yng Ngâl, Sbaen, yr Eidal a Phrydain Fawr, ac yn y ddwy arall rhoddodd 'un dictionnaire celtique renfermant tous les termes de cette langue' (eiriadur Celteg yn cynnwys holl eiriau'r iaith honno). Barnai fod gair o darddiad Celtaidd os oedd i'w gael mewn mwy nag un o'r ieithoedd Celtaidd cyfoes, neu i'w gael yn un o'r ieithoedd Celtaidd cyfoes a'r Lladin, gyda'r ffurf Geltaidd yn fyrrach neu'n cynnwys mwy o gytseiniaid na'r un Ladinaidd. Defnyddiodd y geiriaduron Llydaweg mwyaf adnabyddus (rhai Maner, ar Pelleter, Gregor o Rostrenenn a Cillard), y llyfrau ymddiddanion, gweithiau Pezron a Toland, a dau eiriadur bychan y dywedodd iddynt gael eu hargraffu heb enwau eu hawduron, ac na wyddys heddiw beth oeddent. 'Roedd ganddo hefyd lawysgrif geirfa amlieithog (Wyddeleg, Gymraeg, Gernyweg a Llydaweg) a roddwyd iddo gan Charles de Brosses (1709-77), Llywydd Senedd Dijon ac awdur *Traité de la formation méchanique des langues* (1765), llyfr a amcanai egluro tarddiad pob iaith o wreiddiau cyntefig, cyffredin. Dichon fod casgliad hynod o lawysgrifau ym meddiant de Brosses, oherwydd ar wahân i'r eirfa honno mynnai Bullet fod ganddo eirfâu: (i) Basgeg, Gwyddeleg, Gaeleg, Manaweg a Chernyweg; (ii) Cernyweg; (iii) Basgeg; (iv) Gwyddeleg a Gaeleg; a (v) Gwyddeleg a Lladin. Edmygai John Walters (1721-97) waith Lhuyd a Pezron, ac ystyriai Bullet yn athrylith mawr. 'This Gentleman', meddai amdano,[2] 'has run in the same course with his countryman the learned *Pezron*, but has out-stript him in the race, and advanced so far beyond him as to make the *Celtic* to be a dialect of the original language communicated by the Creator to the first parents of mankind.' (Mae'r gŵr bonheddig hwn wedi rhedeg yr un rhawd â'i gydwladwr, Pezron dysgedig, ond mae wedi cael y blaen arno, ac wedi mynd mor bell heibio iddo fel y dadleua fod y Gelteg yn dafodiaith o'r iaith wreiddiol a roddwyd gan y Crëwr i rieni cyntaf dynolryw.)

Nid Bullet oedd yr unig ysgolhaig a dybiai y gellid dysgu mwy am hanes pobloedd Ewrob drwy osod gwahanol ieithoedd ochr yn ochr a cheisio dirnad arwyddocâd y tebygrwydd rhyngddynt. Roedd bri ar lunio geirfâu amlieithog yn y ddeunawfed ganrif, ac ar gyfer un arall o'r *genre* hwn, *Vocabularia linguarum totius orbis, comparativa* (Petropoli, 1787 a 1789), lluniwyd geirfa gymharol Lydaweg a Rwseg.[3] Paratowyd y *Vocabularia* dan nawdd yr Ymerodres Gatrin II, ac yn y cyflwyniad iddi rhoddir 273 o eiriau Rwseg ac eglurir hystyr yn Lladin. Eir ymlaen wedyn i gyflwyno'r un eirfa mewn 200 o ieithoedd Ewropeaidd ac Asiaidd, gan gynnwys Llydaweg, Cymraeg, Gwyddeleg, Gaeleg, Cernyweg, ac iaith a elwir 'Celteg' ac sydd wedi ei chyfansoddi o fathiadau a llugurniadau rhyfedd. Yr Ymerodres ei hun a gymerai'r clod am y *Vocabularia*, ond mae'n debyg mai Bakmeister, Llyfrgellydd Academi'r Gwyddorau yn Sant-Petersburg, a enynnodd ei diddordeb yn yr ymchwil hon, ac iddo ymddiried y gwaith casglu i'r cyhoeddwr, S Pallas o Berlin (1741-1811). Anfonwyd yr eirfa (yn Ffrangeg) i Lydaw i gael ei chyfieithu. Ysgrifennwyd adolygiad ar y gwaith gan Volney a'i gyhoeddi yng nghyfrol gyntaf *Mémoires de l'Académie Celtique*. Awgrymodd ef y gallai'r Académie Celtique drefnu cystadleuaeth i gyfaddasu'r testun o'r wyddor Rwseg i'r un Rufeinig.

Llyfr amlieithog arall o'r cyfnod hwn yw *Pantographia; Containing Accurate Copies of all the Known Alphabets in the World; together with an English Explanation of the Peculiar Force or Power of Each Letter: to which are added, Specimens of all well-Authenticated Oral Languages . . .* (London, 1799), gan Edmund Fry. Yn y llyfr hwn atgynhyrchwyd dau fersiwn o Weddi'r Arglwydd yn Llydaweg, y naill yn dilyn y testun a ddyfynnwyd gan Dr John Davies, ond gyda'r geiriau olaf wedi eu hepgor drwy amryfusedd,[4] a'r llall yn frith o wallau:

194

Hon tat pehing son in acou'n. Oth hano bezet sanctifiet. De vel de ompho rouantelez. Ha volonté bezet gret voar an doar evel en coûn. Roit dezomp hinou hor bara bemdezier, ha pardon nil dezomp hon offançon evel ma pardon nomp d'ac re odeus hon offançet. Ha n'hon digaçit quel è tentation. Hogen de livrit a drove. Amen.

Fel y gwelir, cyferchir Duw yn yr ail berson lluosog, yn ôl arfer y Catholigion.

Ymddiddorai Rowland Jones o Lanbedrog (1722-74) yn yr ieithoedd Celtaidd, ac efallai i'w waith ef gael dylanwad ar syniadau ieithyddol y Llydawr ar Brigant, fel y gwnaeth ar ddamcaniaethau William Owen Pughe am y Gymraeg. Daeth llyfr Jones, *The Origin and Language of Nations* . . . (London), o'r wasg ym 1764, bymtheng mlynedd cyn i Ramadeg ar Brigant gael ei gyhoeddi. Rhoddai Jones bwys mawr ar burdeb iaith ei fro enedigol, ond credai hefyd fod modd adfer y Saesneg i'w chyflwr cyntefig, ac y dôi hi ymhen amser yn iaith fyd-eang:

It is therefore ridiculous to puff up any such deceased dialects, as competitors of a language, that perhaps contains all the primitives of the first universal language, and all that is valuable in its several dialects; and though some of the elementary parts might have been somewhat disguised by beautifying, they seem to be less so than any other, except the Welsh, which was the author's chief guide in this discovery, namely such as is vulgarly spoken by the clowns of Carnarvonshire.

(Mae felly'n hurt gwagfoli unrhyw dafodieithoedd meirw o'r fath fel rhai a allai gystadlu ag iaith sydd efallai yn cynnwys holl elfennau cyntefig yr iaith fyd-eang gyntaf, a phob dim sy'n werthfawr yn ei hamryw dafodieithoedd. Ac er ei bod yn bosibl fod rhai o'r rhannau elfennol wedi cael eu cuddio i raddau drwy eu coethi, mae'n ymddangos nad yw hynny wedi digwydd cymaint ag yn yr un iaith arall, ac eithrio'r Gymraeg. Hon, yr iaith fel y siaredir hi yn gyffredin gan wladwyr Sir Gaernarfon, oedd prif ganllaw'r awdur wrth ddarganfod hyn . . .)[5]

Dadleuai fod gan bob sain yn yr iaith gyntefig arwyddocâd penodol, a bod iaith wedi ei chreu gan Dduw:

> . . . I shall here only observe in general, that it has been the opinion of the wisest part of mankind, that Adam was furnished with a scheme of language by God himself . . . It is also remarkable, that man of all the animals in the expression of joy and admiration makes use of the o, which signifies eternity; but other animals seem to sound the letter a, signifying the earth; man also is upright, with his countenance towards heaven; but beasts look downwards upon the earth, as if their utmost joy and pleasure centred there.

> (. . . Ni wnaf yma ond sylwi yn gyffredinol mai barn y dynion doethaf fu i Adda gael cynllun iaith gan Dduw ei hun . . . Mae hefyd yn hynod mai dyn, o bob anifail, wrth fynegi llawenydd ac edmygedd, sy'n defnyddio'r *o*, [sain] sy'n arwyddocáu tragwyddoldeb; ond ymddengys fod anifeiliaid eraill yn seinio'r llythyren *a*, [sain] sy'n dynodi'r ddaear. Mae dyn hefyd yn sefyll yn syth gyda'i wynepryd tua'r nefoedd, ond bydd bwystfilod yn syllu i lawr tua'r ddaear, fel pe bai eu llawenydd mwyaf a'u pleser i'w cael yno.)[6]

Yn ei lyfr *The Philosophy of Words* . . . (London, 1769) cyflwynodd Jones gynllun ar gyfer iaith athronyddol fyd-eang, seiliedig ar gymhariaeth eirfaol rhwng amryw ieithoedd—Saesneg, Fflemeg, Almaeneg, Daneg, Cymraeg, Cernyweg, Gwyddeleg, Llydaweg, Basgeg etc. Rhestrodd 115 o eiriau ac ymadroddion Llydaweg. Ymddengys eu bod i gyd wedi eu codi o'r *Archaeologia Britannica* gyda'r orgraff wedi ei haddasu rywfaint mewn rhai achosion, fel y gwelir o'r enghreifftiau hyn:

ÉLÉMENS
DE LA LANGUE
DES
CELTES GOMÉRITES,
OU BRETONS:
INTRODUCTION
A CETTE LANGUE
ET PAR ELLE À CELLES DE TOUS LES
PEUPLES CONNUS.

*Non sunt loquelæ neque sermones , in quibus
non audiantur voces eorum.*
Pſalm. 18.

par Mʳ. LE BRIGANT,
Avocat à Tréguier.

A STRASBOURG

Chez LORENZ & SCHOULER, Imprʳˢ. de la Nobl.

1 7 7 9.

Wyneb-ddalen Gramadeg ar Brigant (1779)

197

The Philosophy of Words	Archaeologia Britannica
spas, tank	spas, tank (Comparative Vocabulary,152)
tra, syubstans	tra (CV, 139), syubstans (CV,157)
tevalizhen	teualiʒen (CV,103)
rivier	rivier, ster (CV,60)
novedd amser	Novedh-amser (CV,171)
ragveaust	Ragveaust (CV,44)
cydheol	kydh heol (CV,104)
shattal, gurthvil	Chatal (An Armoric Grammar,181), gurthvil (Cernyweg—CV,44)
luichet	Liuxet (CV,62)
reo	reo (CV,62) [7]

Er iddo dynnu sylw'r Cymry at bwysigrwydd y Llydaweg, mae diffygion ei ddull o weithio yn ddigon amlwg. Ystyriai hyd yn oed llawer o'i gyfoeswyr ei fod yn ysgolhaig anobeithiol. 'But alas! poor Ro. Jones the Attorney can produce nothing but an empty Froth!' (Ond och! ni all Rowland Jones y bargyfreithiwr gynhyrchu dim namyn ewyn gwag!), ysgrifennodd Lewis Morris,[8] a thebyg oedd barn John Thomas ac Iolo Morganwg amdano.[9] Fel Thomas Jones (1648-1713) o'u blaen, gwelodd Iolo a William Owen Pughe fod modd cyfoethogi geirfa'r Gymraeg drwy fenthyg geiriau oddi wrth y Llydaweg.[10]

Ymddengys i Jakez ar Brigant (Jacques Le Brigant) o Pontrev (1720-1804) seilio ei ddamcaniaethau rhamantaidd am y Llydaweg ar waith Pezron yn bennaf.[11] Gan dderbyn mai hi oedd iaith gyntefig dynolryw, yn ei lyfr *Dissertation adressé aux académies sçavantes de l'Europe, sur une nation de Celtes . . .* (Traethawd ar gyfer Academïau Dysgedig Ewrob ar Genedl o Geltiaid . . .) (Breghente, 1762) ymroddodd i ddangos i'r byd ei bod wedi ei chyfansoddi yn gyfan gwbl o wreiddeiriau unsillafog. Ni chyflawnwyd ei gyfeirlyfr safonol ar y rhain, ond dengys y darnau ohono a gyhoeddwyd, sef *Détachemens de la langue primitive . . .* (Rhannau o'r Iaith Gyntefig . . .) (Paris, 1787), ac *Autres détachemens . . .* (Rhannau Eraill . . .) (Paris 1787), natur ei gynnwys a syniadau'r awdur am darddiad y Llydaweg. Gwelir bod y rhain yn dilyn, yn rhannol, y ddamcaniaeth synwyriadol ynghylch tarddiad iaith, ac i ar Brigant briodoli ystyr i seiniau llafarog unigol. Ystyriai fod arwyddocâd neilltuol gan bob un o'r pum llafariad a bod yn rhaid deall hynny cyn mynd ati i ddaddansoddi geiriau Llydaweg. Dynodai *a* 'y ffordd' (gan ei bod yn fôn i'r ferf *mont* 'mynd'), *e* 'fodolaeth' (efallai am mai *e* oedd ffurf yr awdur ar *eo*, trydydd person unigol presennol mynegol *bezañ* 'bod'), *i* 'weithred', *o* 'feddiant' (efallai am fod ffurfiau megis *am bo* 'bydd gennyf', *a(z) po* 'bydd gennyt', yn mynegi meddiant), ac *u* 'yr wy neu'r hedyn' (diau am mai *u* oedd 'wy' yn ei dafodiaith).[12] Gellir cymharu dull William Owen Pughe o egluro pwysigrwydd y 'berfau cysefin' yn Gymraeg:

> Ystyr y llavariad O sydd yn arwyddaw ymmod allan, neu oddi wrth; a chydag ei threigliadau, *u, w, y,* arferir [hi] i arwyddaw pob amser gorffenedig. Y llavariad *A* sydd yn arwydd o ymmod neu weithred gynddrychawl; a chydag ei threigliadau, *e, ei,* á ddangosant fynediad dechreuawl oddiwrth y cynddrychawl, naill ai at y gorffenedig, ai at y dawedadwy. Y llavariad *I* sydd yn arwyddocáu mynediad yn y blaen i, neu i mewn; a chan hynny bob amser dawedadwy.

> (Mae'r llafariad *o* yn dynodi symud allan neu oddi wrth, a chyda'i threigladau, *u, w, y,* arferir [hi] i ddynodi pob amser gorffenedig. Mae'r llafariad *a* yn dynodi symud neu weithred bresennol, a chyda'i threigladau, *e, ei,* dengys ddechrau symud oddi wrth y presennol, naill ai at y gorffennol, neu at y dyfodol. Mae'r llafariad *i* yn dynodi symud ymlaen neu i mewn, ac felly bob amser a all ddod.)[13]

Yn ei *Notions générales ou encyclopédiques* (Elfennau Cyffredinol) (Avranches, 1791) cyflwynodd ar Brigant eirfa Ffrangeg, Ladin a 'Chelteg'. Ceir yn hon, fel yn ei ymdriniaethau eraill â tharddiad geiriau, ffurfiau ffug a ffansïol megis y rhain:

La SCIENCE . . . *Zékéiaenté*
Ingenium des Latins, *énghénni* des Celtes . . .[14]

Ymddengys mai addasiad o'r gair *skiant* 'gwyddor' yw *Zékéiaenté*, a bod *énghénni* yn ffurf ar *engehentañ* 'cenhedlu'. Wfftiwyd gwaith ar Brigant a'i debyg gan yr athronydd Voltaire, a chredai ef mai ofer oedd pob ymgais i darganfod mamiaith gyntefig:

> Il n'y a pas eu plus de langue primitive, et d'alphabet primitif, que de chênes primitifs, et que d'herbes primitives . . . On peut fort bien, sans offenser les habitants de Quimper et de Samarie, n'admettre aucune langue-mère.

> (Ni fu iaith gyntefig a gwyddor gyntefig yn fwy nag y bu derw cyntefig a gwellt cyntefig . . . Nid oes rhaid felly, heb dramgwyddo trigolion Kemper a Samaria, gydnabod yr un famiaith.)[15]

Yn ei *Discourse addressed to the Welches* (*i.e.* French), a briodolodd i 'Anthony Vadee [sic]', gwnaeth Voltaire y derwyddon yn gyff gwawd:

> Your Druids, who treated you like slaves and beasts, and burned you piously in osier cages, lost a considerable part of their credit and influence when you became the slaves of the Romans. You must, however, acknowledge, that you have always, more or less, borne certain characters of barbarity.

> (Pan ddaethoch yn gaethweision i'r Rhufeiniaid collodd eich derwyddon, a fyddai'n eich trin fel caethion a bwystfilod, ac yn eich llosgi yn dduwiol mewn cewyll gwiail, gryn dipyn o'u dylanwad. Rhaid ichwi gydnabod, fodd bynnag, eich bod bob amser, i ryw raddau, wedi ymddangos yn farbaraidd.)[16]

Dywedir i ddau ŵr amlwg (Antoine Court de Gebelin a d'Oraison) benderfynu profi gwiriondeb honiad ar Brigant fod y

Llydaweg yn allwedd i bob iaith drwy gyflwyno iddo ddyn ifanc 'gwyllt', brodor o Bolynesia a oedd yn siarad iaith na fedrai neb ei deall. Er mai actor yn gwneud synau gyddfol, disynnwyr oedd hwn, mynnai'r celtegydd y medrai ddehongli'r hyn a ddywedai gan fod ei iaith mor debyg i'r Llydaweg.[16] 'Roedd ar Brigant (fel Rowland Jones) yn ddirmygedig gan rai o'i gyfoeswyr, ond er na ellir ei ystyried yn ysgolhaig o bwys mawr yn hanes yr iaith 'roedd ei ddamcaniaethau ieithyddol yn nodweddiadol o'i oes ac yn ddrych i ddiddordeb ysgrifenwyr y cyfnod mewn rheswm a rheoleidd-dra a'u cred ym modolaeth pobloedd a diwylliannau cyntefig, anllygredig.

Ei waith pwysicaf yn ddiau, oedd ei Ramadeg: *Élémens de la langue des Celtes Gomérites, ou Bretons: Introduction à cette langue et par elle à celles de tous les peuples connus* (Elfennau Iaith y Celtiaid Gomeraidd, neu'r Llydawiaid: Cyflwyniad i'r Iaith hon a thrwyddi i Ieithoedd pob Pobl Hysbys) (Strasbourg, 1779). Yn hwn amcanai ddangos fod gan y Llydaweg yr holl nodweddion a ddisgwylid mewn iaith gyntefig. Fel yr eglurodd yn ei *Nouvel avis concernant la langue primitive rétrouvée* (Cyngor Newydd ynghylch yr Iaith Gyntefig a Ailddarganfuwyd) (s.l.n.d.):

Le plus beau de tous les langages doit être celui qui est à la fois le plus complet, le plus sonore, le plus varié dans ses tours, & le plus régulier dans sa marche, celui qui a le plus de mots composés, celui qui par sa prosodie exprime mieux les mouvemens lents, on impétueux le l'âme; celui qui ressemble le plus à la Musique.

(Mae'n rhaid mai'r harddaf o bob iaith yw honno sydd ar yr un pryd fwyaf cyflawn, mwyaf soniarus, mwyaf amrywiol yn ei phriod-ddulliau, a mwyaf rheolaidd yn ei rhediad, honno a chanddi'r nifer mwyaf o gyfansodd-eiriau, honno sydd drwy ei mydryddiaeth ac ansawdd ei llafariaid yn mynegi orau gynyrfiadau araf neu fyrbwyll yr enaid; honno sy'n ymdebygu fwyaf i gerddoriaeth.)[18]

Y rhain, meddai, oedd nodweddion y Llydaweg, ac yn arbennig dafodiaith cylch Pontrev, ei dref enedigol yn Nwyrain Treger.

Mynnai mai yno yn unig y siaredid yr iaith ar ei gorau, yn gryno, yn ddiwastraff ac yn bur. Haeddai'r dafodiaith honno, a oedd yn burach ac yn berffeithiach na'r Gymraeg, gael ei hastudio a'i meistroli gan ysgolheigion Ewrob:

L'on peut ajouter à tout cela, que, malgré son antiquité, elle existe encore *vivante* & *parlée*, de sorte qu'on peut, en entendant ceux qui la possédent, se redresser lorsqu'on fait quelque faute, s'instruire de plus en plus & *se perfectionner*.

(Gellir ychwanegu at hynny, ei bod, er ei hynafiaeth, yn bodoli o hyd *yn fyw* ac *ar lafar*, fel y gall dyn wrth wrando ar y rhai sy'n ei medru, ei gywiro ei hun pan wna ryw gamgymeriad, ei addysgu ei hun fwyfwy ac ymberffeithio ynddi.)[19]

Gan ei fod o'r farn mai tafodiaith Treger oedd 'la plus briève, la plus pure, et la moins altérée' (y fwyaf cryno, y buraf a'r un a lygrwyd leiaf),[20] ffurfiau'r dafodiaith honno a ddyfynnwyd ganddo yn bennaf yn ei Ramadeg.

Er iddo ymdrin â'r rhannau ymadrodd, ni ddilynodd y drefn draddodiadol ac ni roddodd sylwadau manwl arnynt. Ceir saith adran yn ei Ramadeg, sef: (i) enwau, ansoddeiriau a banodau, (ii) rhagenwau a rhifolion, (iii) berfau a rhangymeriadau, (iv) cystrawen, (v) ffurfiant geiriau cyfansawdd, (vi) cynaniad yr iaith a'i thafodieithoedd, a (vii) geiriau Celtaidd mewn ieithoedd eraill. Ar y diwedd cynhwysodd ddau destun enghreifftiol, nodwedd a ddynwaredwyd ac a ddatblygwyd yn ddiweddarach gan Dumoulin a chan ar Gonideg yn eu gramadegau hwy, a geirfa fer Lydaweg-Ffrangeg. Daeth y fersiwn o ddameg y Mab Afradlon a gyhoeddwyd yn ei Ramadeg yn batrwm i gyfres o drosiadau tafodieithol eraill o'r un ddameg wrth i ieithgarwyr y ganrif ddilynol ymserchu mewn cymharu testunau ieithyddol. Dyma ddechrau'r cyfieithiad:

Eunn dénn an éfoa daou vab, ar iaouankan à laras dè dad: ma zad, reit din al loden mado à deu din; ag o fartajas.

A neubed gondé [sic], ar mab iaouank gant é all [sic] draou à bartias évit éur vro bell ag enò a daibras, [sic] è vado en eur vevan dreist muzur. A pan efoé dispignet an oll, a deüas ar ghernes er vo [sic] zé, ag à comensas caout fod.

Ag à as, ag en eun la kaas [sic] en servi eun dénn euz ar vro zé, à énn cassas voar ar mez da vessa ar moh, ag an éfoa hoant dá gargan è goff, euz ar plusk à daibré ar moh, à dènn na rai déan. Kend ar fin en eun sonjal én an è unan a laras: nag à dud à zo en ti ma zad, an euz ar pez à ghèront! ag amman à varvan gant an naon.

('Roedd gan ddyn ddau fab. Dywedodd yr ieuangaf wrth ei dad: 'Fy nhad, rhowch imi'r cyfran o'r eiddo a ddaw im; ac fe'u rhannodd. Ac ychydig wedyn, ymfudodd y mab ifanc â'i holl bethau i wlad bell, ac yno gwastraffodd ei eiddo ar fyw'n afrad. A phan oedd wedi gwario'r cwbl, bu drudaniaeth yn y wlad honno a dechreuodd fod yn anghenus.

Ac aeth, ac ymroddodd i wasanaethu dyn o'r wlad honno, ac anfonodd hwnnw ef i'r caeau i ofalu am y moch, ac 'roedd arno eisiau llanw ei fol â'r plisg 'roedd y moch yn eu bwyta, ac ni roddai neb ddim iddo. O'r diwedd, gan feddwl amdano ei hun, fe ddywedodd: dyna bobl sydd yn nhŷ fy nhad, a chanddynt yr hyn a fynnont! Ac yma 'rwyf yn marw o newyn.)[21]

Dewisodd y symbol *h* yn hytrach nag *c'h* i ddynodi /x/, ac arferai *gh* am /g/ o flaen /e/ ac /i/. Ysgrifennai *eun, eur, eul* am y fannod amhendant, gan fod y sillafiadau hynny'n cyd-fynd â'r ffurfiau a arferid yn ei dafodiaith. Diddorol yw'r modd y dosbarthodd y bachigyn *-ig* fel terfyniad bachigol (*diminutif*), a'r terfyniad *-ed* fel un 'edmygol' (*admiratif*), (e.e. *justed! 'deced!'*).[22] Mynnai mai *a* ac nid *pehini*, ffurf na chyfeiriodd ati o gwbl, oedd rhagenw perthynol y Llydaweg, ac mae ei ymdriniaeth â'r ferf hefyd yn syml a chlir gan iddo weld nad oedd namyn un rhediad sylfaenol gan bob berf:

Elle conserve seule cette *Conjugaison unique*, telle que la desiroient les auteurs de l'*Encyclopédie*, pourvue de tous les modes, les tems, les nombres & les personnes nécessaires pour la perfection de cette belle partie du discours.

(Ni cheidw ond *y rhediad hwn yn unig*, fel y dymunai awduron yr *Encyclopédie*, wedi ei gynysgaeddu â phob modd, amser, rhif a pherson angenrheidiol i berffeithio'r rhan brydferth hon o'r iaith.)[23]

Mynnai fod Gregor o Rostrenenn wedi camarwain ei ddarllenwyr ef gan iddo orgymhlethu rhediad y ferf:

Nous voudrions, s'il étoit possible, diminuer le nombre de ceux qui foulent notre sol, avertissant nos compatriotes de la défectuosité des livres qu'ils ont eu jusqu'ici pour les guider dans l'étude de la langue de leurs pères, les Gomérites ou enfans de Gomer. Un des plus tristes et des plus absurdes a été la dernière Grammaire du pauvre capucin *Rosternen* [sic], qui en forgeant treize à quatorze Conjugaisons sans en donner une, présentoit des choses aussi inutiles que la barbe des capucins.

(Hoffem, pe bai modd, leihau nifer y rhai sy'n mathru ein tir, wrth hysbysu ein cydwladwyr am ddiffygion y llyfrau a fu ganddynt hyd yn hyn i'w harwain i astudio iaith ein tadau, y Gomeriaid neu blant Gomer. Un o'r rhai mwyaf hurt fu Gramadeg diwethaf Rostrenenn, y Ffransisgan truan. Wrth ddyfeisio tri ar ddeg neu bedwar ar ddeg o rediadau yn lle egluro mai un [yn unig] sydd, cyflwynodd bethau'r un mor ddi-werth â barf y Ffransisganiaid.)[24]

Yn wahanol i'w ragflaenwyr, gwahaniaethai ar Brigant rhwng ffurfiau'r dibynnol neu'r amodol dichonol (e.e. *be* 'bai') a rhai'r amodol annichonol (e.e. *bije* 'buasai') drwy alw'r naill yn 'Subjonctif imparfait' (dibynnol amherffaith) a'r lleill yn 'Optatif imparfait' (eiddunol amherffaith).[25] Ymdriniodd yn fanwl hefyd â'r modd i ffurfio cyfansoddeiriau newydd yn yr iaith drwy ddefnyddio rhagddodiaid ac olddodiaid. Gwelir yma wreiddyn y bathu geirfaol a ddaeth yn rhan mor bwysig o waith Kervarker a'i ddilynwyr yn y bedwaredd ganrif ar bymtheg.[26]

Cyfaddaswyd orgraff rhai ffurfiau pan adargraffwyd Gramadeg ar Brigant yn seithfed flwyddyn y Weriniaeth (1798-9) dan y teitl *Élémens succints [sic] de la langue des Celtes Gomérites* (Brest). Ar wyneb-ddalen yr argraffiad hwn ceir yr arwyddeiriau 'AR HENTAN LANGACH AR BREZONNEC' (Yr Iaith Gyntaf, y Llydaweg) a 'CELTICA NEGATA NEGATUR ORBIS' (Gwadu'r Gelteg yw Gwadu'r Byd). Newidiwyd *euneg* 'un ar ddeg' i *eunzeg*, *pevoarzeg* 'pedwar ar ddeg' i *pedvoarzeg* a *seiteg* 'dwy ar bymtheg' i *seizteg*, er mwyn pwysleisio eu rheoleidd-dra a dangos eu tarddiad. Diwygiwyd rhediad y berfau hefyd drwy hepgor y rhagenwau personol annibynnol (e.e. *mè ammeuss* 'mae gennyf' > *Em meus*).

Canmolwyd ar Brigant gan John Jones yn ei lyfr *The Tower of Babel; or Essays on the Confusion of Tongues* (London, [?1820]).[27] 'Perhaps no man living ever studied so much as the celebrated Mr. *Le Brigant*, to render our common mother-tongue an object of veneration' (Efallai nad astudiodd neb byw cymaint â Mr ar Brigant enwog, er mwyn rhoi bri ar y famiaith sydd gennym yn gyffredin), ysgrifennodd yn ei lythyr cyflwyno i'w lyfr.[28] Dywedodd iddo gael braslun o waith ar Brigant gan yr awdur pan oedd ym Mharis, a hefyd iddo ymweld â Pontrev, lle y siaredid y Llydaweg puraf. Wrth drafod geirfa Garibeaidd ar Brigant, cyfeiriodd at y traddodiad fod Indiaid Cymraeg yn America, gan ddadlau fod y tebygrwydd rhwng hen iaith America ac un y Celtiaid i'w briodoli i gyfathrach dybiedig rhwng Indiaid brodorol Florida a disgynyddion trefedigaeth Frythonaidd a sefydlwyd yno yn y ddeuddegfed ganrif. Hyd y gwn, dyma'r unig gyfeiriad at y Llydawiaid yn coleddu syniadau am Indiaid Celtaidd:

They are since incorporated or become one nation. As none of the Britons ever returned home their emigration has been doubted by English Historians, who treat it as a fable invented in Wales; but in support of the facts related by

Filson, in his history of Kentucky, there is a tradition respecting it in Brittany, with a very old song on the same subject, which Le Brigant knew and mentioned in our last conversation in Paris in the year 1786.

(Wedyn ymgorfforwyd hwy neu daethant yn un genedl. Gan na ddychwelodd neb o'r Brythoniaid byth adref, mae haneswyr Seisnig wedi amau a wnaethant ymfudo, ac maent yn trin yr hanes fel chwedl a ddyfeisiwyd yng Nghymru; ond i ategu'r ffeithiau a adroddwyd gan Filson yn ei lyfr ar hanes Kentucky, mae traddodiad yn ei gylch yn Llydaw, a hen, hen gân ar yr un testun, un yr oedd ar Brigant yn ei gwybod ac y soniodd amdani pan fuom yn ymgomio ddiwethaf ym Mharis ym 1786.)[29]

Pe câi ei lyfr ei dderbyn yn ffafriol gan y cyhoedd, bwriadai awdur *The Tower of Babel* gyhoeddi trosiad Saesneg o waith ar Brigant neu amlinelliad o'i ddarganfyddiadau, yn cynnwys: ymdriniaeth â thras ieithoedd, gramadeg Celtaidd, nodiadau ar y modd i ddarganfod elfennau cyntefig unsillafog, a geirfa gyflawn o'r gwreiddeiriau.

Disgybl enwocaf ar Brigant oedd La Tour d'Auvergne (Théophile-Malo Corret) o Karaez (1743-1800), 'Grenadier Cyntaf y Weriniaeth', a chyhoeddwyd ei waith mwyaf adnabyddus, *Nouvelles recherches sur la langue, l'origine et l'antiquité des bretons* (Ymchwil Newydd ar Iaith, Tarddiad a Hynafiaeth y Llydawiaid), ym 1792 (Bayonne). Adargraffwyd ef ym mhumed flwyddyn y Weriniaeth (1796-7) dan y teitl *Origines gauloises* (Tarddiadau Galaidd) (Paris; ad. Hambourg, 1801). Credir hefyd i La Tour d'Auvergne gasglu defnyddiau at eirlyfr amlieithog neu dabl cymharol yn dangos tras amryw ieithoedd, ac yn ystod ei gyfnod o gaethiwed fel carcharor rhyfel yng Nghernyw (1795-6) dywedir iddo gyfansoddi geiriadur Ffrangeg-Llydaweg.[30] Ni wyddys dim arall am y gweithiau hyn, ac nid yw'n sicr fod y traddodiad ynghylch llunio'r Geiriadur yn un dilys.

Cofleidiwyd syniadau ar Brigant gan A J M Thévenard o Sant-Maloù (1733-1815), awdur *Mémoires relatifs à la Marine* (Ysgrifau ynghylch y Llynges) (Paris, seithfed flwyddyn y

Weriniaeth, 1799-1800).[31] Yn yr ail gyfrol o'r gwaith hwn mae geirfa Lydaweg a ddisgrifir fel 'TABLE de quelques noms d'usage dans la Marine actuelle, comparés aux mémes mots de l'ancienne Marine celto-gallique, dont ils sont dérivés' (Tabl o rai enwau a ddefnyddir yn y llynges ar hyn o bryd, wedi eu cymharu â'r un geiriau ar gyfer yr hen lynges Gelto-alaidd, y maent yn deillio ohonynt.) Gan fod Thévenard yn credu mai'r Llydaweg a oedd wedi rhoi i'r Ffrangeg gyfran helaeth o'i geirfa ni thrafferthodd i geisio puro ei eirfa 'Geltaidd', ac yn hyn o beth gellir cymharu ei waith ag eiddo amryw hynafiaethwyr Llydaweg eraill yn y cyfnod cyn i ar Gonideg gyhoeddi ei Ramadeg (1807) a'i Eiriadur (1821). Sylwyd i ar Brigant ddyfynnu dameg y Mab Afradlon yn ei Ramadeg, a cheir gan Thévenard destun y Pader mewn 'Celtique pur, ancien' (Celteg pur, hynafol). Mae hwn yn rhannol yn nhafodiaith Treger, a dichon mai ar Brigant ei hun a'i lluniodd:

> Onn tad à zo en évo,
> O hanon béet sant;
> O reghén douet d'imp,
> O houlén Béet gret,
> E vel en eo, à voar douar.
> Reit dimpidio [sic] onn bara
> Pep d'ei ec; a greet dimp
> Grass à on dléo, ével,
> A réom d'onn dlourien;
> A non lézet ket da
> Véan tentet, mais onn
> Tenet à drouk. Amen.[32]

Daliai syniadau am gyntefigrwydd a pherffeithrwydd yr iaith mewn bri ymhell ar ôl oes ar Brigant, La Tour d'Auvergne a Thévenard. Hyd yn oed yn chwarter olaf y bedwaredd ganrif ar bymtheg daliai Celtegydd megis Le Bos i sôn am y llythyren *a* fel 'le clef de la langue *Celto-Bretonne*' (yr allwedd i'r Llydaweg).[33]

1 G Vapereau, *Dictionnaire universel des littératures* (adarg. Paris, 1884), 338.

2 John Walters, 'A Dissertation on the Welsh Language . . .', *An English and Welsh Dictionary* (ad. Dolgelley, 1815).

3 R Gargadennec a Charles Laurent, 'Le dictionnaire breton de Catherine de Russie', AB lxxv (1968), 789-833.

4 Gorffen â'r geiriau '..en temption Hoguen'[sic].

5 Rowland Jones *A Postscript to the Origin and Language of Nations . . .* (London, s.d.), 32.

6 Ibid., 'Preface', s.n.

7 Idem., *The Philosophy of Words, in Two Dialogues between the Author and Crito* (London, 1769), 12-39.

8 Hugh Owen (gol)., *Additional Letters of the Morrises of Anglesey*, *Cymmrodor* xlix (ii) (London, 1949), llythyr 319, t.616.

9 Dyfynnwyd barn John Thomas gan Glenda Lytton Parry yn ei thraethawd MA *Bywyd William Owen Pughe a rhai Agweddau ar ei Waith*, CPC, Aberystwyth (1960), LlGC, 270. Ceir sylwadau Iolo Morganwg ar waith Rowlands yn llsgr. LLGC 13091E (Llr C4), t. 82.

10 Gweler f'astudiaeth *Geiriau Llydaweg a Fabwysiadwyd gan y Geiriadurwyr Thomas Jones, Iolo Morganwg, William Owen Pughe ac eraill* (Aberystwyth, 1993).

11 Nid oedd yn frodor o Landreger, fel y nodwyd gan K Jackson, *A Historical Phonology of Breton* (Dublin 1967), § 1082.

12 G Le Jean, 'Le Brigant' yn *Biographie Bretonne* ii (Vannes, 1857), gol. P Levot, 205; cf. ES, ii.

13 [William Owen], *Cadóedigaeł yr Iaif Cybraeg* (Luntain, 1803), 50-1. Ni allwyd atgynhyrchu orgraff ryfedd Pughe yn ffyddlon wrth ei ddyfynnu. Yn y testun gwreiddiol defnyddir nodau diacritig i addasu'r wyddor Rufeinig ar gyfer dynodi seiniau a geir drwy dreiglad. Cyfaddasiad yw hwn o Goelbren y Beirdd.

14 Le Brigant, *Notions générales ou encyclopédiques* (Avranches, 1791), 7.

15 Dyfyniad gan Paul Kuehner, *Theories on the Origin and Formation of Language in the Eighteenth Century in France* (Philadelphia, 1944), 44n, o waith Voltaire, 'ABC ou Alphabet', *Oeuvres* xvii, 15.

16 *The Annual Register, or a View of the History, Politicks, and Literature for the Year 1764*, (London, 1765), 209-13: 'A discourse addressed to the Welches (i.e. French) by Anthony Vadee, brother to William. From the Tales of William Vadee, lately published by M De Voltaire'.

17 G Le Jean, op.cit., 204.

18 Le Brigant, *Nouvel avis concernant la langue primitive retrouvée* (s.l.n.d.), 5.

19 EL, 31.

20 Ibid., 28.

21 Ibid., 44. Ar y trosiadau, gw. E Ernault, 'Versions bretonnes de la parabole de l'enfant prodigue', RC iii (1876-8); 48-9, 230-1; xi (1890), 180-202; a J Loth (gol.), *Chrestomathie bretonne* (Paris, 1890), 163 et seq.

22 EL, 3-4; cf. F Kervella, *Yezhadur bras ar brezhoneg* (La Baule, 1947), § 550, lle y defnyddir y termau 'derez[-]bihanaat' a 'derez-estlammañ'.

23 EL, 7 a 10; GB, 266. Ym marn Lambert, 'roedd ar Brigant yn dilyn ar Pelleter wrth sôn am un rhediad berfol sylfaenol. Dechreuwyd cyhoeddi'r *Encyclopédie ou Dictionnaire raisonnée des sciences, des arts et des métiers*. . . ym 1751.

24 ES, iii.

25 EL, 14.

26 Gweler ibid., 22-7.

27 Efallai mai John Jones (1772-1837), o Dderwydd, Llandybïe, oedd yr awdur, ond nis priodolir iddo yn y ffynonellau a welais. Gweler 'John Jones (1772-1837)', *Carmarthenshire Historian* viii (1971), 77-8. Ceir gan Iolo Morganwg 'Extract from the Tower of Babel' yn llsgr. LlGC 13100B, Llanover 13, 142A, 199-200.

28 John Jones, *The Tower of Babel* (London, [?1820]), vi.

29 Ibid., 44n.

30 Georges Gazier, 'La Tour d'Auvergne', *Dictionnaire des lettres françaises* . . .*le 18-ième siècle* L-Z, gol. Georges Grente, 48.

31 P Levot (gol.), *Biographie Bretonne* ii (Vannes, 1857), 871.

32 A Thévenard, *Mémoires relatifs à la Marine* (Paris, wythfed flwyddyn y Weriniaeth [1799-1800]), 386.

33 Le Bos, *Causeries bretonnes ou remarques sur la formation de la langue celto-bretonne* (Paris, 1877).

(f) *'Vocabulaire Nouveau', Tangi ar Yaouank, Alan Dumoulin a'r Académie Celtique*

Daliai'r llyfrau ymddiddanion mewn bri trwy gydol y ddeunawfed ganrif a'r bedwaredd ganrif ar bymtheg. Ym 1717 lluniwyd llawlyfr newydd o'r math hwn a'i gyhoeddi, gan Paul de Ploesquellec ym Montroulez, dan y teitl *Nouveau dictionnaire ou colloque françois et breton.* Profodd y llyfr hwn yr un mor boblogaidd a dylanwadol â'r fersiwn gwreiddiol gan Kiger, ac erbyn ail hanner y ganrif 'roedd wedi llwyr ddisodli'r gwaith hwnnw. Diwygiwyd y testun ar gyfer ambell argraffiad, a cheir bod y diwygiadau weithiau o bwys. Yn y fersiwn a gyhoeddwyd ym Montroulez ym 1740, er enghraifft, trefnwyd yr eirfa Ffrangeg-Lydaweg fesul testun yn hytrach nag yn nhrefn yr wyddor ac eglurwyd ei fod yn cynnwys 'ûr Vocabuler ampl demeus an darnvuia [sic] an hanoïou veus an traou hac ar Gueriou muia usitet' (geirfa helaeth o'r rhan fwyaf o enwau pethau a'r geiriau a arferir fwyaf).[1]

Efallai mai yn negad olaf y ganrif y cyfaddaswyd y *Nouveau dictionnaire* . . . ar gyfer tafodiaith Gwened, a chredir mai'r offeiriad Yeann Marion brodor o Aradon, a fu'n gyfrifol am y testun.[2] Cyhoeddwyd yr addasiad dan y teitl *Vocabulaire nouveau* . . . (Vannes s.d.), a'r hyn sydd fwyaf trawiadol yw'r modd yr ymdrechodd ei awdur i bwysleisio hynafiaeth a pharchusrwydd y Llydaweg. Mae'r ganmoliaeth yno i dafodiaith Gwened a'r pwyslais ar foesau da—peidio â chanu, dawnsio, a meddwi—yn ein hatgoffa o agwedd Cillard.

Wrth i "geltomania" dyfu 'roedd y cymhlethdod o israddoldeb a oedd wedi bod yn gysylltiedig â'r iaith yn dechrau cilio, a theimlid o'r diwedd nad oedd angen ymddiheuro am ei bod yn gyfrwng tlawd a diurddas. Yn y *Vocabulaire nouveau* . . ., pan eglurir i'r 'ecolier [sic] qui apprend le Français' (bachgen ysgol sy'n dysgu'r Ffrangeg) fod yr iaith honno yn hardd, yn iaith fyd-eang, yn iaith llysoedd Ewrob a'r 'bobl o safon', yn hytrach na derbyn y cwbl yn daeogaidd ceir ganddo ateb parod:

Mè ouair é conzer gallec e Courd quemènt Roué-zou én
Europ mes pèh forh e ran-mé? jamaes ne yein da Balæs er
Roué

(Gwn y siaredir Ffrangeg yn llys pob brenin yn Ewrob, ond
pa wahaniaeth yw hynny i mi? Nid af byth i lys y Brenin.)[3]

Mynnir hefyd mai ar gyfer siaradwyr di-Lydaweg y bwriedid y
gwaith yn y lle cyntaf, ac nid i fod yn llawlyfr i helpu'r
Llydawiaid i ddysgu Ffrangeg:

. . . en intantion principal, doh er homposein, e zou bet de
bourvæein d'er-ré ne ouiant meit Gallec, er moyand
d'antand ha da gonz Breton . . .

(. . . y pennaf amcan, wrth ei gyfansoddi, fu darparu ar
gyfer y sawl na ŵyr namyn Ffrangeg, y modd i ddeall ac i
siarad Llydaweg . . .)[4]

Nid yw'r eirfa yn 'bur', fel y gwelir o'r dyfyniadau hyn, ond gan
dderbyn mai'r Ffrangeg a oedd wedi benthyg oddi wrth y
Gelteg a chan ieithoedd eraill, nid ystyriai'r awdur fod gan y
Ffrancwyr le i edliw i'r Llydawiaid fod eu hiaith yn gymysgryw:

Petra e hanuét-hui gregage, eutru? En hanhue-ze a jauge
guèl doh hou callec, e gomparagean doh ur sae groëit ag ur
retaillèn a bep péh-mihér e hum gav én ur bouticl bras.

(Beth a alwch chwi'n gleber, syr? Mae'r enw yna'n fwy
addas i'ch Ffrangeg, a gyffelybaf i ffrog wedi ei gwneud
gyda sbaryn o bob defnydd sydd i'w gael mewn siop
fawr.)[5]

Soniodd hefyd am y Ffrangeg fel 'el Langage nehué-ze' (yr iaith
newydd honno) nad oedd ond 'un dastum a Vreton, a Latin, a
Greq, & c.' (yn gasgliad o Lydaweg, Lladin, Groeg ac yn y
blaen.)[6]

Fel Cillard, credai awdur y *Vocabulaire nouveau* mai tafodiaith Gwened oedd yr un buraf ac mai hi oedd 'er hoh ha guìr langage breton' (yr hen a'r gwir Lydaweg).[7] Ymdriniodd â gramadeg yr iaith yn yr ymddiddan 'Itré un Duchentil, hac ur Scolaér e zou é tésquein er Gallec' (Rhwng Gŵr Bonheddig, a Disgybl sy'n dysgu Ffrangeg). Ni cheisiodd ddefnyddio termau gramadegol brodorol, ond mae ei hiwmor wrth enwi'r rhannau ymadrodd yn nodweddiadol o'i waith:

Hama, eit pligein deoh, mé larou deoh é torr me maestr me fèn guet guirieu barbar a *nom substantif* hac *adjectif*, a *pronom*, a *verb*, a *tems*, a *particip*, a *adverb*, a *préposition*, a *conjonction*, a *interjection*, a *articl*, a *bazénneu a gomparage*, a *nombr*, a *singuliér*, a *pluriér*, a *personn*, a *nominatif*, a *cas* pé *régim er verb . . ..*, Ha petra hoah! a genre *masculin* ha *féminin*: én ur guir, *en diaul hac é guern . . .*

(Yma, i ryngu bodd ichwi, fe ddywedaf wrthych fod f'athro yn mwydro fy mhen gyda geiriau barbaraidd, fel *enw cadarn* ac *ansoddair, rhagenw, berf, amser, rhangymeriad, adferf, arddodiad, cysylltair, ebychair, bannod, graddau cymhariaeth, rhif, unigol, lluosog, person, cyflwr enwol, cyflwr* neu *wrthrych y ferf . . . A beth eto!* cenedl *wrywaidd* a *benywaidd*: mewn gair, *y diafol a'i gyrn . . .*)[8]

Defnyddiodd *de zistillein* i drosi 'rhedeg (berf)', *de zéviz* i gyfleu 'mynegi', ac *en amzér* neu *er hource* i fynegi 'amser'. Er iddo weld y gallai gwella'r orgraff drwy ysgrifennu *gh* yn lle *gu*, a *qh* neu *k* yn lle *qu*—(e.e. *staghein* 'clymu', *manqhein* 'methu' a *kêrhèt* 'cerdded'), barnai y parai hynny ormod o anhawster i ddarllenwyr nad oeddent ond yn gyfarwydd â'r dulliau traddodiadol o sillafu.[9]

Pan ailargraffwyd y *Vocabulaire nouveau* . . . (Vannes, s.d.) cynhwyswyd ynddo ramadeg newydd sbon, dan y teitl 'Addition au Vocabulaire Français-Breton', yn atodiad i'r gwaith. Ymddengys mai Filiberzh Torbi (Philibert Torby, 1775-1847) oedd yr awdur, ond priodolwyd y Gramadeg hefyd i Mahé ac i Marion.[10] Brodor o Lokmaria-kaer oedd Torbi, a bu'n

212

gurad yno, yn Logunec'h ac yn Ploue. Ym 1806 pendodwyd ef yn athro yn Athrofa Fawr Gwened, ac ym 1812 cafodd fywoliaeth Arzhon-Rewiz, lle yr arhosodd hyd ei farwolaeth. Mae'r dosbarthiad triphlyg o rediad y ferf yn y llyfr hwn yn awgrymu i Torbi fanteisio naill ai ar Ramadeg ar Gonideg (1807) neu ar un Gwilherm Le Fèvre (1818).[11] Os felly, mae y tu hwnt i derfyn amseryddol yr astudiaeth hon, ond gan na allwyd penderfynu yn bendant ar ei ddyddiad rhoddir yma ychydig sylwadau arno. Cynnwys, heblaw enghreifftiau o dafodiaith Gwened, amryw ffurfiau tafodieithol eraill, a ddynodir gan 'B[as] B[reton]', ac ambell air Cymraeg a ddisgrifir fel 'Br[eton] d'Angl[eterre]'. Mae'n amlwg fod yr awdur gryn dipyn yn fwy hyddysg yn ei dafodiaith ei hun nag yn rhai Kernev, Leon a Treger, a dengys y ffurf *yl* ar y fannod Gymraeg (a luniwyd ganddo i gyfateb i *al* y Llydaweg) na wyddai lawer am yr iaith hon. I'r gwrthwyneb, manylodd ar feddaliad $f > v$ yn nhafodiaith Gwened fel un a adwaenai ei fro yn dda:

> Sur la côte de Quiberon, depuis Carnac jusqu'à Belz, on change P en V. Ex. Pènn, tête; *me vènn*, ma tête; *Sul Vasq*, le Dimanche de Pâques; mais ailleurs, on change P en F, & B en V.

> (Ar arfordir Kiberen, o Karnag hyd Belz, newidir *P* yn *V*, e.e. *pènn*, pen; *me vènn*, fy mhen; *Sul Vasq*, Sul Pasg; ond mewn mannau eraill newidir *P* yn *F*, a *B* yn *V*.)[12]

Mae'r modd yr ymdriniodd â dulliau lluosogi'r iaith hefyd yn anarferol o fanwl. Disgrifiodd luosogi: (i) drwy affeithiad, (ii) drwy ddileu'r terfyniad unigol -*en*, a (iii) drwy ychwanegu terfyniad lluosog. Ystyriai ar Gonideg fod lluosogi drwy affeithiad yn afreolaidd, ac awgryma'r ffaith fod y gramad-egydd hwn yn cyfeirio at ffurfiau Cymraeg ei bod yn bosibl mai gramadeg Cymraeg a oedd wedi ei arwain i amgyffred pwys-igrwydd a rheoleidd-dra'r dull hwn.

Agwedd negyddol, draddodiadol, a geir at y Llydaweg yn y llawlyfr dwyieithog *Rudimant eus ar Finister, Composet e gallec ha laqueat e bresonec, evit desqui facilamant hac e nebeut amser, da*

213

barlant, da lenn ha da scriva correctamant, evel ur grammairien (Llawlyfr Penn-ar-Bed, wedi ei Gyfansoddi mewn Ffrangeg ac wedi ei Drosi i Lydaweg er mwyn Dysgu yn Rhwydd ac mewn Byr Amser, Siarad, Darllen ac Ysgrifennu yn Gywir, fel Gramadegydd) (Brest, wythfed flwyddyn y Weriniaeth [1799-1800]) gan Tangi ar Yaouank (Tanguy Le Jeune, 1759-1811), brodor o Landouardon, plwyf yng nghymuned Plabenneg.[13] Cyfansoddodd un llyfr arall sy'n berthnasol i'r iaith, sef *Alphabet breton et français pour les commençants* (Gwyddor Lydaweg a Ffrangeg i Ddechreuwyr) (Brest, ?nawfed flwyddyn y Weriniaeth [1800-1]).[14] Nid gramadeg ond llyfr i gynorthwyo athrawon gwledig wrth ddysgu'r Ffrangeg i blant uniaith yw'r *Rudimant.* Gan ddilyn Charles Rollin (1661-1741), mynnai ar Yaouank y dylid dechrau dysgu Ffrangeg—'hon langaich national' (ein hiaith genedlaethol)—drwy gyfrwng mamiaith y plant, oherwydd fod modd iddynt ddeall yn well egwyddorion gramadeg 'pa o guelont appliquet da ul langaich pini a intentont deja, hac an anaoudegues se a servich deso evel da introduction da langaichou all pere a felleur da zesqui deso.' (pan welant hwy wedi eu harfer yng nghyswllt iaith a ddeallant eisoes, ac y mae'r wybodaeth honno yn eu cyflwyno i ieithoedd eraill y dymunir eu dysgu iddynt.)[15] Defnyddiodd dermau Ffrangeg ar gyfer y rhannau ymadrodd a ddisgrifiwyd ganddo, ac eithrio *an ano* (yr enw), gair y credai ei fod yn fwy dealladwy i blant na *substantif.* Ystyriai ei bod yn hollol briodol britho ei ryddiaith â geiriau Ffrangeg am fod y rheini 'consacret evit ar gallec pini a felleur da ober fleurissa' (wedi eu hawdurdodi gan y Ffrangeg, yr iaith y dymunir gwneud iddi ffynnu).[16] Nid ymdriniodd â'r treigladau, ac odid nad ei ddymuniad i wneud y Llydaweg yn debycach i'r Ffrangeg sy'n egluro pam yr anwybyddwyd cynifer o dreigladau ganddo (e.e. *ur maistres* 'meistres', *da pere* 'i ba rai', *a prouvo* 'a brawf', *eus a quantite* 'o faint'), a pham y ceisiodd wahaniaethu rhwng y rhagenw annibynnol trydydd person lluosog ar gyfer y ddwy genedl drwy ysgrifennu *y o deus* ar gyfer 'ils ont' ac *ii o deus* ar gyfer 'elles ont'.

Llyfr yn y traddodiad dysgedig yw *Grammatica Latino-Celtica* (Pragae, 1800) gan Alan Dumoulin (1741-1811), brodor o

214

RUDIMENT   RUDIMANT

DU

EUS AR

FINISTERE,

FINISTER,

Composé en français & mis en breton, pour apprendre facilement, & en peu de temps, à parler, à lire & à écrire correctement, comme un Grammairien.

Composet e gallec ha laqueat è brefonec, evit defqui facilamant hac e nebeut amfer, da barlant, da lenn ha da fcriva correctamant, evel ur Grammairien.

Par le C°. T. LE JEUNE, de Plabennec, ex-Greffier & Maitre d'École.

Dre ar C°. T. AR YAOUANC, eus à Blabennec, ex-Greffier ha Maiftr Scol.

Premiere Édition.

Quenta Édition.

Quiconque fait parler, lire & écrire correctement, dit VVailly, fait les fciences les plus difficiles.

Piou-bennac a oar parlant, lenn ha fcriva correctemant, a lavar VVailly, a oar ar fquianchou difficill.

A BREST,

E BREST,

Chez R. MALASSIS, Imprimeur - Libraire.

Ety R. MALASSIS, Imprimeur - Librair.

VIII°. ANNÉE.

VIII°. BLAVES.

Wyneb-ddalen *Rudimant* ar Yaouank (1799-1800)

Lañveog yng nghymuned Kraozon. Bu Dumoulin yn athro yn Plougernevel ac wedyn yn offeiriad plwyf an Erge-Vras ger Kemper cyn iddo fynd yn alltud i Brag, ar ôl gwrthod tyngu'r llw i Gyfansoddiad Sifil yr Eglwyswyr adeg y Chwyldro. Yn ystod ei alltudiaeth dywedir iddo ennill tair medal a thystysgrif am ei draethodau Lladin, a gwyddys hefyd mai dyma'r cyfnod y cyfansoddodd ei Ramadeg. Dychwelodd i an Erge-Vras adeg y Concordat, aeth i Kraozon yn offeiriad a bu farw yn ficer esgobol i Dombideau de Crouseilhes, yn Kemper.[17] Fel yn achos y traethodau Lladin a ysgrifennodd ym Mhrag, gellir tybio iddo lunio ei Ramadeg fel ymarferiad ysgolheigaidd. Diau ei fod am dynnu sylw estroniaid at fodolaeth ei famiaith ac ennyn eu diddordeb ynddi fel trysor hynafol a pharchus, iaith 'curius dan dut habil' (o ddiddordeb i bobl effro eu meddyliau).[18] Yn debyg i Pezron, mynnai mai hi oedd 'ar vamen eus a gement langaisch a so en alamaign' (ffynhonnell pob iaith sydd yn yr Almaen).[19] Nid oedd yn burydd, fel y dengys ei sylwadau ar ddechrau *Hent ar Barados* . . . (Ffordd Baradwys) (Quimper, 1805):

Excus a c'houlennàn digant va lectour da veza en em servichet eus a gals comsou pere a so muioc'h gallec eguet brezonnec, maes er pedi a ràn ive da ober reflexion penaus ar c'homzou-ze a so bremâ ententet gant an oll vretonet. E meur a garter en em servicher anezo, ha memes ar brezonec, couls hac ar gallec, a chench bemde. Da benn uguent bloas, e vezo cals chenchet al langaich brezonec.

(Gofynnaf faddeuant gan fy narllenydd am imi arfer llawer o eiriau sy'n fwy addas yn y Ffrangeg nag yn y Llydaweg, ond gofynnaf hefyd iddo ystyried sut mae'r geiriau hynny yn awr yn ddealladwy i'r Llydawiaid i gyd. Arferir hwy mewn sawl ardal, ac yn yr un ffordd mae'r Llydaweg, fel y Ffrangeg, yn newid beunydd. Ymhen ugain mlynedd bydd yr iaith Lydaweg wedi newid yn fawr.)[20]

Mae'r parodrwydd hwn i gydnabod fod y Llydaweg yn datblygu yn cyferbynnu â'r pwyslais hynafiaethol arferol ar gyflwr digyfnewid yr iaith. Rhaid cofio, er hynny, fod ar Pelleter hefyd wedi sylwi ar y modd yr oedd yn dirywio yng nghysgod y Ffrangeg.

Ymddengys mai plesio rhyw eglwyswr—ei Esgob efallai—oedd un o amcanion Dumoulin wrth gyfansoddi ei Ramadeg. 'Roedd wedi ei ysgrifennu ar gyfer gwŷr dysgedig ac awchus am wybodaeth, ond 'praesertim vero ut animum gratum cuidam Reverendissimo, doctissimo ac munificentissimo Ecclesiastico, virtutis & scientiae amicissimo testificarer' (yn bennaf oll er mwyn tystio i'm diolchgarwch i ŵr eglwysig parchedig, tra doeth a thra hael, cyfaill mawr i rinwedd ac i ddysg.)[21]

Mae cynllun ei waith yn wreiddiol, ond hefyd braidd yn gymysglyd. Ac yntau'n alltud, diau nad oedd copïau o ramadegau safonol yr iaith wrth law, ond awgrymir ei bod yn debyg fod ganddo gof am ddarllen gweithiau Maner a Gregor o Rostrenenn.[22] Dyfynnodd amryw ffurfiau a berthynai i'w dafodiaith ei hun, un Gorllewin Kernev (e.e. *argant* 'arian', *breer* 'brawd' a *trama* 'tuag at'), a hwn yw'r gramadeg cyntaf sy'n rhoi lle blaenllaw i iaith y fro honno.

Mae saith pennod yng Ngramadeg Dumoulin, sef: (i) yr wyddor a'r treigladau; (ii) adferfau, arddodiaid, cysyllteiriau; ebycheiriau, gofyneiriau a geirfa; (iii) banodau a rhagenwau; (iv) enwau ac ansoddeiriau; (v) rhifolion, trefnolion ac adferfau rhifol; (vi) berfau; a (vii) ymadroddion, ymddiddanion, llythyrau, stori a darnau defosiynol. Mae ei orgraff yn anarferol gan ei fod yn defnyddio *sch* yn lle'r *ch* draddodiadol, *u* yn lle *ou* ac *eu* (e.e. *muschueru* 'cadachau', ac *us* 'o'), llafariaid dwbl (e.e. *door* 'dôr', a *meel* mêl), ac *c̀h* yn lle *c'h*. Pwysleisiodd fod yr orgraff hon yn seinegol, ac yng nghyswllt cynaniad /x/ dyfynnodd y cwlwm tafod 'c̀huec̀h plac̀h guerc̀h var c̀huec̀h marc̀h guen' (chwe morwyn ar gefn chwe march gwyn). Cynhwysodd ar Gonideg amrywiad ar hwn yn ei Ramadeg yntau.[23] Am na restrodd ond chwe chytsain dreigladwy, gan anwybyddu *g* a *gw*, ac oherwydd iddo ymdrin â'r treigladau fesul llythyren yn hytrach na fesul achos treiglo, mae ei ymdriniaeth â'r treigladau yn anghyflawn ac yn aflwyddiannus. Yn wahanol i'w ragflaenwyr, rhannodd adferfau'r iaith yn ddau ddosbarth, sef rhai syml a rhai cyfansawdd. Cafwyd rhaniad tebyg mewn rhai gweithiau gramadegol Llydaweg diweddarach, er mai dosbarthiad mympwyol yw hwn i raddau helaeth.

A Llydaw yn wlad heb brifddinas na sefydliadau cenedlaethol 'roedd amryw hynafiaethwyr Llydewig yn alltudion ym Mharis, ac fel yr ymfalchïai rhai o Gymry Llundain y ddeunawfed ganrif mai hwy oedd cymrodorion Prydain, ymhyfrydai nifer o'r Llydawiaid dysgedig hyn yn eu hetifeddiaeth Geltaidd hwythau. Pwysleisient yn arbennig eu cysylltiad â chynfrodorion Ffrainc, sef y Galiaid. Ym Mharis, yn yr Hôtel de Bullion, ar 9 germinal, trydedd flwyddyn ar ddeg y Weriniaeth (30/3/1805), cynhaliwyd cyfarfod cyntaf yr Académie Celtique, cylch a sefydlwyd gan Cambry (1749-1807), Johanneau (1770-1851) a Mangourit (1752-1829). Yn ei ddarlith agoriadol cyfeiriodd Cambry, llywydd cyntaf yr Académie, at amryw o ymchwilwyr y gorffennol a oedd wedi rhoi sylw i'r Celtiaid, a soniodd am y diddordeb yn Llundain mewn astudiaethau Celtaidd:

> Charles II fonda la Société Celtique de Londres. On doit à cette réunion d'hommes de mérite, une multitude de dissertations, de faits curieux, rassemblés dans les nombreux volumes intitulés *Archeologia, Etc.* ouvrage qui mériteroit plus de réputation encore, si les préventions anglaises et l'esprit d'isolement qui s'établit dans les îles et dans les républiques, ne nuisoient à ses développemens [sic].

> (Sefydlwyd y Gymdeithas Geltaidd yn Llundain gan Siarl II. Yr ydys yn ddyledus i gyfarfodydd y gwŷr teilwng hyn am lawer o draethodau ac o ffeithiau hynod a gasglwyd ynghyd yn y cyfrolau a elwir *Archeologia* etc, gwaith a allai fod yn enwocach byth pe na bai gwaharddiadau'r Saeson a'r ysbryd ynysig a ymsefydlodd yn yr ynysoedd ac yn y gweriniaethau mor llesteiriol.)[24]

Trôi llawer o weithgarwch y sefydliad newydd hwn o gwmpas yr archaeolegydd a'r geiriadurwr Eloi Johanneau, yr ysgrifennydd, a dengys ei sylwadau ar sefydlu'r Académie mai rhamantiaeth ac ymwybyddiaeth fod y Llydaweg yn dirywio oedd y prif ffactorau a oedd yn symbylu hynafiaethwyr tebyg iddo ef i gofnodi geirfa'r iaith. Eglurodd mai bwriad yr Académie oedd:

> . . . 1° de retrouver la langue celtique dans les auteurs et les monumens anciens; dans les deux dialectes de cette langue qui existent encore, le breton et le gallois, et même dans tous les dialectes populaires, les patois et jargons de l'empire français, ainsi que les origines des langues et des noms de lieux, de monumens et d'usages qui en dérivent, de donner des dictionnaires et des grammaires de tous ces dialectes, qu'il faut se hâter d'inventorier avant leur destruction totale; 2° de recueillir, d'écrire, comparer et expliquer toutes les antiquités, tous les monumens, tous les usages, toutes les traditions; en un mot, de faire la statistique antique des Gaules, et d'expliquer les temps anciens par les temps modernes.

> (. . . 1. Ailddarganfod y Gelteg yng ngweithiau'r hen awduron ac yn yr hen ysgrifau sydd o werth parhaol; yn y ddwy dafodiaith o'r iaith hon sy'n dal i fodoli, y Llydaweg a'r Gymraeg, a hefyd yn holl dafodieithoedd sathredig, bratieithoedd a chymysgieithoedd yr Ymerodraeth Ffrengig. Hefyd ailddarganfyddir tarddiadau ieithoedd ac enwau lleoedd, y pethau sydd o bwys mawr mewn hanes a'r arferion sy'n deillio ohonynt. Cynhyrchir geiriaduron a gramadegau ar gyfer yr holl dafodieithoedd hyn, rhai y mae'n rhaid brysio i'w cofnodi cyn iddynt gael eu llwyr ddinistrio. 2. Casglu, disgrifio, cymharu ac egluro'r holl hynafiaethau, pob cofeb, pob defod a phob traddodiad; yn fyr, amcenir astudio'r hen Aliaid yn fanwl ac esbonio'r hen amserau gyda chymorth yr amserau diweddar.)[25]

Johanneau a oedd yn gyfrifol am gyhoeddi trafodion yr Académie, a manteisiai ar y rhain i roi llwyfan i'w syniadau ei hun am arbenigrwydd yr iaith a'i chymeriad unigryw honedig.

Drwy'r Académie Celtique, am y tro cyntaf erioed, rhoddwyd bri ar astudiaethau Celtaidd ym mhrifddinas Ffrainc, a chymerodd yr Académie ran yn yr ymchwil swyddogol gyntaf i

ÉPITRE DÉDICATOIRE

A SA MAJESTÉ

L'IMPÉRATRICE ET REINE.

Madame,

*L*E désir de retrouver et de réunir les titres de gloire légués à leurs descendans par les Celtes, les Gaulois et les Francs, a fait naître l'Académie Celtique. Un sentiment tout-à-la-fois aussi noble et aussi naturel a dû se manifester à une époque où les Français se montraient si dignes de leurs ancêtres. C'est lorsque *Napoléon* les conduit depuis dix ans

Llythyr cyflwyno ar ddechrau'r gyfrol gyntaf o *Mémoires de l' Académie Celtique* (1807)

220

ieithoedd a thafodieithoedd yr Ymerodraeth. Ymddengys mai'r Gweinidog Cartref, Lucien Bonaparte, Tywysog Canino (1775-1870)—brawd i'r Ymherodr Napoléon I a thad yr ieithydd Louis-Lucien Bonaparte (1813-91)—a awgrymodd gyntaf y dylid gwneud arolwg manwl o ieithoedd Ffrainc. Dywedir hefyd fod yr Ymherodr ei hun yn awyddus i gael gwybod mwy am gerddi Ossian ac am yr ieithoedd Celtaidd.[26] Ar 26 Ionawr 1808, ysgrifennodd Cretet, y Gweinidog Cartref ar y pryd, at ar Gonideg er mwyn gofyn iddo ddarparu trosiadau o ddameg y Mab Afradlon yng ngwahanol dafodieithoedd Gorllewin Llydaw. Cyhoeddwyd llythyr Cretet, ynghyd â chyfieithiad ar Brigant o'r Ddameg ac un arall gan ar Gonideg yn nhafodiaith Leon, yng Nghofnodion yr Académie. Ceisiwyd cael fersiynau tafodieithol eraill wedyn, a gwyddys i Loeiz Graveran, ewythr i'r Esgob Graveran (un o gefnogwyr mudiad puryddol y bedwaredd ganrif ar bymtheg) lunio un, ac i Yann ar C'hozh (Jean Le Coz, 1756-1845—brodor o Landrevarzeg ac awdur gramadeg Lladin) wneud un arall. Cynhwyswyd cyfieithiadau o'r Ddameg yn yr ieithoedd Celtaidd diweddar, ar wahân i'r Gernyweg, yn llyfr Coquebert de Montbré (1785-1849) *Mélanges sur les langues, dialectes et patois* (Darnau Amrywiol ar Ieithoedd, Tafodieithoedd, a Bratieithoedd) (Paris, 1831). Mor bell yn ôl â'r unfed ganrif ar bymtheg 'roedd y daearyddwr Abraham Ortelius (1527-98) wedi nodi'r esgobaethau lle yr oedd y Llydaweg ar lafar yn ei gyfnod ef, ond gan Coquebert de Montbré y cafwyd yr arolwg cyntaf o leoliad y ffin ieithyddol yn y cyfnod diweddar, ac ymhelaethwyd ar ei waith ef ym 1878 gan Paul Sébillot (1846-1918).[27]

Ymhlith y rhai a ddaeth dan ddylanwad yr Académie gellir enwi'r ieithydd Jakob Grimm (1785-1863), ysgolhaig a ddymunai sefydlu cymdeithas hynafiaethol Almaeneg debyg iddi,[28] a'r meddyg Reun-Deofil-Yasent Laeneg (René-Théophile-Hyacinthe Laënnec, 1781-1826), dyfeisiwr y corn meddyg. Brodor o Kemper, a mab i'r cyfansoddwr caneuon Llydaweg Teofil Mari Laeneg oedd hwn, ond deffrowyd ei ddiddordeb yn iaith a thraddodiadau ei wlad gan weithgarwch yr Académie. Dywedir iddo ysgrifennu nodiadau manwl ar Ramadeg ar Gonideg, ac iddo ddysgu darllen Cymraeg. Daeth ei dŷ,

Kerlouarneg, Ploare, yn ganolfan i'r sawl a garai'r Llydaweg.[29] Aelod amlwg arall o'r Académie oedd ar Gonideg ei hun, pennaf gramadegydd a geiriadurwr yr iaith yn y bedwaredd ganrif ar bymtheg. Cyfrannodd ef ddwy ysgrif i'r *Mémoires* . . ., y naill ar seremonïau priodasol yng Ngorllewin Leon a'r llall ar Deml Lanleñv (heneb yn Goueloù). Hefyd yn y *Mémoires* cyhoeddwyd ganddo 'Tableau des mots celto-bretons analogues au grec / . . .à l'allemand', sef tablau o eiriau Llydaweg yn cyfateb i eiriau Groeg ac Almaeneg, geirfâu a godwyd ganddo o Eiriadur ar Pelleter, er na chydnabu ei ffynhonnell.[30] Yn Llundain, 'roedd Owen Jones (Owain Myfyr, 1741-1814) a William Owen Pughe yn aelodau o'r Académie.

Er pwysiced oedd yr Académie Celtique yn ei gyfnod, ni chyflawnodd nemor ddim dros y Llydaweg, ac efallai yr haedda gael ei chofio yn bennaf am iddi ysbrydoli amryw Lydawyr ifainc gwladgarol i ymddiddori yn hanes eu gwlad a'u hiaith. Ni lwyddodd i weddnewid cyflwr astudiaethau Celtaidd, ond hoeliodd sylw pobl ddysgedig ar y Llydaweg. Dymunai Johanneau weld yr iaith yn cael ei chyflwyno i goleg hyfforddi yn Llydaw, a galwodd hefyd am sefydlu cadair Geltaidd ym Mharis. Yn ôl y cynllun hwn, cyfrifoldeb y sawl a benodid i'r Gadair fyddai dysgu'r ieithoedd Celtaidd, eu cymharu â'i gilydd ac â hen ieithoedd eraill Ewrob, cyfansoddi gramadegau a geiriaduron ac olrhain tarddiad geiriau. Byddai athrawon a disgyblion y coleg hyfforddi yn ymroi i gasglu'r holl eiriau Celtaidd yn y tafodieithoedd Llydaweg ac yn llunio gramadegau tafodieithol. Darparai'r coleg 'des professeurs des deux langues, pour la partie de la Bretagne où l'on ne parle que *breton.*' (athrawon yn y ddwy iaith, ar gyfer y rhan o Lydaw lle na siaredir namyn Llydaweg.)[31] Dyma weledigaeth fawr a theilwng, ond ni wnaeth yr Académie fel corff ddim i wireddu'r freuddwyd nac i sicrhau troedle i'r iaith yn y gyfundrefn addysg.

Gyda threigl y blynyddoedd, tueddid fwyfwy i ddiystyru'r Académie Celtique fel cylch o Geltegwyr eithafol ac amaturaidd. Gwawdiwyd ei sylfaenwyr brwdfrydig yn y *Journal de l'Empire* yn Ebrill 1810, am iddynt benderfynu 'sans preuves, que tout langage venoit du celtique et que tout système religieux venoit du druidisme . . .' (heb brofion, fod pob iaith yn deillio o'r Gelteg a bod pob cyfundrefn grefyddol yn tarddu o dderwyddiaeth . . .).[32] Beirniadwyd hwy yn hallt hefyd gan Jean-Baptiste-Bonaventure de Roquefort (1777-1834) yn ei *Glossaire de la langue romane* . . . (Paris, 1808). Atrefnwyd yr Académie ym 1813 a'i hailfedyddio yn 'Société des Antiquaries de France'. Er mai Johanneau oedd yr ysgrifennydd hyd ddiwedd 1827, 'roedd y cylch newydd hwn yn fwy pwyllog na'i ragflaenydd. Sefydlwyd cyswllt rhyngddo a'r Cymmrodorion, ond ni roddai'r Gymdeithas Ffrengig newydd nemor ddim sylw i bynciau ieithyddol ac 'roedd ei chyswllt â Llydaw yn gymharol denau.[33]

NODIADAU

1 *Nouveau dictionnaire ou colloque* . . . (Morlaix, 1740), 'An Imprimer d'al Lenner', s.n.

2 P Le Goff, *Petite histoire littéraire du dialecte breton de Vannes* (Vannes, 1924), 12; cf. Hervé Cadiou, 'Les colloques français-breton à la croisée des rappports français et breton', *La Bretagne Linguistique* i (Brest, 1984-5), 129. Ar awduraeth y llyfr hwn, gweler adran (ch) nodyn 12 uchod. Yn CHD i, 63, awgrymir iddo gael ei gyfansoddi '> 1800'.

3 *Vocabulaire nouveau, ou dialogues français et bretons* . . . (Vannes, [c.1791-1800]), s.n.

4 Ibid., s.n. [rhagair].

5 Ibid., s.n.

6 Ibid., v.

7 Ibid., 123

8 Ibid., 104-5.

9 Gweler tudalen 152 uchod.

10 Torbi, yn ôl Le Goff, op.cit., 19, ac yn ôl Lukian Raoul, *Geriadur ar Skrivagnerien ha Yezhourien Vrezhonek* (Al Liamm, 1992), 397. cf. Padrig ar Besko, *Yann-Vari ar Joubiouz* (Brest, 1993), 119: 'Labouret en-des [Torbi] àr troidigeh ar hatekiz é bréhoneg hag àr dachenn ar yehadur.' Mahé, yn ôl Erlannig, *Pierre Nourry, Recteur de Bignan* (Sant-Brieuc, 1978), 17. Marion, yn ôl nodyn mewn copi o'r llyfr yn y Llyfrgell Brydeinig. Yn CHD i, 64, nid enwir yr awdur, ond awgrymir iddo gael ei gyhoeddi 'entre 1795 et 1805' (argraffiad C2) ac 'entre 1800 et 1815' (argraffiad C3). Os derbynnir i'r

argraffiad cyntaf o'r llyfr ymddiddanion yn nhafodiaith Gwened ddod o'r
wasg rhwng 1809 a 1813 (fel yr awgrymir gan Raoul—gw. adran (ch)
nodyn 12 uchod) rhaid ailystyried y dyddiadau hyn hefyd. Nid oedd Torbi
ond yn 20 oed ym 1795.

11 GBA, 234-5.

12 *Vocabulaire nouveau* . . . (Vannes, [?c. 1795-1805]), 6.

13 P Levot, *Biographie bretonne* ii (Vannes, 1857), 267.

14 Y teitl, yn ôl Raoul, op.cit., 243, yw *An ABC, pe quenta levr dre ar* C^n
(Brest, 1801).

15 T. Le Jeune, *Rudiment du Finistère* . . . (Brest, [1799-1800]), [iii].

16 Ibid., x.

17 'L'abbé Dumoulin', *Bulletin de la Société Archéologique du Finistère* xx
(1893), 242-5; Levot, op.cit., 647; GB, 238; Joseph Loth, 'La grammaire
bretonne de Dumoulin', AB viii (Rennes, 1892-3), 722.

18 Alano Dumoulin, *Grammatica Latino-Celtica* (Pragae, 1800), 167.

19 Ibid., 164.

20 Dumoulin, *Hent ar Barados* . . . (3ydd arg., Quemper, 1834), 'Prefaç'.

21 *Grammatica Latino-Celtica*, [vii]-[viii].

22 GB, 238.

23 *Grammatica Latino-Celtica*, 2. Un cwlwm tafod Cymraeg cyfatebol yw
'wich wach yn ôl chwech ychen'.

24 Cambry, 'Discours', *Mémoires de l'Académie Celtique* . . . i (Paris, 1807),
22-3. Cyfeirir at waith ieithyddol gan Cambry yn y *Mémoires* iv, 506, sef:
'*Manuel-interprète* de correspondance, ou Vocabulaires polyglottes,
alphabétiques et numériques en tableaux, pour le français, l'italien,
l'espagnol, l'anglais et le celto-breton: chaque langue dans un tableau
particulier; moyen facile, à la portée de tout le monde, et applicable à
toutes les langues . . . par M Cambry'. Eglurir mewn nodyn mai
Johanneau a olygodd yr eirfa Lydaweg ac a ddewisodd eirfa'r gwaith
hwn.

25 Johanneau, 'Discours d'ouverture', loc cit., i, 63-4. Ni chyhoeddwyd
gwaith geiriadurol Johanneau ac nis astudiwyd hyd yn hyn.

26 M A Granier de Cassagnac, *Histoire des origines de la langue française*
(Paris, 1872), 16; Pierre Le Roux, 'Un texte dialectal de Haute-Cornouaille
en 1811', AB lx (1953), 84; David Stacton, *The Bonapartes* (London, 1967),
312-3.

27 G Bonfante, 'Some Renaissance Texts on the Celtic Languages and
their Kinship', EC vii (1956), 419; Daniel Bernard, 'À propos des limites de
la langue bretonne', NRB 1949, 20. Yn ôl Coquebert de Montbret (1806),
siaredid Llydaweg gan tua miliwn o bobl yng Ngorllewin Llydaw, dros
70% o'r boblogaeth, ac ym 1830 amcangyfrifodd fod ychydig dros filiwn o
siaradwyr. Yn ôl Paul Sébillot, ar ddiwedd y ganrif 'roedd 679,000 o
Lydawiaid uniaith a 663,000 o Lydawiaid dwyieithog yn Llydaw i gyd. Ym

1991 amcangyfrifwyd fod 250,000 o siaradwyr Llydaweg yng Ngorllewin Llydaw. F. Favereau, *Bretagne contemporaine* (Morlaix, 1993), 27-9.

28 Henri Gaidoz, 'De l'influence de l'Académie Celtique sur les études de folk-lore' (Paris, 1904), 140; 'Série de questions', *Mémoires de l'Académie Celtique* i (1807), 84-5.

29 Gaston Esnault, 'Laennec Bretonnant', NRB 1948, 410-2; Goulc'han Kervella, *Laenneg Medisin* (Brest, 1985), 1-200. Ar ddiddordeb Laenneg yn y Gymraeg, gw. ibid., 186.

30 Legonidec, 'Tabaleau des mots celto-bretons analogues au grec / . . .à l'allemand' *Mémoires de l'Académie Celtique* iv (1809), 434-46.

31 Eloi Johanneau, 'Bibliothèque Celtique', loc.cit., v (1810), 291n. Ym 1769 'roedd y nofelydd Saesneg John Cleland (1709-89), awdur tybiedig *Fanny Hill*, wedi tynnu sylw at yr angen am sefydlu cadair Geltaidd yn Lloegr, cynllun y credai ei fod yn 'pregnant with national advantages'. [J Cleland], *Additional Articles to the Specimen of an Etymological Vocabulary . . .* (London, 1769), xiv.

32 Dyfyniad gan Gaidoz, op.cit., 139, o *Journal de l'Empire*, 26/4/1810.

33 Ar awydd C Fauriel i gael 'Cymdeithas yr Henafiaethwyr yn Ffrainc' i roi sylw i'r Gymraeg a 'dysgeidiaeth Cymreig', gweler C Fauriel, 'Gohebiaeth Ffrengig ynghylch y Gymraeg', *Seren Gomer* Ebrill 1921, 112-5.

DIWEDDGLO

Gellir edrych ar y geiriadurwyr, y gramadegwyr a'r ieithgarwyr niferus yn Llydaw, o gyfnod Maner hyd flynyddoedd cyntaf y bedwaredd ganrif ar bymtheg, fel olyniaeth o unigolion a weithiai heb nemor ddim cefnogaeth na nawdd. Gwelent yn yr iaith gyfoeth yr ymddengys nad oedd trwch ei siaradwyr yn ei werthfawrogi, a hynafiaeth nad oedd ysgolheigion Ewrob wedi llwyr amgyffred ei harwyddocâd. Rhaid cydnabod mai ei gweld hi yn grair a wneid fel arfer, a heblaw wrth fenthyg ychydig dermau gramadegol oddi wrth y Gymraeg, nid oedd hyd yn oed yr ysgolhaig mwyaf, Gregor o Rostrenenn, wedi ymdrechu i ddatblygu'r Llydaweg nac i estyn ei ffiniau. Ar ddechrau'r bedwaredd ganrif ar bymtheg daliai geiriau Salesbury, fod yr iaith 'ar ddivankoll hayachen', yr un mor wir ag yn yr unfed ganrif ar bymtheg, ond 'roedd y sefyllfa honno ar fin cael ei gweddnewid gan weithgarwch rhyfeddol ar Gonideg (1775-1838) ac ymdrechion cenhedlaeth newydd o ysgrifenwyr, yn eu plith Kervarker, Joakim Gwilhom (Joachim Guillôme, 1797-1857), Fañch Mari an Uhel, Yann Hingant (Jean Hingant, 1834-98) a Yann-Vari ar Joubiouz (Jean-Marie Le Joubioux, 1806-88). Yn sgil eu llafur hwy, estynnwyd ffiniau'r iaith a'i diwyllio gan wŷr megis Frañsez Vallée, Meven Mordiern (René Le Roux, 1878-1949) ac Emil Ernod, yr ieithgarwyr a arloesodd y ffordd i Roparz Hemon (Louis-Paul Némo, 1900-78) ac i ysgol *Gwalarn* yn yr ugeinfed ganrif. Yn ôl diffiniad Salesbury o achub iaith, o leiaf, 'roedd y Llydaweg bellach wedi ei hachub.

(Cynhwyswyd yr holl enwau a nodwyd ar y mapiau. Hyd y gellid, dilynwyd *Lec'hanvadur Breizh*, gan Servijoù ar Brezhoneg, Skol-Uhel ar Vro (Roazhon, 1993).)

Alre, an	Auray
Ankiniz	Ancenis
Aodoù-an-Arvor	Côtes-d'Armor
	(enw a fabwysiadwyd yn 80au'r
	XX ganrif yn lle
	Aodoù-an-Hanternoz)
Aodoù-an-Hanternoz	Côtes-du-Nord
Aradon	Arradon
Arzhon-Rewiz	Arzon
Baen-Veur	Bain-de-Bretagne
Ballon	Ballon
Baod	Baud
Baol-Skoubleg, ar	la Baule-Escoublac
Baz-Gwenrann	Batz-sur-mer, Bourg de Batz
Begerel	Bécherel
Belz	Belz
Benac'h	Belle-Isle-en-Terre
Beuzeg-Konk	Beuzec-Conq
Blaen	Blain
Boulvriag	Bourbriac
Bourc'hnevez-Raez	Bourgneuf-en-Retz
Brest	Brest
Bronn	Broons
Bubri	Bubry
Daoulaz	Daoulas
Dinan	Dinan
Dinarzh	Dinard
Dol	Dol-de-Bretagne
Douarnenez	Douarnenez
Elven, an	Elven
Enez-Eusa	Ouessant

227

Enez-Euz	Île d'Yeu
Enez-Groe	Île de Groix
Enez-Sun	Île de Sein
Erbigneg	Herbignac
Erge-Vras, an	Ergué-Gabéric
Faou, ar	le Faou
Faoued, ar	le Faouet
Felger	Fougères
Gemene, ar	Gémené
Goueled-Liger	(Basse-Loire) gw. **Liger-Izelañ, al**
Goueloù	Goélo
Gourin	Gourin
Gregam	Grand-Champ
Gwaien	Audierne
Gwened	Vannes
Gwengamp	Guingamp
Gwernenez	Guernesey
Gwilen	Vilaine
Gwineventer	Plounéventer
Gwitalmeze	Ploudalmézeau
Gwitreg	Vitré
Henbont	Hennebont
Ignel, an	Inguiniel
Il-ha-Gwilen	Ille-et-Vilaine
Inizi Glenan	Îles de Glénans
Jerzenez	Jersey
Josilin	Josselin
Kallag	Callac
Kameled	Camaret
Karaez	Carhaix
Karnag	Carnac
Kastell-Briant	Châteaubriant
Kastellin	Châteaulin
Kastell-Nevez-ar-Faou	Châteauneuf-du-Faou
Kastell-Paol	Saint-Pol-de-Léon
Kemper	Quimper
Kemperle	Quimperlé
Kerampuilh	Kerampuil

Kernev	Cornouaille
Kerveur, ar G/	Belle-Île
Kervignag	Kervignac
Kez	la Chèze
Kiberen	Quiberon
Kintin	Quintin
Kistreberzh	Questembert
Kledenn-Poc'her	Cléden-Poher
Klegereg	Cléguerec
Klison	Clisson
Komborn	Combourg
Konk-kerne(v)	Concarneau
Konk-Leon	le Conquet
Konkreuz	Conquereuil
Korle	Corlay
Kouerc'had, ar C'h	le Vieux-Marché
Kraozon	Crozon
Kroazig, ar G/	le Croisie
Kustentin	Cotentin
Lambal	Lamballe
Landerne	Landerneau
Landevenneg	Landévennec
Landivizio	Landivisiau
Landreger	Tréguier
Landouardon	Landouardon
Landrevarzeg	Landrévarzec
Langoned	Langonnet
Lanleñv	Lanleff
Lannuon	Lannion
Lanhouarne	Lanhouarneau
Lañveog	Lanvéoc
Leon	Léon
Lesneven	Lesneven
Liger	Loire
Liger-Atlantel	Loire-Atlantique
Liger-Izelañ, al	la Loire-Inférieure
Logunec'h	Locminé
Lokeltaz	Locqueltas

Lokentaz	St.-Gildas-de-Rhuys
Lokireg	Locquirec
Lokmaria-Kaer	Locmariaquer
Lokmazhe	Saint-Mathieu
Lokournan	Saint-Renan
Loudieg	Loudéac
Malestred	Malestroit
Maoron	Mauron
Matignon	Matignon
Mezven	Mayenne
Moñforzh	Monfort-sur-Meu
Monkontour	Moncontour
Montroulez	Morlaix
Motrev	Motreff
Mor-Bihan	Morbihan
Mur	Mûr-de-Bretagne
Muzilheg	Muzillac
Naoned	Nantes
Nervouster	Noirmoutier
Nespi	Nespy
Noal-Pondivi	Noyal-Pontivy
Oriant, an	l'Orient
Palez, ar	le Pallet
Pempoull	Paimpol
Penmarc'h	Penmarch
Penn-ar-Bed	Finistère
Perred	Perret
Perroz	Perros
Plabenneg	Plabennec
Pleiben	Pleyben
Plelan-Veur	Plélan-le-Grand
Pleuwigner	Pluvigner
Plevin	Plévin
Plistin	Plestin
Ploare	Ploare
Ploermael	Ploërmel
Ploue	Plouay
Ploueskad	Plouescat

Plougadeg	Ploucadeuc
Plougastell	Plougastel
Plougêr	Plouguer
Plougerne	Plouguerneau
Plougernevel	Plouguernével
Plougonven	Plougonven
Plougouskant	Plougrescant
Plouha	Plouha
Plouziri	Ploudiry
Poc'her	Poher
Pondivi	Pontivy
Pont-Aven	Pont-Aven
Pontekroaz	Pont-Croix
Pont-'n-Abad	Pont-l'Abbé
Pontorson	Pontorson
Pontrev	Pontrieux
Pornizh	Pornic
Porzh-Lae	le Palais
Porzhpoder	Porspoder
Presperieg	Pipriac
Radeneg	Radenac
Raez	Retz
Redon	Redon
Rewiz	Rhuys
Roazhon	Rennes
Roc'han	Rohan
Roc'h-Bernez, ar	la Roche-Bernard
Rosko	Roscoff
Rosporden	Rosporden
Rostrenenn	Rostrenen
Sant-Albin-an-Hiliber	St.-Aubin-du-Cormier
Sant-Brieg	St.-Brieuc
Sant-Jord-Restembaod	St.-Georges-de-Reintembault
Sant-Kae-Porzh-Olued	St.-Quay-Portrieux
Sant-Kast-Goueledoù	St.-Cast-le-Guildo
Sant-Maloù	St.-Malo
Sant-Marz-an-Olivenn	St.-Mars-la-Jaille
Sant-Mevenn	St.-Méen

Sant-Nazer	St.-Nazaire
Sant-Pabu	St.-Pabu
Sant-Vig	St.-Nic
Sarzhav	Sarzeau
Seurzh	Sarthe
Sizun	Sizun
Skaer	Scaër
Taole	Taulé
Tranz	Trans
Treger	Trégorois, Pays de Tréguier
Tremael	Trémel
Uhelgoad, an	Huelgoat

Mynegai

Rhestrwyd enwau personol ac enwau lleoedd dan eu ffurfiau cysefin, ond rhestrwyd teitlau llyfrau, cerddi etc. dan y gytsain gyntaf yn dilyn y fannod. Ychwanegwyd *k, q* a *z,* ond dilynwyd trefn yr wyddor Gymraeg, fel y bydd *Châlons* etc. dan *ch.* Ni wahaniaethwyd rhwng *ch* a *c'h.*

Abalard, Pêr, 45
(An) Abbregé [sic] *eus an doctrin Christen,* 104
Abelard, Peter, *gw.* Abalard, Pêr
Aberteifi, 39, 135
Aberystwyth, 91
Académie Celtique, 194, 210, 218-23
'Admonition dan gvuir christenyen. . .', 55
addysg, 46, 61, 94, 98, 99-100, 103 (n 44), 105, 146, 214, 222
Aethelstan, 23
Alain I (*neu* Alain le Grand), *gw.* Alan Fawr
Alain II (*neu* Alain Barbetorte), *gw.* Alan Farfog
Alain III, *gw.* Alan III
Alain IV (*neu* Alain Fergant), *gw.* Alan IV Fergant
Alan Barvek, *gw.* Alan Farfog
Alan Farfog, 23
Alan Fawr, 22
Alan Veur, *gw.* Alan Fawr
Alan III, 24
Alan IV Fergant, 24, 49
Alban, yr, 69, 82, 132, 140, 141
Alfred Fawr, *gw.* Le Grand, Albert
Almaen, yr, 138, 216
Almaeneg, 67, 95, 96, 119-23 passim, 196, 216, 221, 222
(*L'*) *Almanach du Père Gérard,* 95
Alphabet breton et français pour les commençants, 214
Alsace, *gw.* Alsas
Alsas, 96
America, 205-6
Amgueddfa Ashmole, 128, 129, 132
Amouroustet eun den coz . . ., 149
Amsterdam, 71, 124, 172
Amwythig, 49, 124
Amwythig, swydd, 125
Anastase o Naoned, 119
Aneirin, 39
Angers, 22, 27, 28
Anjev, *gw.* Anjou
Anjou, 21, 24

Anna, Santes, 77-8
Anna o Lydaw, 56, 57
Anna Vreizh, *gw.* Anna o Lydaw
Anne, ste., *gw.* Anna, Santes
Anne de Bretagne, *gw.* Anna o Lydaw
Anstis, John, 142 (n 16)
Antiquae Linguae Britannicae . . . *Rudimenta*, 123, 170, 174-7
Antiquae Linguae Britannicae Thesaurus, 138
(L')Antiquité de la nation . . ., 114-26
(L')Antiquité des tems, 114
(The) Antiquities of Nations . . ., gw. *(L')Antiquité de la nation* . . .
Antwerpen, 67, 69
Aodoù-an-Hanternoz, 97, 98
Aotred, Gi, *gw.* Autret, Guy
(An) Aotrou Bimbochet e Breizh, 102 (n 28)
Aradon, 184, 210
Ararat, Mynydd, 117
Arbogast, 96
Archaeologica Britannica, 116-7, 123, 128-9, 131-8, 196-8
Archeologia, 218
'Armes Prydein', 32
Arnold, Matthew, 99
Arouet, François Marie, *gw.* Voltaire
Arradon, *gw.* Aradon
Arts and Sciences in Miniature, 91-2
Arthur, 50, 77
Arzhon-Rewiz, 213
Arzhur, *gw.* Arthur
Arzon, *gw.* Arzhon-Rewiz
Ashmole, Amgueddfa, *gw.* Amgueddfa Ashmole
Asia Leiaf, 117
Audierne, *gw.* Gwaien
Autres détachemens . . ., 198
Autret, Guy, 83 (n 7)
Avignon, 172
Avranches, 199

Babel, 117, 205
Baiona, 206
Bakmeister, 194
Balbi, Giovanni, 62, 64
Ballon, 21
Baod, Pêr ar, 30, 33
Barba, Santes, 47
Barbazan, *gw.* Étienne de Barbazan
Barbe, ste., *gw.* Barba, Santes
Barisy, Pierre, *gw.* Barizi, Pêr

Barizi, Pêr, 86-7, 156
Barlement, Noel, 72 (n 17)
Barrère, Bertrand, 96, 98
Basgeg, 95, 96, 137, 170, 193, 196
Batz-sur-mer, *gw*. Baz-Gwennrann
Baudry o Bourgueil, 45
Baxter, William, 125
Bayle, Pierre, 187, 192 (n 7)
Bayonne, *gw*. Baiona
Baz-Gwenrann, 16 (n 5)
Beauvais, Vincent de, *gw*. Vincent de Beauvais
Bebb, Ambrose, 80
Beibl, y, *gw*. Ysgrythurau, yr
Belz, 213
Benedictiaid Saint-Maur, 144, 157
Berlin, 93, 194
Bernard, Edward, 130
Bernard de Montfaucon, 125, 147-8
Bernez ar Spered Santel, Breur, *gw*. Perrot, Alan
Béroul, 50
Besançon, 193
Beuzec-Conq, *gw*. Beuzeg-Konk
Beuzeg-Konk, 79
Bibliothèque Nationale, 143 (n 34)
Bignon, 171, 187-8
Bili, 29
Bonaparte, Louis-Lucien, 221
Bonaparte, Lucien, 221
Bonaparte, Napoléon, 220-1
Bonedau Cochion 100 (n 2)
Bonedau Gleision, 84, 100 (n 2)
Bonedd y Saint, 34
Bonnot de Condillac, Etienne, 123-4
Bourgueil, Baudri de, *gw*. Baudry o Bourgueil
Boulvriag, 103 (n 44)
Bourbriac, *gw*. Boulvriag
Boureau-Deslandes, André-François, 92
Bourg de Batz, *gw*. Baz-Gwennrann
Bourges, 105
Boxhorn, Marcus Zuerius, 71, 118-9, 127 (n 13), 128
Bras, Aofred ar, *gw*. Le Grand, Albert
Breghente, 198
Breizh-Izel, 16 (n 5)
Brerewood, Edward, 69
Brest, 129, 130, 181, 205, 214, 215
Breton, Gwilherm ar, 45
Brett, Caroline, 33

Breuddwyd Macsen Wledig, 33
Briant, 153
Brieg, Sant, *gw.* Briog, Sant
Brieuc, st., *gw.* Briog, Sant
Brigant, Jakez ar, 15, 93, 193, 195, 197, 198-207, 221
Briog, Sant, 30, 32
Brizh, Charlez ar, 88-90
Brodyr Llwydion, *gw.* Ffransisganiaid
Brosses, Charles de, 124, 193
Bruno, Pêr ar, 79
Brutus, 53-4
Bryste, 138
Brythoneg, 21
Buchanan, George, 69, 136
Bucheddau'r Saint, *gw. dan enw'r sant unigol, a hefyd* (i) *Buhez ar Sent* a (ii) *La vie, gestes, mort et miracles des saincts de la Bretaigne Armoriqve . . .*
'Buez . . .', *gw. hefyd* 'Buhez . . .'
'Buez ar pevar mab Emon', 79
'Buhez . . .', *gw. hefyd* 'Buez . . .'
Buhez ar Sent, 79-82
'Buhez mab den', 45, 65
Bullet, Jean-Baptiste, 193-4
Buxtorf, 146-7

Cadfan, Sant, 29
Cadog, Sant, 29
Cadwaladr, 32
Caerdroia, 34, 50, 53-4
Caernarfon, Sir G/, 195-6
Calvez, Jean, *gw.* Kalvez, Yann ar C'h/
Camaret, *gw.* Kameled
Cambry, 218, 224 (n 24)
Camden, William, 71, 124, 127 (n 14), 170, 176
Canaan, 146-7
Canticov spiritvel hac instrvctiovnou profitabl . . ., 104
'Cantiqueu spirituel ar deverieu ar christen', 86
Capétieniaid, 24
capucins, gw. Ffransisganiaid
Caradog o Lancarfan, 30
Carhaix, *gw.* Karaez
Carmeliaid, 78
Carnac, *gw.* Karnag
Catechis evit an oll ilizou emeus an impalaërdet a Franç, 100
Catechism hac Instrvction egvit an Catholiqvet, 56
Catrin, Santes G/, 56
Catrin II, yr Ymerodres G/, 194
Catholicon en troys langaiges . . ., 61-5, 69, 71, 135, 142 (n 23), 154, 173, 182 (n 2)

236

Catholicon seu summa grammaticalis, 62, 64
Catherine, ste., *gw.* Catrin, Santes G/
Celtia, 117
Celtiaid, 92, 114-26 passim, 127 (n 21)
Celtic Remains, 138
Ceredigion, 124, 128, 132
Cernyw, 29, 32, 49, 51, 53, 66, 80, 129, 132, 141 (n 4), 206
Cernyweg, 15, 29, 51, 53, 69, 70, 129, 131, 133, 137, 141, 193, 194, 196, 198, 221
Cesar, 71, 124-5
Cillard, Frañsez, 184
Cillard o Kerampoul, Glaoda Visant, 7, 87, 156, 184-91, 193, 210, 212
Cillart de Kerampoul, Claude-Vincent, *gw.* Cillard o Kerampoul, Glaoda Visant
Cléden-Poher, *gw.* Kledenn-Poc'her
Cleland, John, 225 (n 31)
Clérec, Jean-Marie, *gw.* Klereg, Yann-Vari
Clinton, Edward Fiennes de, 70
Cofrestr Kemperle, 33
Cofrestr Landevenneg, 27
Cofrestr Redon, 27
Colbert, Charles, 66
Coleg Iesu, Rhydychen, 128
(A) Collection of English Words not Generally Used . . ., 128
Colloqvia et dictionariolum septum lingvarum, 67
Collot d'Herbois, 95
Cöln, 65
Commentarioli Britannicae descriptionis fragmentum, 183 (n 19)
Computus, 27
Conan III, *gw.* Konan III
Conan IV, *gw.* Konan IV
Conan Mériadec, *gw.* Cynan Meiriadog
Concordat, 100, 216
Condillac, Étienne Bonnot de, *gw.* Bonnot de Condillac, Étienne
Conquet le, *gw.* Konk-Leon
Constance, *gw.* Koñstanza
Coquebert de Montbré, 221, 224 (n 27)
Corentin, st., *gw.* Kaourintin, Sant
Cornouaille, *gw.* Kernev
Corre, Jehan, *gw.* Korr, Yann ar C'h/
Corret, Théophile-Malo, *gw.* La Tour d'Auvergne
Corsica, 96
Cosmographia, 69
Cotentin, *gw.* Kustentin
Côtes-du-nord, *gw.* Aodoù-an-Hanternoz
Court de Gébelin, Antoine, 124, 200
Craon, 22

Cretet, 221
(A) Critical History of the Celtic Religion and Learning, 139, 140, 183 (n 19)
Croesoswallt, 128
Croisic, le, *gw.* Kroazig, ar G/
Crozon, *gw.* Kraozon
Cwlen, *gw.* Cöln
Cyfansoddiad Sifil yr Eglwyswyr, 95
Cymdeithas Iesu, *gw.* Jeswitiaid
Cymmrodorion, y, 223
Cymraeg
    a'r Ysgrythurau, 55-6, 70, 80, 172-3, 221
    benthyg geiriau Cymraeg i'r Llydaweg, 117, 226
    benthyg geiriau oddi wrth y Lladin, 124-5, 128
    benthyg geiriau oddi wrth y Llydaweg, 60 (n 11), 198
    benthyg geiriau oddi wrth y Saesneg, 91-2, 102 (n 21), 128
    cyfeiriadau ysgolheigion Llydaw ati, 119, 122-3, 157-8, 176-8, 180, 181,
        202, 213, 219, 221-2, 225 (n 29)
    dylanwad y Llydaweg ar Gymraeg William Salesbury, 60 (n 11)
    ei chyntefigrwydd, 195-6, 199
    ei dirywiad, 149-52
    Gramadeg Gruffydd Robert, 104, 105, 169
    llawysgrifau, 39, 149, 193
    llyfrau defosiynol, 90, 107, 132
    mewn geirfâu amlieithog, 193-4, 196
    orgraff, 109, 152
    sylwadau Cymry ar y ddwy chwaer-iaith, 15, 50-1, 52-3, 65, 70-1, 114-7,
        123, 128-38, 142 (n 23), 197-8, 205-6
    tebygrwydd natur y deunydd cynnar mewn Cymraeg a Llydaweg,
        26-35, 42-4, 47, 61, 69
Cymru, 26, 29, 32-35 passim, 39, 49, 55-6, 70-1, 80, 107, 127 (n 14), 129, 132,
    157-8
Cynan Meiriadog, 32-4
Cytundeb Angers, 22
Cytundeb Entrammes, 22

Châlons, Pierre de, 88-9, 144, 156-7, 159, 161 (n 29), 165, 184
Cham, 117
Charles II, *gw.* Siarl II
Charles le Chauve, *gw.* Siarl Foel
Charlez Voal, *gw.* Siarl Foel
Charmoye, 114
Chassy, 114
Châteaulin, *gw.* Kastellin
Châteauneuf-du-Faou, *gw.* Kastell-Nevez-ar-Faou
'(Ar) c'hi', 77
Chotzen, 70
Chréstien de Troyes, 50

Chronicon Briocense, 50
Chwyldro Ffrengig (1789), 91, 94-100, 216

Dadeni Dysg, 91
Daneg, 196
Dante, J. A., 146-7
'Daphnis a Chloe', 101
Davi, Jakez, 156
Davies, D. P., 102 (n 21)
Davies, Hugh, 91-2
Davies, (Dr) John, 65, 70-1, 112, 123, 125, 128, 140, 170, 176-7, 194-5
Davy, Jacques, *gw.* Davi, Jakez
Défense de l'antiquité des tems . . ., 114
derwyddon, 200, 222-3
(A) Design of a British Dictionary . . ., 128-9
Despauterius, Joannes, 108
Détachemens de la langue primitive . . ., 198
Dewi, Sant, 47
Dewi o Fynwy, 73 (n 26)
'(An) dialog etre Arzur roue d'an Bretounet ha Guynglaff', 77
Dictionaire étymologique de la langue bretonne . . ., 92, 148-54 passim
Dictionariolum Trilingue, 129-30
Dictionarium Duplex, 65, 71, 125, 128, 132, 135, 138, 154
Dictionnaire breton-françois du diocèse de Vannes . . ., 156-7
Dictionnaire de la langue bretonne . . ., 148-54 passim, 161 (n 32)
Dictionnaire et colloqves françois et breton . . ., *gw.* llawlyfrau ymddiddanion
Dictionnaire françois-breton du diocèse de Vannes, 156, 157, 161 (n 29)
Dictionnaire françois-breton ou françois-celtique du dialecte de Vannes, 184
Dictionnaire François-Celtique ou François-Breton . . ., 162-73
Dictionnaire historique et critique, 192 (n 7)
Dijon, 193
Dinbych, 123
'Dinistr Caersalem', 149
Discourse addressed to the Welches (i.e. French), 200
Dissertation adressé aux académies sçavantes de l'Europe. . ., 198
Diverres, Paol, 183 (n 39)
Divi, Sant, *gw.* Dewi, Sant
Doctrin an Christenien, 52
Dol, 29, 30, 45, 166
Dombideau de Crouseilhes, 216
Dominic, Urdd Sant, 79
Donatus, 61
Donoet, 61, 65
Drych y Prif Oesoedd, 124
Du Bellay, Joachim, 54
Dubuisson-Aubenay, François-Nicolas, 111
Du Cange, 147

Du Four de Longuerue, Louis, 56
Dug, Gwenael an, 61, 78
Dumoulin, Alan, 15, 202, 210, 214-8

Eidal, yr, 44, 53-4, 193
Eidaleg, 67, 71, 96, 107-8, 116-7, 153, 224 (n 24)
Eifftiaid, 164-5
Eingl-Sacsoniaid, 21, 170-1
Élémens de la langue des Celtes Gomérites . . ., 197, 201-5
Élémens succints de la langue des Celtes Gomérites, 205
(L') Encyclopédie (1751), 204, 209 (n 23)
Entrammes, 22
'Entré ar Maro, ha pep seürt tud', 78
Erge-Vras, an, 216
Ergué-Gabéric, *gw.* Erge-Vras, an
Erispoé, *gw.* Erispoù
Erispoù, 22
Ernault, Émile, *gw.* Ernod, Emil
Ernod, Emil, 61, 226
Essai sur l'origine des conoissances humaines . . ., 123-4
Estienne, Henri, 54
Estienne, Robert, 146-7
Étienne de Barbazan, 161
Eudaf, 33
Euddogwy, Sant, 29
Eurioù brezhonek ha latin, gw. *Heuryou brezonnec ha latin.*
Evans, Evan, 126 (n 7)
Evans, Theophilus, 124
(An) exerciçou spirituel eus ar vues Christen evit ar mission, 182 (n 6)

Falmouth, 129
Fanny Hill, 225, (n 31)
'(Ar) farvel goäpaër', 77
Fauriel, C., 225 (n 33)
Ferry, Jules, 100
Filson, 206
Finistère, *gw.* Penn-ar-Bed
Fleuriot, Léon, 30, 31
Florida, 205
'(Er) forme ag er pron, é brehonnec Guenet', 86
(La) forme d'administer les SS. Sacremens, 58
François I, 53
François III, 53
François-Marie, 167
Fry, Edmund, 194
Fulup, Marc'harid, 94
Furetière, Antoine, 125-6

Fflemeg, 67, 196
Fflemiaid, 70
Fflint, Sir, 117
Ffrangeg
   a'r Académie Celtique, 219
   a'r *Archaeologia Britannica*, 132-5
   a Cillard, 186, 188-9
   a Geiriadur Gregor, 162, 169-70, 174, 178
   a'r *Vocabularia linguarum* . . ., 194
   benthyg geiriau Ffrangeg i'r Llydaweg, *gw.* Llydaweg, benthyg geiriau
      iddi
   ei dylanwad yn Llydaw, 23-4, 51-4, 58, 66, 84-6, 93-4, 96-100 passim, 102
      (n 16), 103 (n 44), 105, 108, 111, 123, 146, 153, 214, 216
   ei lle yn y Catholicon, 62-3, 182 (n 2)
   ei lle yn y llawlyfrau ymddiddanion, 65-8, 210-3
   gwaith Court de Gébelin arni, 124
   iaith gyntaf Jili a Gerampuilh, 58
Ffrainc, 53, 144, 170, 218, 221
Ffranciaid, 21-3, 26
Ffransisganiaid, 156, 163, 164, 171, 186, 204

Gadeon, 33
Gaeleg, 193, 194, 221
Gaignard, Martin, 112
Gâl, 193
Galati, 114
Galeg, 69, 71, 138
Galiaid, 114-22 passim, 128, 169, 218-20
Gallo, 94
Gareg, Youenn ar, 153
Gébelin, Antoine Court de, *gw.* Court de Gébelin, Antoine
Genefa, 70
Genoefa a Vrabant, 77, 78
Genova, 62
Geoffrey Plantagenêt, *gw.* Sieffre, mab Harri II
Gerallt Gymro, 50-1
Gildas, *gw.* Gweltaz, Sant
Gilles de Kerampuil de Bigodou, *gw.* Jili o Kerampuilh
Giraldus Cambrensis, *gw.* Gerallt Gymro
Glan-fred, 128
Glaslyn, y, 132
Glossaire de la langue romane . . ., 223
Glossarium antiquitatum britannicarum . . ., 125
Goélo, *gw.* Goueloù
Gogynfeirdd, 39
Gomer, 114, 117, 204

Gonideg (Kerzeniel), Yann Frañsez Mari Morvan Agata ar, 15, 16 (n 4), 93, 152, 181, 202, 207, 213, 217, 221, 222, 226
Gorllewin Ffrancia, 21
Gottfried o Strasbourg, 49
Goueloù, 222
Gourvil, Frañsez, 147
Grammaire Françoise-Celtique, ou Françoise-Bretonne . . ., 165, 173-81, 204
Grammatica Latino-Celtica, 214-8
Grand-Champ, *gw*. Gregam
Graveran, Jozeb Mari (Joséph-Marie), 112 (n 6), 221
Graveran, Loeiz (Louis), 221
Gregam, 184
Grégoire, Henri-Jean-Baptiste, 98-9
Grégoire de Rostrenen, *gw*. Gregor o Rostrenenn
Gregor o Rostrenenn, 15, 93, 148, 154, 155-6, 158, 162-81, 182 (n 2), 183 (n 19), 183 (n 39), 184, 189, 193, 204, 217, 226
Grimm, Jakob, 221
Groeg, 71, 93, 107, 114-26 passim, 129, 147-8, 176, 189, 211, 222
Groegiaid, *gw*. Groeg
Gruffydd ab yr Ynad Coch, 34
Gueguen, Tanguy, *gw*. Gwegen, Tangi W/
Guénolé, st., *gw*. Gwenole, Sant
Guernesey, *gw*. Gwernenez
Guidnerth, *gw*. Gwidnerth
Guillôme, Joachim, *gw*. Gwilhom, Joakim
Guingamp, *gw*. Gwengamp
Gurvant, 22
Guynglaff, *gw*. Gwenc'hlan
Gwaien, 181
Gwalarn, 226
Gwegen, Tangi W/, 52
Gweltaz, Sant, 30, 80-2
Gwenc'hlan, 77, 149
Gwened, 56, 58, 65, 69, 78, 81, 82, 86-8, 101 (n 5), 130-1, 132, 144, 156-7, 162, 164, 165-6, 181, 184, 189-91, 192 (n 1), 210-3, 223-4 (n 10)
Gwengamp, 181
Gwenn Teirbronn, 34
Gwenole, Sant, 29, 34, 35, 51, 149
Gwernenez, 22
Gwidnerth, 30
Gwilen, Afon (ar Wilen) 84
Gwilhom, Joakim, 226
Gwilym Goncwerwr, 49
Gwineventer, 155
Gwrtheyrn, Sant, 33
Gwyddeleg, 69, 71, 104, 105, 128, 129, 136-7, 138-41, 143 (n 34), 154, 193, 194, 196, 221

Gwyn, Iancyn, 52

Hambourg, 206
Hannover, 117
Harff, Arnold von, 65
Harinkin, Roperzh, 144, 154, 161 (n 22)
Harinquin, Robert, *gw.* Harinkin, Roperzh
Harmonie universelle, 123
Harri II, 24
Harri IV, 109-10
Harri VIII, 66
Hebraeg, 119, 147-8, 176, 177
Helena, Santes, 57
Helène, ste., *gw.* Helena, Santes
Helias, Pêr-Jakez, 102 (n 16), 113 (n 20)
Hemon, Roparz, 102 (n 28), 226
Henbont, 95, 114
Hendregadredd, 39
Henffordd, swydd, 137
Hennebont, *gw.* Henbont
Henri IV, brenin Ffrainc, *gw.* Harri IV
Henry II, brenin Lloegr, *gw.* Harri II
Henry VIII, brenin Lloegr, *gw.* Harri VIII
Hent ar Barados, 216
Hersart de la Villemarqué, Théodore Claude Henri, *gw.* Kervarker
Heuryou brezonnec ha latin, 90
Hingant, Yann (Jean), 226
Historia Regum Britanniae, 31, 34, 45
Horae britonnicae et latinae, 56
Horn, 69
Huchet, Cristophe, 173, 183 (n 19)
Hugonotiaid, *gw.* Protestaniaid
Hurault, 95
Hynafiaethau Iddewig, *gw.* Josephus

Iehan, an Archer Coz, 47
Ignel, an, 86, 156
Ildud, Sant, *gw.* Illtud, Sant
Il-ha-Gwilen, 97
Ille-et-Vilaine, *gw.* Il-ha-Gwilen
Illtud, Sant, 29, 82
Imitation hor Salver Jesus-Christ, 89, 90, 101 (n 14)
Indiaid America, 205-6
Ingomar, 30
Inguiniel, *gw.* Ignel, an
Iolo Morganwg, 60 (n 11), 198, 209 (n 27)
Iseldiroedd, yr, 69, 71, 130

243

Iwerddon, 80, 82, 132, 138, 140
Iŵl Cesar, *gw.* Cesar

Jackson, Kenneth Hurlstone, 133, 208 (n 11)
Jafrez, mab Harri II, *gw.* Sieffre, mab Harri II
Jaffeth, 114, 117
Jean de Montfort, *gw.* Yann Monforzh
Jenovefa, Santes, 77, 78
Jersey, *gw.* Jerzenez
Jerzenez, 22
Jeswitiaid, 78, 104, 184-6
Jili o Kerampuilh, 55-8, 70
Johanneau, Eloi, 218-9, 222, 223, 224 (n 24), 224 (n 25)
Jones, David, 124
Jones, Griffith, 107
Jones, John, 205, 209 (n 27)
Jones, Owen, 222
Jones, Rowland, 193, 195-8, 201
Jones, Thomas, 60 (n 11), 198
Josephus, 114, 117
Josilin, 111
Josselin, *gw.* Josilin
Joubiouz, Yann-Vari ar, 226
Journal de l'Empire, 222-3
Jouvin, A., 84
Judicaël, *gw.* Yuzikael
Junius, Adrianus, 69

'Kabitenn Rozanfaou', 96
Kadeg, Sant, *gw.* Cadog, Sant
Kadvan, Sant, *gw.* Cadfan, Sant
Kalvez, Yann ar C'h/, 64
Kameled, 181
Kaourintin, Sant, 105
Karaez, 105, 206
Karnag, 213
Kastellin, 183 (n 19)
Kastell-Nevez-ar-Faou, 181
Kastell-Paol, 39-42, 65, 129-30, 131, 132, 164
Katell, Santez, *gw.* Catrin, Santes G/
Kemper, 79, 90, 104, 111, 131, 133, 165-6, 173, 181, 200, 216, 221
Kemperle, 33, 164
Kentucky, 205-6
Kerampoul, Cillard de (Cillart de), *gw.* Cillard o Kerampoul, Glaoda Visant
Kerampuil de Bigodou, Gilles de, *gw.* Jili o Kerampuilh
Kerampuilh, 56
Keranna, 162

Keranveier, Frañsez Nikolaz Paskal, 77
Kerenveiyer, François Nicolas Pascal de, *gw*. Keranveier, Frañsez Nikolas
   Paskal
Kerdaned, *gw*. Kerdanet, Miorcec de
Kerdanet, Miorcec de, 73 (n 26), 101 (n 2)
Kergariou, Iarll, 183 (n 39)
Kerian, Francisci, *gw*. Keryann, Frañsez
Kerlouaneg, 222
Kernev, 77, 86-7, 101 (n 5), 131, 133, 146-7, 154, 165-6, 181, 213, 217
Kervarker, 56, 112 (n 6), 181, 205, 226
Kervella, Frañsez, 101 (n 5), 209 (n 22)
Kervignac, *gw*. Kervignag
Kervignag, 156
Keryann, Frañsez, 71
Kev, 77
Kiberen, 213
Kiger, Gwilhoù, 65-9, 132-3, 183 (n 19), 210
Killevere, 45, 71, 135, 142 (n 23)
Kledenn-Poc'her, 56
Klereg, Yann-Vari, 100
Koad, Gwilh ar Ch/, 56
Koatkeveran, Aofred, 64
Konan Meriadeg, *gw*. Cynan Meiriadog
Konan III, 24
Konan IV, 24
Konk-Leon, 70, 144
Koñstanza, 24
Korr, Yann ar C'h/, 64
Kouerc'had, ar C'h/, 79
Kozh, Yann ar C'h/, 221
Kraozon, 216
Kroaz ar Vretoned, 80
Kroazig, ar G/, 164
Kustentin, 22

Lae, Glaoda Mari al, 77
Laeneg, Reun-Deofil-Yasent, 221-2, 225 (n 29)
Laeneg, Teofil Mari, 221
Laënnec, Théophile-Marie, *gw*. Laeneg, Teofil Mari
Laënnec, René-Théophile-Hyacinthe, *gw*. Laeneg, Reun-Deofil-Yasent
Lagadeg, Yann, 62-4
Lagadeuc, Jehan, *gw*. Lagadeg, Yann
lais, 39-43, 45, 49
Landerne, 153
Landerneau, *gw*. Landerne
Landévennec, *gw*. Landevenneg
Landevenneg, 22, 27, 29, 144

Landouardon, 214
Landreger, 64, 103 (n 44), 197, 208 (n 11)
Landrévarzec, *gw.* Landrevarzeg
Landrevarzeg, 221
Lanhouarne, 88
Lanhouarneau, *gw.* Lanhouarne
Lanleff, *gw.* Lanleñv, Teml
Lanleñv, Teml, 222
Lanvéoc, *gw.* Lañveog
Lañ veog, 216
Lappington, 128
La Tour d'Auvergne, 193, 206-7
La Villemarqué, Théodore Claude Henri Hersart de, *gw.* Kervarker
Le Baud, Pierre, *gw.* Baod, Pêr ar
Le Bos, 207
Le Breton, Guillaume, *gw.* Breton, Gwilherm ar
Le Brigant, Jacques, *gw.* Brigant, Jakez ar
Le Bris, Charles, *gw.* Brizh, Charlez ar
Le Bruno, Pierre, *gw.* Bruno, Pêr ar
Le Coat, Guillaume, *gw.* Koad, Gwilh ar C'h/
Le Coz, Jean, *gw.* Kozh, Yann ar C'h/
Le Duc, Gwennaël, *gw.* Dug, Gwenael an
Le Fèvre, Gwilherm (Guillaume), 213
Le Gonidec (de Kerdaniel), Jean François Marie Maurice Agathe, *gw.* Gonideg (Kerzeniel) Yann Frañsez Mari Morvan Agata ar
Le Garrec, Yvon, *gw.* Gareg, Youenn ar
Le Grand, Albert, 79-80
Le Grand, Jean, *gw.* Le Grand, Albert
Leibniz, Gottfried Wilhelm, 117, 136
Leiden, 26, 140, 184, 192 (n 1)
Le Jeune, Tanguy, *gw.* Yaouank, Tangi ar
Le Joubioux, Jean-Marie, *gw.* Joubiouz, Yann-Vari ar
Le Laë, Claude Marie, *gw.* Lae, Glaoda Mari al
Le Mans, 144
Le Menn, Gwennolé, *gw.* Menn, Gwennole ar
Le Moing, François, *gw.* Mogn, Frañsez ar
Le Nobletz (de Kerodern), Michel, *gw.* Noblez (Kerodern), Mikael an
Leon, 29, 33, 58, 65, 87, 101 (n 5), 107-8, 131, 133, 146-7, 149, 155, 165-6, 172-3, 181, 213, 221, 222
Le Pelletier, Louis, *gw.* Pelleter, Loeiz ar
Le Philippe, Marguerite, *gw.* Fulup, Marc'harid
Le Roux, René, *gw.* Mordiern, Meven
Leroy, Jean-Baptiste, 99
Lesneven, 78, 183 (n 19)
Lesquiffiou, 160 (n 7)
Lhuyd, Edward, 78, 114-17, 123, 124, 126 (n 7), 128-38, 140-1, 142 (n 24), 193
Liger, Afon (al Liger), 54

Liger-Izelañ, (al), 97, 98
Lincoln, 116
Lister, Martin, 114-6
Livre des faits d'Arthur, 33
Lobineau, 153
Locmariaquer, *gw.* Lokmaria-Kaer
Locminé, *gw.* Logunec'h
Locqueltas, *gw.* Lokeltaz
Logunec'h, 213
Longford, Richard, 52
Loire, *gw.* Liger, Afon
Loire-Inférieure, *gw.* Liger-Izelañ, (al)
Lokeltaz, 160 (n 1)
Lokentaz, 22, 23, 45, 144
Lokmaria-Kaer, 212
Lokmazhe, 70, 144
Luzel, Françoise-Marie, *gw.* Uhel, Fañch Mari an
Lyons, 156

Lladin, 32, 49, 51, 58, 61-5, 67, 68, 69, 71, 93, 102 (n 16), 104, 105, 108-9,
    114-26 passim, 128, 129, 133, 136, 139, 140, 142 (n 23), 143 (n 34), 147, 172,
    176, 178, 188-9, 193, 194, 199-200, 211, 216, 217, 221
Llanbadarn Odwyn, 124
Llanbedrog, 195
Llandybïe, 209 (n 27)
Llandysul, 132
Llanddeusant, 29
Llanforda, 128
Llanhigan, 125
Llanofer, Arglwyddes, 112 (n 7)
llawlyfrau ymddiddanion, 65-9, 93-4, 102 (n 28), 110-1, 132-3, 140-1, 152,
    160 (n 12), 183 (n 19), 193, 210-3, 223 (n 2), 223 (n 10)
Lloegr, 49, 55, 66-7, 133, 225 (n 31)
Lloyd (o Lanforda), Edward, 128
Lloyd, John, 116
Llundain, 70, 71, 124, 125, 128, 140, 172, 183 (n 19), 194, 195, 196, 205, 218,
    222
Llwyd, Edward, *gw.* Lhuyd, Edward
Llwyd, Humphrey, 52, 176, 183 (n 19)
Llychlynwyr, 26
Llydaweg
    a Christionogaeth, 79, 105-7, 167, 188-9
    a'r Chwyldro Ffrengig, 91, 94-100
    bathu geiriau, 30, 177-8, 183 (n 30), 205, 212
    benthyg geiriau iddi, 50-2, 56-7, 61, 64, 78, 80, 88-94, 102 (n 16), 131, 154,
        158, 177, 180, 181, 182 (n 2), 183 (n 29), 212, 214, 216, 226
    benthyg oddi wrthi, 60 (n 11), 93, 189, 198, 207, 211

colli llawysgrifau, 22-3, 39, 78, 149, 172
dirmyg ati, 15, 45, 50, 51, 53, 54, 87-94, 96-100, 103 (n 44), 171-2, 213-4
edmygedd ohoni, 15-6, 46, 50, 53, 92-3, 95, 107-8, 119, 123, 144, 169-71,
    187-9, 201-2, 204-7, 210-2, 216
ei cholli yn y rhannau o Ddwyrain Llydaw lle y buasai ar lafar, 24, 111
ei dechreuadau, 21-2
ei dirywiad, 146, 149, 174, 216-7, 218-9, 224-5 (n 27)
ei thiriogaeth, 165-6, 221
fel cyfrwng dysg yn y cyfnod cynnar, 26-35
heb ei meithrin, 58, 226
llythrennedd, 46, 86, 94
mewn geirfâu amlieithog, 193-4, 196-8, 199-200, 206, 221, 224 (n 24)
mydryddiaeth draddodiadol, 43-6, 77, 78, 86
orgraff, 58, 59, 71, 86-7, 109-11, 152, 178-9, 181, 182 (n 2), 196-7, 203, 205,
    212, 214, 217
sylwadau ysgolheigion o'r tu allan i Lydaw arni, 69-71, 205-6
tafodieithoedd, 58-9, 62, 65, 86-8, 156, 157, 162, 164-5, 166-7, 179-81,
    183 (n 38), 189, 201-3, 205, 207, 210-3, 217, 219-21, 222, 223-4 (n 10)
unieithedd, 84-6, 94, 96-7, 98-9, 102 (n 16), 224 (n 27)
llyfrau ymddiddanion, gw. llawlyfrau ymddiddanion
Llyfr Coch Hergest, 39
Llyfr dysgread Arfau, 88
Llyfrgell Brydeinig, y, 142 (n 24)
Llyfrgell Genedlaethol Cymru, 82, 142 (n 23), 161 (n 32), 183 (n 39)
Llyfrgell Genedlaethol Ffrainc, gw. Bibliothèque Nationale
Llyfr Llandaf, 27
Llyfr y Resolusion, 70
Llywelyn ap Gruffydd, 34

Mabillon, 153
Mabinogion, y, 39
Maclovius, gw. Maloù
Mac'hloù, gw. Maloù
Magnus Maximus, 33-4
Mahé, 212, 223 (n 10)
Mahyeuc, Yves, gw. Mayeg, Ivon V/
Maine, 21, 24
Malcome, David, 126
Malo, st., gw. Maloù, Sant
Maloù, Sant, 29
Manaw (Gweryd-Clud), 32
Manaw, Ynys, 141
Manaweg, 141, 193, 221
Maner, Juluan, 47 (n 1), 77, 78, 104-12, 131, 134, 135, 147, 149, 152-3, 165,
    170, 174, 178, 181, 189, 193, 217, 226
Mangourit, 218
'Manuel-interprète de correspondance . . .', 224 (n 24)

Marh al Lorh, 102 (n 16), 113 (n 20)
Marie de France, 50
Marigo, Claude Guillaume de, *gw*. Marigo, Glaoda Gwilhoù
Marigo, Glaoda Gwilhoù, 79-80, 89-91, 191
Marion, Jean, *gw*. Marion Yeann
Marion, Yeann, 152, 160 (n 12), 210, 212, 223 (n 2), 223 (n 10)
Matuedoi, 23
Maunoir, Julien, *gw*. Maner, Juluan
Mayeg, Ivon V/, 60 (n 19)
Mayenne, *gw*. Mezven, Afon
Mélanges sur les langues, dialectes et patois, 221
Melanius, 30
Mellezour ar galounou, 104-5
Mémoires de l'Académie Celtique, 194, 219-20, 222, 224 (n 24)
Mémoires relatifs à la Marine, 206-7
Mémoires sur la langue celtique . . ., 193
Ménage, Gilles, 125-6, 189, 192 (n 11)
Menn, Gwennole ar, 7
Mersenne, Marin, 123
Merula, Paul, 69-70
Mezven, Afon (ar Vezven), 22
Milin, Gabriel Yann-Vari (Gabriel Jean Marie), 155
Mill, J., 140
(An) mirouer a confession, 52
'(Le) mirouer de la mort', 47
Missale secundum verum usum insignis ecclesiae Leonensis, 65
Mogn, Frañsez ar, 156
Molière, 192 (n 11)
Le monde primitif . . ., 124
Moñforzh, Yann, *gw*. Yann Moñforzh
Monsieur l'A***, *gw*. Cillard o Kerampoul
Montfaucon, Bernard de, *gw*. Bernard de Montfaucon
Montroulez, 45, 47, 65, 66-7, 69, 78, 79, 129, 132, 149, 164, 166, 210
Monzie, A. de, 100
Morbihan, *gw*. Mor-Bihan, ar
Mor-Bihan, ar, 97, 98
Mordiern, Meven, 226
Morgannwg, 137
Moricet, Joseph, 58
Morlaix, *gw*. Montroulez
Morris, Lewis, 117, 138, 198
Morris-Jones, John, 138
Mostyn, Richard, 117, 131
Motreff, *gw*. Motrev
Motrev, 154
Munster, *gw*. Dante, J. A.
Mynwy, 34, 49, 73 (n 26), 137, 138

Myrddin, 49

Nantes, *gw.* Naoned
Nant Ffrancon, 128
Naoned, 21, 22, 45, 65, 79, 119, 166
(The) Natural History of Staffordshire, 128
Némo, Louis-Paul, *gw.* Hemon, Roparz
Nespi, 111
Nespy, *gw.* Nespi
Nevenoù, 21, 22
Noa, 114
Noal-Pondivi, 156, 184
Noblez (Kerodern), Mikael an, 104, 108
Nomenclator . . ., 65, 69
Nominoé, *gw.* Nevenoù
Non, Santes, 47
Nonn, Santez, *gw.* Non, Santes
Normaniaid, 22-3, 26, 34, 44, 49, 170-1
Notions générales ou encyclopédiques, 199-200
Nouveau dictionnaire ou colloque françois et breton . . ., *gw.* llawlyfrau
   ymddiddanion
Nouvel avis concernant la langue primitive rétrouvée, 201
Nouvelles recherches sur la langue, l'origine et l'antiquité des bretons, 206
Noyal-Pontivy, *gw.* Noal-Pondivi

Ó Maolmhuaidh, Froinsias, 104, 105
O'Molloy, Francis, *gw.* Ó Maolmhuaidh, Froinsias
Observations . . . *sur la langue françoise*, 189
Oedoceus, *gw.* Euddogwy, Sant
Omnès, Ivonet, *gw.* Omnez, Ivoned
Omnez, Ivoned, 43-4, 45
Oraison, d', 200
(The) Origin and Language of Nations . . ., 195
Origines de la langve françoise, 189
Origines gauloises, 206
Originum gallicarum liber, 71
Ortelius, Abraham, 221
Ossian, 221
Outline of the Characteristics of the Welsh, 122-3
Outham, *gw.* Eudaf
Ouzegoù, *gw.* Euddogwy, Sant
Owain Myfyr, *gw.* Jones, Owen
Owen, Meredyth (*ffugenw*), 128
Owen, William, *gw.* Pughe, William Owen

Padrig, Sant, 82
Pagnius, 146-7

Palesteina, 146-7
Palez, ar, 45
Palsgrave, John, 54
Pallas, S., 194
Pallet, le, *gw*. Palez, ar
Pantographia, 194-5
Paol o Leon, Sant, 29, 39-42
Paris, 45, 54, 56, 65, 104, 114, 124, 130, 158, 161 (n 32), 172, 198, 205, 206, 207, 218, 219, 221, 222, 223
Parry, David, 117, 128-32, 135-6
Pascweten, *gw*. Paskwezhen
Paskwezhen, 22
Passavant, 153
'Passion ha resurrection hon Salver', 45, 47
Paul Aurélian, st., *gw*. Paol o Leon, Sant
Peiresc, Nicolas-Claude-Fabri de, 71
Pelleter, Loeiz ar, 15, 92-3, 118-9, 125-6, 144-58, 161 (n 32), 165, 174, 177, 178, 181, 189, 193, 209 (n 23), 216-7, 222
Pelloutier, Simon, 126
'Pemzec levenez Maria', 45, 65
Penmarc'h, 181
Penn-ar-Bed, 95, 97, 98, 99, 213, 214, 215
Peron, Paol B/, *gw*. Pezron, Paol
Perred, 162
Perret, *gw*. Perred
Perrot, Alan, 78
Perrot, Alain, *gw*. Perrot, Alan
Petrograd, 194
Pezron, Paol, 93, 114-26, 128, 138, 142 (n 23), 143 (n 34), 169, 170, 176, 193-4, 198, 216
Plabennec, *gw*. Plabenneg
Plabenneg, 214
Plantagenêtiaid, 24
Plevin, 105
Ploare, 222
Ploesquellec, de, 67, 210
Plot, Robert, 128
Plouay, *gw*. Ploue
Ploucadeuc, *gw*. Plougadeg
Ploudiry, *gw*. Plouziri
Ploue, 213
Plougadeg, 29
Plougastel, *gw*. Plougastell
Plougastell, 101 (n 5)
Plougêr, 56
Plougerne, 108
Plougernevel, 216

Plougonven, 47, 62
Plougouskant, 61
Plougrescant, *gw.* Plougouskant
Plouguer, *gw.* Plougêr
Plouguerneau, *gw.* Plougerne
Plouguernével, *gw.* Plougernevel
Plounéventer, *gw.* Gwineventer
Plouskelleg, *gw.* Ploesquellec, de
Plouziri, 153
Poc'her, 23
Poher, *gw.* Poc'her
Poitiers, 155
Polynesia, 201
Pondivi, 111, 156
Pontivy, *gw.* Pondivi
Pontrev, 198, 201-2, 205
Pontrieux, *gw.* Pontrev
Powel, John, 116
Prag, 214, 216
Priscianus, 61
Profens, 71
Protestaniaid, 54-6, 187, 192 (n 7)
Provence, *gw.* Profens
Proverbou spagnol, troet e verzou brezonnec gant M***, 191
Prydain Fawr, 21, 35, 193, 218
Pryse, Bridget, 128
Pughe, William Owen, 60 (n 11), 122-3, 138, 149-52, 195, 198, 199, 222

(The) Philosophy of Words . . ., 196-8

Quéau, *gw.* Kev
Quenteliov Christen evs ar C'hollech Iesvs-Christ, gw. *Le Sacré collège de Iesvs*
Quiberon, *gw.* Kiberen
Quillévéré, *gw.* Killevere
Quimper, *gw.* Kemper
Quimperlé, *gw.* Kemperle
Quiquer, Guillaume, *gw.* Kiger, Gwilhoù
Quoatquévéran, Auffret, *gw.* Koatkeveran, Aofred

Radenac, *gw.* Radeneg
Radeneg, 111
Raez, 22
Raguideau, Julien, 111-2
Rapport et projet de décret . . . *sur les idiômes étrangers* . . ., 96
Ray, John, 128, 129-30
Redon, 22, 27, 29, 144
Réflexions critiques sur les observations de l'abbé D (ordelu de Fays), 184

252

Rennes, *gw.* Roazhon
'(Ar) Represantantet eus ar Bobl', 91
Retz, *gw.* Raez
Rewiz, 184
Richards, Thomas, 138
(The) Rise and Fall of States and Empires, gw. *(L')Antiquité de la Nation. . .,*
Rivarol, Antoine de, 93
Roazhon, 21, 22, 53, 104, 114, 148, 155, 162, 163, 165, 173, 175
Robert, Gruffydd, 104, 105, 169
Roberts, Hugh, 161
Roc'han, Duges (Dukez Roc'han), 184
Rochefort, 84
Rohan, duchesse de, *gw.* Roc'han, Duges
Roland, 96
Rollin, Charles, 214
Roperzh, Eozen, 64
Roquefort, Jean-Baptiste-Bonaventure de, 223
Roscoff, *gw.* Rosko
Rosko, 65, 155, 164
Rostrenen, Grégoire de, *gw.* Gregor o Rostrenenn
Rousel, Gwilherm, 144, 149, 154-55
Roussel, Guillaume, *gw.* Rousel, Gwilherm
Rowlands, Henry, 125, 133
Rudimant eus ar Finister . . ., 213-5
Rudiment du Finistère . . ., gw. *Rudimant eus ar Finister . . .*
Rwseg, 194

Rheims, 114
Rhufain, 33
Rhufeiniaid, 69, 71, 93, 116-7, 119-25 passim, 200
Rhuys, *gw.* Rewiz
Rhydychen, 128, 132, 140
Rhys, yr Arglwydd, 39

(Le) Sacré collège de Iesvs, 77, 104-12, 132, 134, 135, 142 (n 24), 152-3, 154
Sacsoniaid, *gw.* Eingl-Sacsoniaid
Saena, *gw.* Seine, Afon
Saesneg, 49, 67, 71, 91-2, 105, 117, 122, 124, 127 (n 21), 128, 129, 133, 140,
    142 (n 23), 169, 194, 195, 196, 206, 224 (n 24)
Saeson, 32, 66-7, 70, 129, 130, 205-6, 218
St.-Brieuc, *gw.* Sant-Brieg
St.-Dizier, 156
St.-Florent, Abaty, 34
St.-George-de-Reintembault, *gw.* Sant-Jord-Restembaod
St.-Germain-des-Prés, 147
St.-Gildas-de-Rhuys, *gw.* Lokentaz
St.-Malo, *gw.* Sant-Maloù

St.-Mathieu, *gw.* Lokmazhe
St.-Maur, *gw.* Benedictiaid Saint-Maur
St.-Méen, *gw*; Sant-Meven
St.-Nic, *gw.* Sant-Vig
St.-Pol-de-Léon, *gw.* Kastell-Paol
Salaun, 22
Salesbury, William, 15, 52-3, 56, 109, 226
Salomo(n), *gw.* Salaun
Salver, Sant (Redon), 144
Samaria, 200
Samothes, 114
Samswn, Sant, 29
Samzun, Sant, *gw.* Samswn, Sant
Sant-Brieg, 94, 100, 166, 173
Sant-Florent, *gw.* St.-Florent, Abaty
Sant-Jord-Restembaod, 104
Sant-Maloù, 129, 165-6, 167, 206
Sant-Mevenn, 30
Sant-Vig, 183 (n 19)
'Sarmoun var ar maro a Vikael Vorin', 77
Sarthe, *gw.* Seurzh, Afon
Sarzeau, *gw.* Sarzhav
Sarzhav, 156, 159, 184
Saumur, 34
Sbaen, 193
Sbaeneg, 67, 116-7, 153, 191, 224 (n 24)
Scaliger, Joseph, 69-70,·71
Sébillot, Paul, 221, 224 (n 27)
Seine, Afon, 54
Selyf, *gw.* Salaun
Sem, 117
Senedd Llydaw, 157, 169, 171-4 passim
Seurzh, Afon (ar Seurzh), 22
Sévigné, y Foneddiges de, 84, 100 (n 2)
Siarl II, 218
Siarl Foel, 21, 22
Sieffre, mab Harri II, 24
Sieffre o Fynwy, 31, 34, 49, 50
Siôn Cent, 45
Siôn o Gernyw, 31, 49
Sistersiaid, 114
Société Antiquaries de France, 223
Speculum Historiale, 43-44
Stationneu hur salvér Jesuss Crouist, 87, 184
Strasbourg, 197, 201

Taillandier, Charles-Louis, 92-3, 157-8

Taliesin, 39, 112
Tal-y-bont, 128
Taole, 166
Teilo, Sant, 29
Tate, Francis, 127
Taulé, *gw.* Taole
Telo, Sant, *gw.* Teilo, Sant
Templ consacret dar Passion Iesvs-Christ, 104, 111
Ti Mamm Doue, 104, 111
Titaniaid, 117-9, 125-6
Toland, John, 128, 138-41, 183 (n 19), 193
Tomaz, Gwilherm D/, 104, 111-2
Torbi, Filiberzh, 212-3, 223-4 (n 10)
Torby, Philibert, *gw.* Torbi, Filiberzh
Tournemeine, Joseph, 100 (n 2)
Tours, 105
Toustain, Nicolas, 147
(The) Tower of Babel . . ., 205-6, 209 (n 27)
'Traethawd ar Fferylliaeth Amaethyddol', 102 (n 21)
Traité de la formation méchanique des langues . . ., 124, 193
Trans, *gw.* Tranz
Tranz, 23
Trefor, Siôn, 88
Trefynwy, 34
Treger, 62, 87, 101 (n 5), 165-6, 201-2, 207, 213
Trégorois, *gw.* Treger
Tréguier, *gw.* Landreger
Tremael, 80
Trémel, *gw.* Tremael
'Tremenvan an ytron guerches Maria', 45, 65

Thévenard, A. J. M., 193, 206-7
Thomas (awdur 'Tristan' (*Trystan*)), 50
Thomas, Guillaume, *gw.* Tomaz, Gwilherm, D/
Thomas, John, 198
Thomas à Kempis, *gw. Imitation hor Salver Jesus-Christ*

Uhel, Fañch Mari an, 94, 226
Ursule, ste., *gw.* Wrsle, Santes

Vadee, Anthony, 200
Vallée, Frañsez Mari (Adolphe François Marie), 155, 226
Vannes, *gw.* Gwened
Varro, 61
Vatar, J., 163, 171, 175
'(Ar) veac'h [sic] devot hac agreabl evs a perc'herinet Santes Anna e Guenet', 77-8, 109

(La) vie, gestes, mort et miracles des saincts de la Bretaigne Armoriqve . . ., 79, 132
Vilaine, *gw.* Gwilen, Afon
Villers-Cotterets, ordeiniadau, 54
Vincent de Beauvais, 44
Vitalis, 30
Vocabulaire nouveau, ou dialogues françois et bretons . . ., *gw.* llawlyfrau ymddiddanion
Vocabulare vā nyeus gheordineert . . ., 67
Vocabularia linguarum totius orbis, comparativa, 193, 194
Volney, 194
Voltaire, 97, 178, 200
Vurdisten, *gw.* Wrdisten

Waddington, Augusta, *gw.* Llanofer, Arglwyddes
Walter, archddiacon Rhydychen, 31
Walters, John, 193
Wihenoc, 34
Williams, Edward, *gw.* Iolo Morganwg
Williams, Moses, 128, 132-5, 141
Winwaloe, *gw.* Gwenole, Sant
Wrdisten, 29
Wrsle, Santes, 57
Wyld, Edmund, 128

Yann, an Archer Kozh, *gw.* Iehan, an Archer Coz
Yann Moñforzh, 50
Yaouank, Tangi ar, 210, 213-5
ysgolion, *gw.* addysg
Ysgrythurau, yr, 54-6, 69-70, 80, 92, 140, 148, 172-3, 194-5, 202-3, 207, 221
Yuzikael, 22, 30-1